# Land Consolidation
## in Wuhan During the Past Fifteen Years

# 武汉市土地整治十五年

武汉市国土资源和规划局　编著

中国建筑工业出版社
CHINA ARCHITECTURE & BUILDING PRESS

# Land Consolidation

in Wuhan During the Past Fifteen Years

武汉市土地整治十五年

武汉市土地整治15年

Land Consolidation in Wuhan During the Past Fifteen Years

# 前言

土地整治是深入贯彻党中央国务院有关决策部署，落实“藏粮于地、藏粮于技”战略，保障国家粮食安全，促进“五化”同步发展的重要基础，也是落实最严格的耕地保护制度和节约集约用地制度的重要举措，更是严守耕地红线、促进城乡统筹、加强耕地数量质量生态“三位一体”保护的重要手段。习近平总书记强调：“山水林田湖”是一个生命共同体，人的命脉在田、田的命脉在水、水的命脉在山、山的命脉在土、土的命脉在树。因此，土地整治对于推进高标准农田建设，推动山水林田湖综合整治，优化用地结构布局，落实节约优先战略，筑牢安全生态屏障具有十分重要的意义。

武汉市土地整治起步于 2002 年，已累计立项、实施、验收并上图入库的高产农田整理项目 73 个、建设规模约 88 万亩、投资金额 16.3 亿元，形成了大片“田成方、林成行、渠相通、路相连、旱能灌、涝能排”的高产、稳产基本农田。

通过土地整治，增加了耕地面积，提升了耕地质量：平整土地约 16 万亩，新增耕地约 2.7 万亩；耕地国家自然质量等和等指数平均分别提高 0.7 等、308.8，耕地国家利用等和等指数平均分别提高 0.5 等、123.3，耕地国家经济等和等指数平均分别提高 0.5 等、107.1。

通过土地整治，建设了大批农业基础设施，改善了农业生产条件，促进了农业增收：新建斗渠、农渠等各类灌溉渠约 3200 公里，修整斗沟、农沟等各类排水沟约 1600 公里，新增泵站 300 余座，节制闸 100 余座，溢流坝 70 余座，新建、修复田间道 1500 余公里，生产路约 1200 公里，机耕桥 260 余座，晒谷场 30 万平方米，农户家庭农作物年收入增加 1448.72 元，提升率为 14.90%，耕作成本降低 12.89 元 / 亩，下降率为 2.69%。

通过土地整治，修复了农村生态环境，改善了农村生活条件，提升了农民幸福指数：新建、修复通村接湾水泥路约 500 公里，人行桥 200 余座，清淤整治当家塘 400 余口，

## Preface 前言

栽植防护林约36万株，植草绿化约17万平方米。同时，土地整治资金为全市农村血防治理、移民安置、革命老区发展、“三万活动”、大别山试验区、蔬菜基地建设、新农村建设试点、精准扶贫、“三乡工程”等工作提供了资金保障，促进了区域农村经济社会全面健康发展。

十五年来，在国土资源部、湖北省国土资源厅指导，武汉市委、市政府坚强领导，全市土地整治管理人员、项目建设中介机构等共同努力下，立足“创新、协调、绿色、开放、共享”发展理念，持续有力推进土地整治工作，取得了较好的成绩。为进一步梳理武汉市土地整治成果，强化土地整治宣传与认知水平，增强耕地保护意识，提升节约集约用地水平，促进土地整治事业持续、健康发展，武汉市国土资源和规划局组织编著了这本《武汉市土地整治十五年》。本书在阐述武汉市土地资源概述、土地整治发展历程、土地整治规划、土地整治工作创新等内容的基础上，按照项目立项时间先后和行政区划，详细收录了2002～2016年立项建设的73个高标准农田整治项目的基本情况、竣工图和建后实景图，最后提出武汉市土地整治工作展望，以飨读者。

我们相信，该书付梓将推进武汉市土地整治转型升级并催生土地整治新动能，引导形成山水林田湖草系统治理修复工作新局面，更加科学地实施耕地“三位一体”保护、更加高效地节约集约用地、更加有力地助推乡村振兴和生态文明建设。

**Land Consolidation**
in Wuhan During the Past Fifteen Years
武汉市土地整治十五年

# Catalogue 目录

**Land Consolidation** in Wuhan During the Past Fifteen Years

# 1 武汉市土地资源概述

## Overview of Land Resources in Wuhan

黄鹤楼

武汉，简称“汉”，别称“江城”，湖北省省会，国家历史文化名城，全国重要的工业基地、科教基地和综合交通枢纽，有“九省通衢”之美誉。2016 年 1 月 22 日，国家发展改革委复函支持武汉建设国家中心城市。

## 1.1 武汉市地理环境

武汉地处长江中下游平原，江汉平原东部，位于东经 113° 41′ −115° 05′ 、北纬 29° 58′ −31° 22′ 之间，最东端位于新洲区徐古镇将军山村，最西端位于蔡甸区侏儒街国光村，最南端位于江夏区湖泗街道均堡村，最北端位于黄陂区蔡店街道李冲村。截至 2016 年末，武汉全境面积 8569.15 平方公里，市区占湖北省面积的 4.6%；市域周长 977.28 公里，7 个中心城区面积 863 平方公里，市区建成区面积 566.13 平方公里。

武汉地势为东高西低，南高北低，中间被长江、汉江呈 Y 字形切割成三块。武汉城区南部分布有近东西走向的条带状丘陵，四周分布有比较密集的树枝状冲沟，境内大小近百个湖泊星罗棋布，形成了水系发育、山水交融的复杂地形。最高点高程 150 米左右，最低陆地高程约 18 米。

武汉属亚热带季风性湿润气候区，具有雨量充沛、日照充足、四季分明，夏季高温、降水集中，冬季稍凉湿润等特点。一年中，1月平均气温最低，为3.0摄氏度；7月平均气温最高，为29.3摄氏度，夏季长达135天；春秋两季各约60天。初夏梅雨季节雨量较集中，年降水量为1205毫米。武汉活动积温在5000～5300摄氏度之间，年无霜期达240天。

武汉江河纵横、湖港交织，长江、汉水交汇于市境中央，且接纳南北支流入汇，众多大小湖泊镶嵌在大江两侧，形成湖沼水网。截至2016年，武汉被列入保护名录的湖泊166个，各类水库265座，被称为“百湖之市”，全市水面总面积2117.6平方公里，占全市国土面积的1/4。

武汉市蔡甸区乡村一角

武汉东湖

## 1.2 武汉市土地利用现状

根据武汉市 2016 年土地利用现状数据统计，农用地 5308.12 平方公里，建设用地 1952.04 平方公里，未利用地 1308.99 平方公里，总面积 8569.15 平方公里，农用地、建设用地、未利用地占总用地的比例分别为 61.94%、22.78%、15.28%。其中：耕地 2976.40 平方公里，占比 34.73%；园地 76.74 平方公里，占比 0.90%；林地 956.90 平方公里，占比 11.17%；草地 33.46 平方公里，占比 0.39%；城镇村及工矿用地 1596.29 平方公里，占比 18.63%；交通运输用地 306.82 平方公里，占比 3.58%；水域及水利设施用地 2462.23 平方公里，占比 28.73%；其他土地 160.32 平方公里，占比 1.87%。

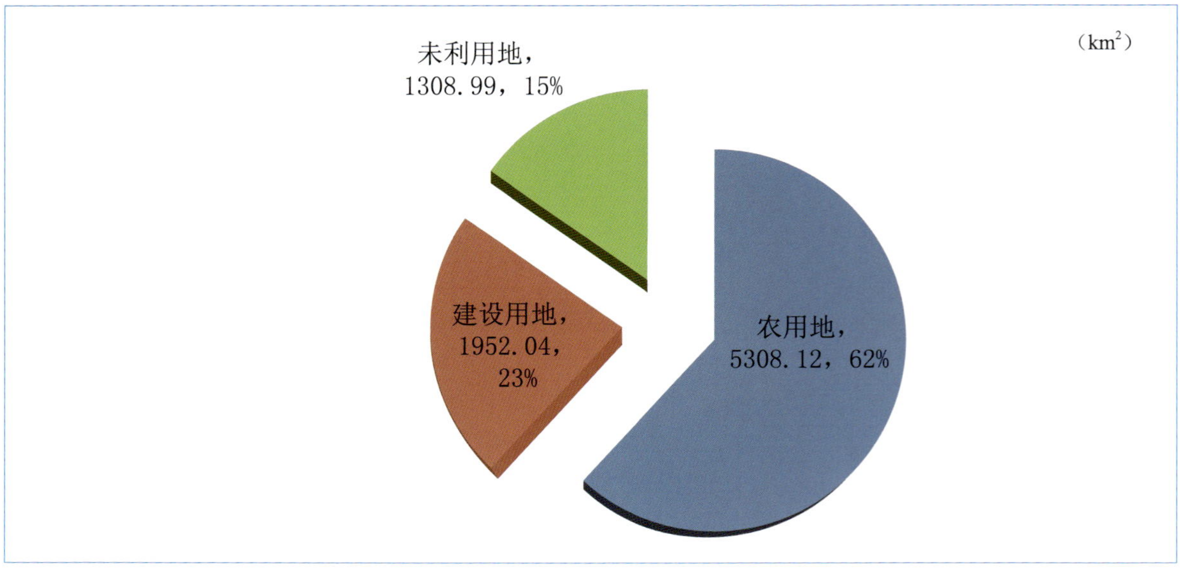


武汉市 2016 年土地利用现状饼图

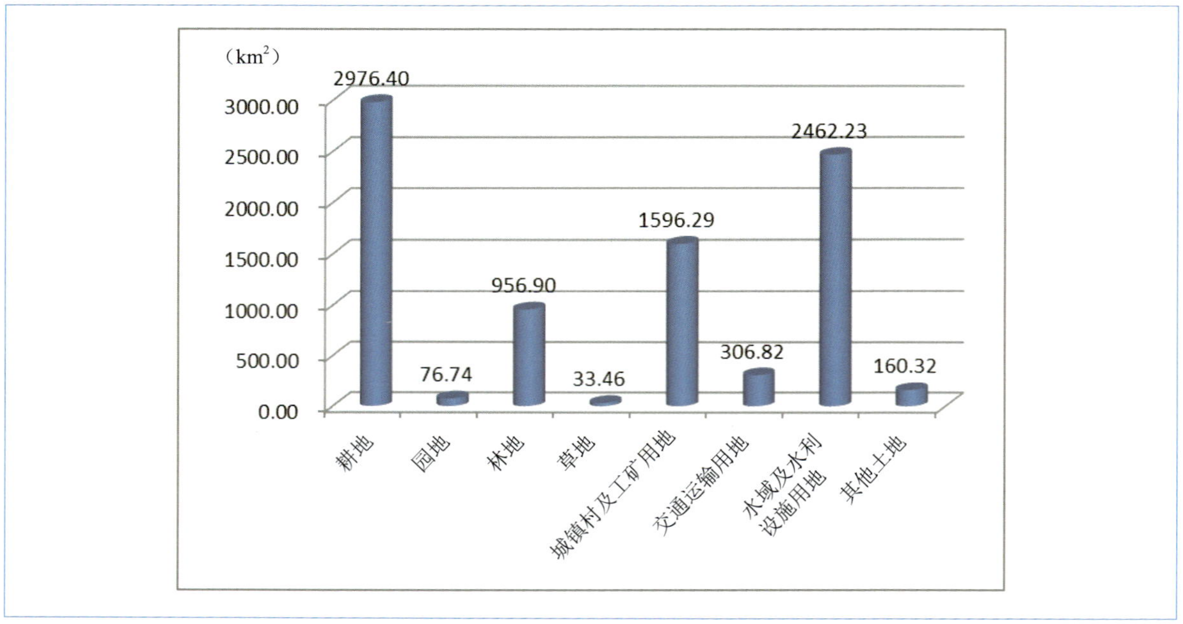


武汉市 2016 年土地利用现状柱状图

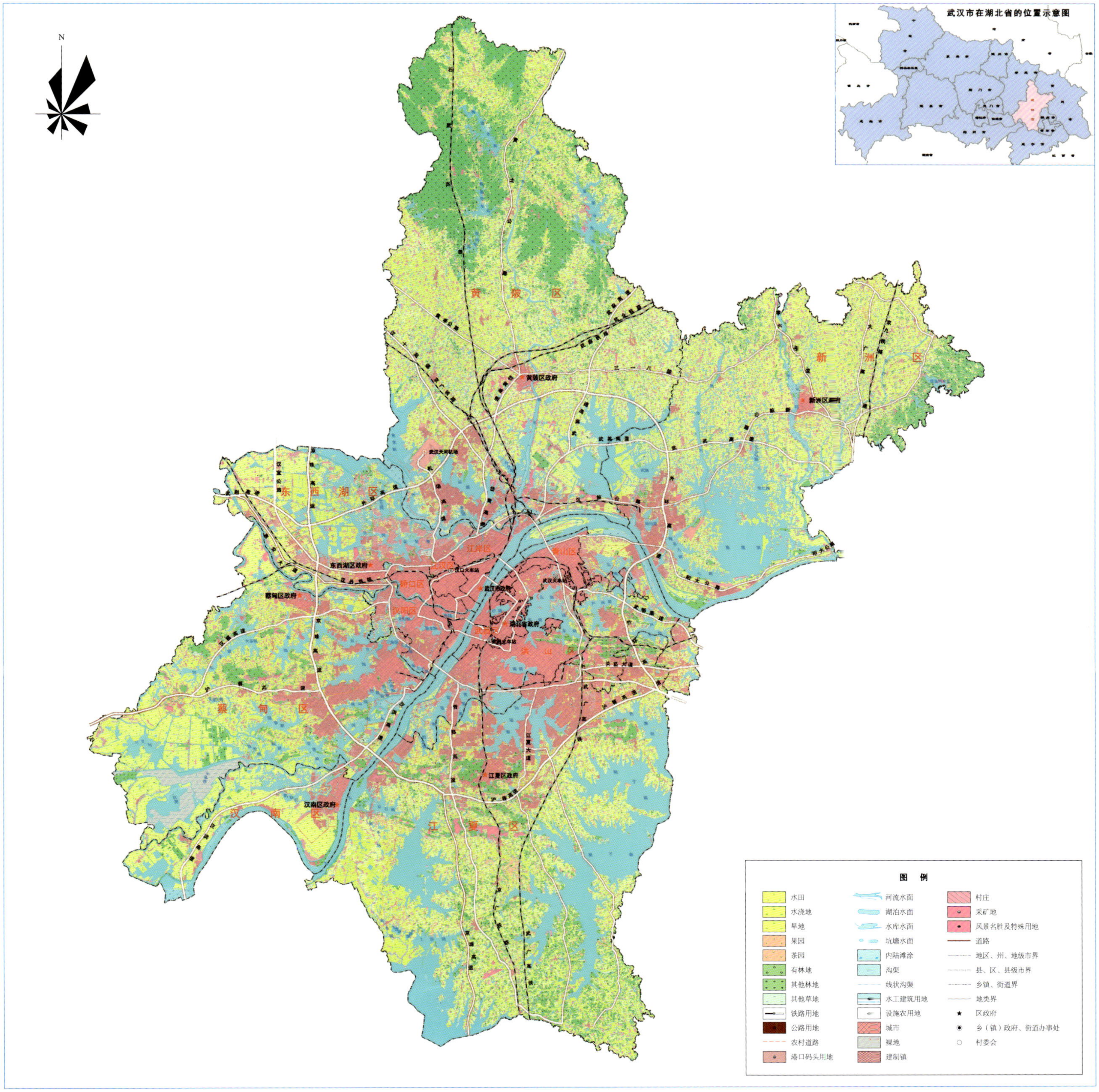


武汉市 2016 年土地利用现状图

## 1.3 武汉市土地资源特点

1. 江河纵横、湖泊众多，滨江滨湖特色显著。武汉市水域（河流、湖泊、水库、坑塘、养殖水面）面积占全市土地总面积的 25%，七城区水域面积占各自区域面积的比重分别达到 30% 左右。长江、汉水、东荆河、府河、滠水、倒水、举水、沙河、金水、巡司河等 10 余条河流纵横交织，梁子湖、汤逊湖、涨渡湖、武湖、金银湖、后官湖、东湖、沙湖、墨水湖等 100 多个大小湖泊星罗棋布点缀其间，构成了独特的滨水景观。

2. 村庄用地量大面广，城镇用地城大镇小。全市村庄个数达 5000 多个，总面积 538.48 平方公里，占建设用地总量的 32.20%，受自然地形影响，覆盖面广且分布较为零散。城市建成区面积约 490 平方公里，各新城区除城关镇（含新城）面积在 10 平方公里以上，其他小城镇现状建成区面积均不足 1 平方公里，城大镇小、两极分化现象较为突出。

武汉长江大桥

武汉市江汉路

3. 丘陵平原相间的地形对城镇空间发展影响较大。武汉市地形属残积性河谷冲积平原，以丘陵和平原相间的波状起伏地貌为主，形成了“北山南泽、西野东岗”的自然空间格局，在很大程度上影响了城镇的空间发展与布局。现状城镇多分布于水土条件相对优越的中部滨水平原地区，规模较大且分布密集，而北部山区及东部岗丘地区城镇数量较少且规模较小。

武汉辛亥革命博物馆

4. 土地后备资源缺乏，开发潜力有限。武汉市耕地后备资源先天不足，易于开发整理的零星农用地及荒草地大部分已实施，未来土地整治新增耕地潜力主要来自农村建设用地整理，实施难度较大。

武汉市江夏区法泗镇荷花

**Land Consolidation** in Wuhan During the Past Fifteen Years

# 2 武汉市土地整治发展历程

The Development Process
of Land Consolidation in Wuhan

国家土地整治历了 4 个发展阶段，武汉市顺应发展，积极开展工作，形成了具有地方特色的土地整治 1.0、2.0、3.0、4.0 四个发展阶段，简述如下。

## 2.1 土地整治发展阶段

改革开放以来，国家土地整治发展基本上经历了四个阶段：土地整治 1.0 时期的重点任务是新增耕地，聚焦于增加耕地数量，保证 18 亿亩耕地红线；土地整治 2.0 时期则转为基本农田建设与保护，趋于耕地数量和质量并重；土地整治 3.0 时期则出现了多类型土地整治，呈现农地整理、建设用地整理、土地复垦、未利用地开发等“百花齐放”的局面，同时日益重视保护生态；土地整治 4.0 时期更加注重土地综合整治，开始提倡保护乡村人文风貌、保护乡愁，打造山水林田湖生命共同体，其主要特征是全域性、平台性。武汉市作为省会城市，土地整治发展也经历了 4 个发展阶段。

武汉市土地整治 1.0。始于 2000 年，组织编制了《武汉市土地开发整理规划（2001—2020 年）》，2002 ~ 2005 年，主要针对农用地和未利用地开展土地开发整理项目，实现了稳定耕地数量、提高耕地质量、增加农民收入的目标。

新洲区三店街份子基本农田土地整理项目

武汉市土地整治2.0。2006～2010年，积极贯彻国家、省有关精神，结合新农村建设，土地整治范围扩大至农用地+建设用地，大力开展高产农田建设、土地复垦和农村基础设施建设，在实现耕地数量和质量“双提升”的同时，有效促进了我市城乡统筹发展。

武汉市黄陂区王家河街胜天基本农田整治项目

武汉市土地整治 3.0。2011 年至今，通过规划、资金、政策整合，结合生态文明建设目标，充分衔接相关部门，提高建设标准，开展了土地整治、城乡建设用地增减挂钩、“四化同步”等相融合的综合生态整治，开展了高标准基本农田建设、城乡建设用地增减挂钩、“三旧”（旧城镇、旧厂房、旧村庄）改造、低丘缓坡综合开发利用等整治活动，有效改善了农业生产条件，有力促进了农民增收、农业增效和农村发展，为推动城乡统筹和都市农业发展打下了坚实基础。

武汉市黄陂区谦森岛迁村腾地项目

武汉市土地整治 4.0。当前，按照自然资源部（原国土资源部）、湖北省国土资源厅统一部署，武汉市充分发挥“规土合一”的体制优势，开拓创新，开展了“土地整治 +”一系列研究探索，推进“多规合一”契合产业发展规划，引导资本投资向集中建设区以外的郊野地区转移，支持武汉市“三乡工程”，助推精准扶贫和乡村振兴。

武汉市蔡甸区大集街企业自主投资建设项目

## 2.2 土地整治管理机构

国家层面，国土资源部是土地整治的主管部门，下设国土资源部土地整治中心，专门负责土地整治政策制定、标准研究和业务指导，直接归口管理部门为部耕地保护司；湖北省层面，省国土资源厅是土地整治的主管部门，下设省国土整治局，具体负责土地开发整理复垦工作，业务指导与归口的职能部门为省厅耕地保护处；武汉市层面，市国土资源和规划局是土地整治的主管部门，下设武汉市高产农田建设管理中心，业务指导与归口的职能部门为市局征地处（耕保处）；新城区层面，各区国土资源和规划局是土地整治的承担部门，东西湖、汉南、蔡甸、江夏、黄陂、新洲六个新城区国土资源和规划局均设有土地整理中心，负责本辖区土地整治工作的实施管理，业务指导与归口的职能部门为区局耕地保护科。

武汉市高标准农田（或高产农田）建设起步于2002年，项目资金来源主要是省级投资和国家投资，省国土资源厅负责项目立项、变更、验收等审批工作，武汉市具体负责项目实施：由武汉市国土资源和规划局负责组织落实，责任处室为市局耕地保护处，具体事务由武汉市土地储备中心承担，武汉市土地储备中心加挂“武汉市高产农田建设管理中心”的牌子。2014年，湖北省国土资源厅土地整治项目三项审批权下放，由市（州）国土部门承担本辖区土地整治项目的立项、变更、验收审批工作，为更好地承担省级事权下放，武汉市国土资源和规划局进行了内部处室职责调整，土地整治管理工作调整至土地征收处负责，土地征收处加挂“武汉市高产农田建设管理中心”的牌子，土地整治管理的具体事务由武汉市国土资源和规划信息中心承担。

**Land Consolidation** in Wuhan During the Past Fifteen Years

**Land Consolidation**
in Wuhan During the Past Fifteen Years
武汉市土地整治十五年

# 3 武汉市土地整治规划

Land Consolidation Planning in Wuhan

武汉市山水江城之汉阳月湖

为更好地落实最严格的“耕地保护制度”、最严格的“节约集约用地制度”，严守耕地红线，“三位一体”保护基本农田，形成了完善的土地利用规划体系：包括市、区、乡三级土地利用总体规划，市、区两级土地整治规划，以及全域生态框架规划和郊野公园概念规划。

## 3.1 市级土地利用总体规划

2010 年 8 月 20 日，《武汉市土地利用总体规划（2006—2020 年）》（以下简称《市级规划》）获国务院批复（国函〔2010〕81 号）；2017 年，对《市级规划》进行了调整完善。根据国务院批复，要求全市到 2020 年耕地保有量不少于 3380 平方公里，基本农田保护面积不少于 2645 平方公里；《市级规划》调整完善后，全市耕地保有量到 2020 年不低于 3013 平方公里，永久基本农田保护面积不低于 2432 平方公里。

《市级规划》结合武汉市土地资源禀赋，科学划定土地利用分区，把全市划分为中心城优化建设区、重点镇及产业集中建设区、生态用地区、基本农田集中区等四个土地利用区，明确分区土地利用主导方向，制定差别化的土地利用政策，统筹城乡和区域发展，基本形成了武汉市“两轴两环、六楔入城”的生态框架。

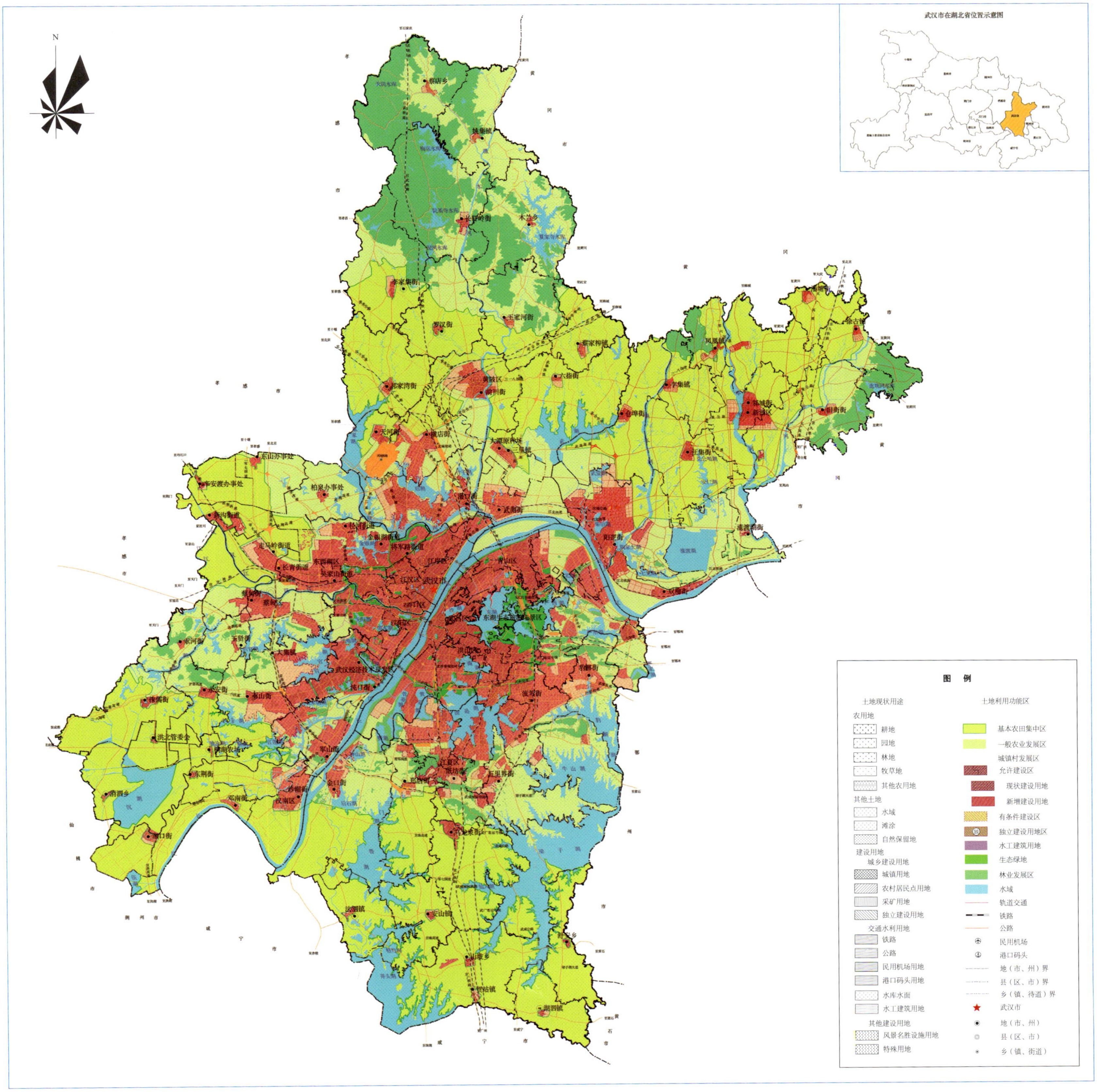


武汉市土地利用总体规划图（2006—2020 年）

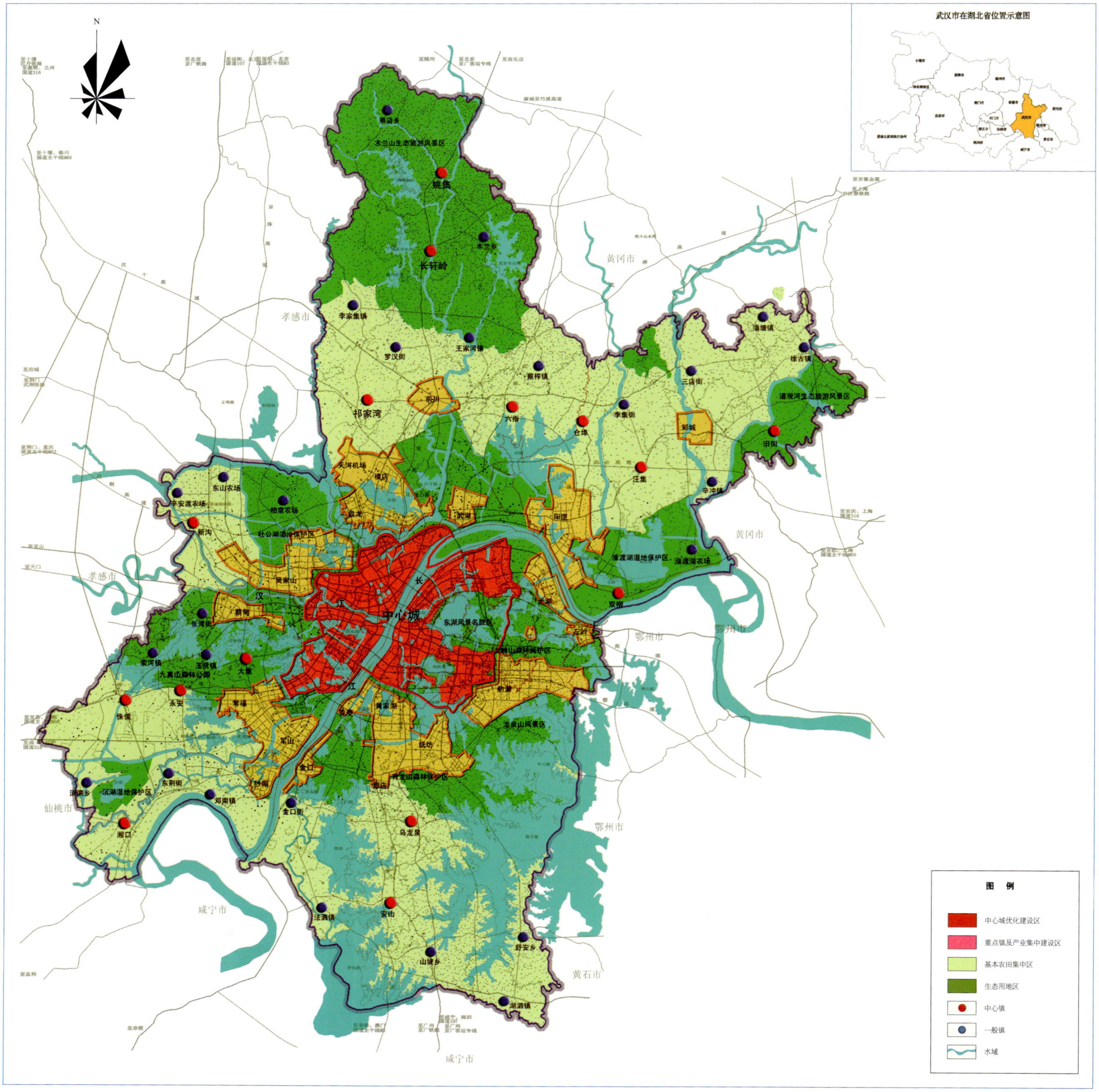


武汉市土地利用分区图（2006—2020 年）

## 3.2 武汉市土地整治规划

2014 年，《武汉市土地整治规划（2011—2020 年）》（以下简称《市级土地整治规划》）获得武汉市人民政府批复（武政〔2014〕13 号），要求全市到 2020 年建成旱涝保收的高标准基本农田 150 万亩，通过农田整治、宜耕后备土地开发和土地复垦补充耕地 11.4 万亩。

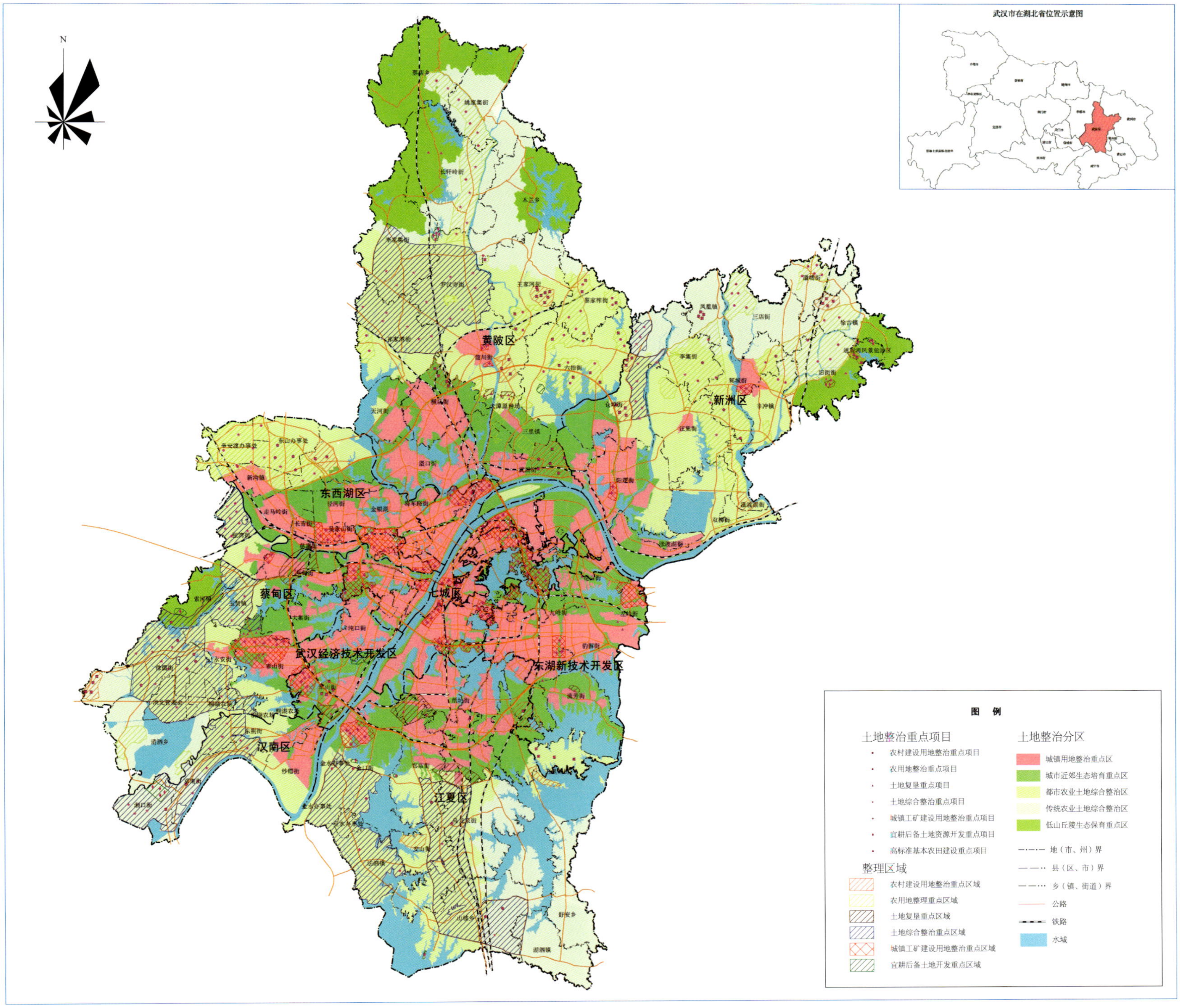


武汉市土地整治规划图（2011—2020 年）

《市级土地整治规划》基于武汉市“规土合一”的优势，首次提出将高标准基本农田建设与城市规划禁建区、限建区有机结合，将城乡建设用地增减挂钩与基本生态控制线管控有机结合，通过土地整治的抓手作用，主动实施市委、市政府提出的“大发展 + 大生态”战略，实现了生态保护和适度发展的良性循环。

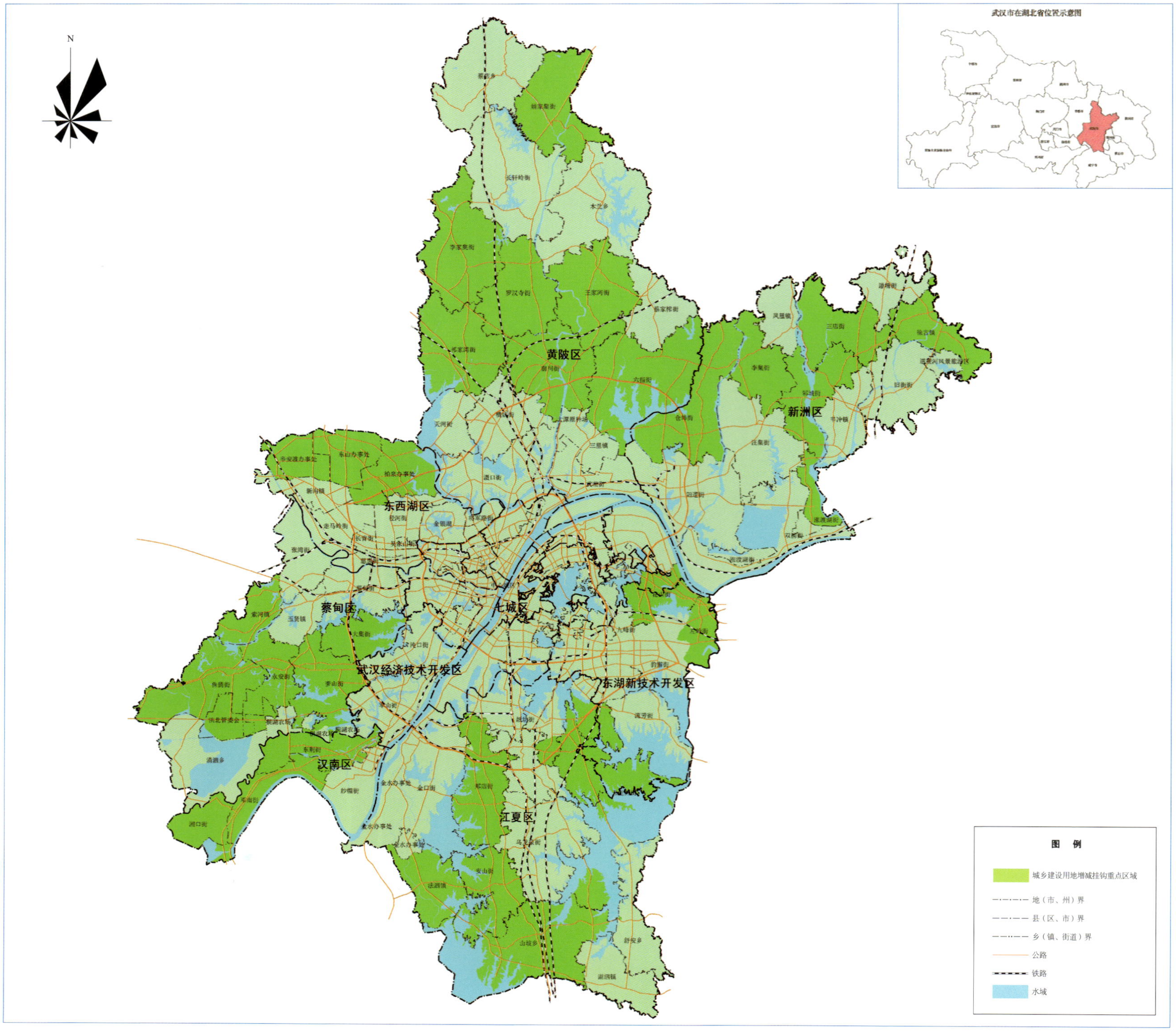


武汉市城乡建设用地增减挂钩区域分布图（2011—2020 年）

## 3.3 区级土地整治规划

武汉市东西湖区、汉南区、蔡甸区、江夏区、黄陂区、新洲区等6个新城区依据土地利用总体规划和市级土地整治规划，结合各区实际，编制了区级土地整治规划，推动土地整治项目落地实施。区级土地整治规划先后获各区人民政府批复，明确了规划期间高标准基本农田和补充耕地等约束性指标。

**武汉市土地整治规划指标分解表**

单位：公顷

| 行政单位 | 高标准基本农田建设规模 | | 城乡建设用地增减挂钩规模 | | 补充耕地规模 | | | | | | | |
|---|---|---|---|---|---|---|---|---|---|---|---|---|
| | | | | | | | 农用地整理补充耕地 | | 土地复垦补充耕地 | | 宜耕后备土地资源开发补充耕地 | |
| | | 其中近期 | | 其中近期 | | 其中近期 | | 其中近期 | | 其中近期 | | 其中近期 |
| 东西湖区 | 7500 | 4600 | 500 | 300 | 300 | 150 | 280 | 140 | 10 | 5 | 10 | 5 |
| 汉南区 | 7500 | 4200 | 230 | 230 | 500 | 190 | 150 | 90 | 0 | 0 | 350 | 100 |
| 蔡甸区 | 13000 | 8700 | 680 | 270 | 1200 | 410 | 600 | 200 | 200 | 60 | 400 | 150 |
| 江夏区 | 20000 | 14300 | 1000 | 420 | 1600 | 600 | 900 | 400 | 300 | 100 | 400 | 100 |
| 黄陂区 | 28000 | 18367 | 1100 | 530 | 2500 | 990 | 1800 | 600 | 200 | 80 | 500 | 310 |
| 新洲区 | 24000 | 16500 | 1000 | 450 | 1500 | 560 | 1270 | 460 | 90 | 40 | 140 | 60 |
| 武汉开发区 | 0 | 0 | 40 | 40 | 0 | 0 | 0 | 0 | 0 | 0 | 0 | 0 |
| 东湖示范区 | 0 | 0 | 450 | 300 | 0 | 0 | 0 | 0 | | 0 | 0 | 0 |
| 合 计 | 100000 | 66667 | 5000 | 2200 | 7600 | 2900 | 5000 | 1890 | 800 | 285 | 1800 | 725 |

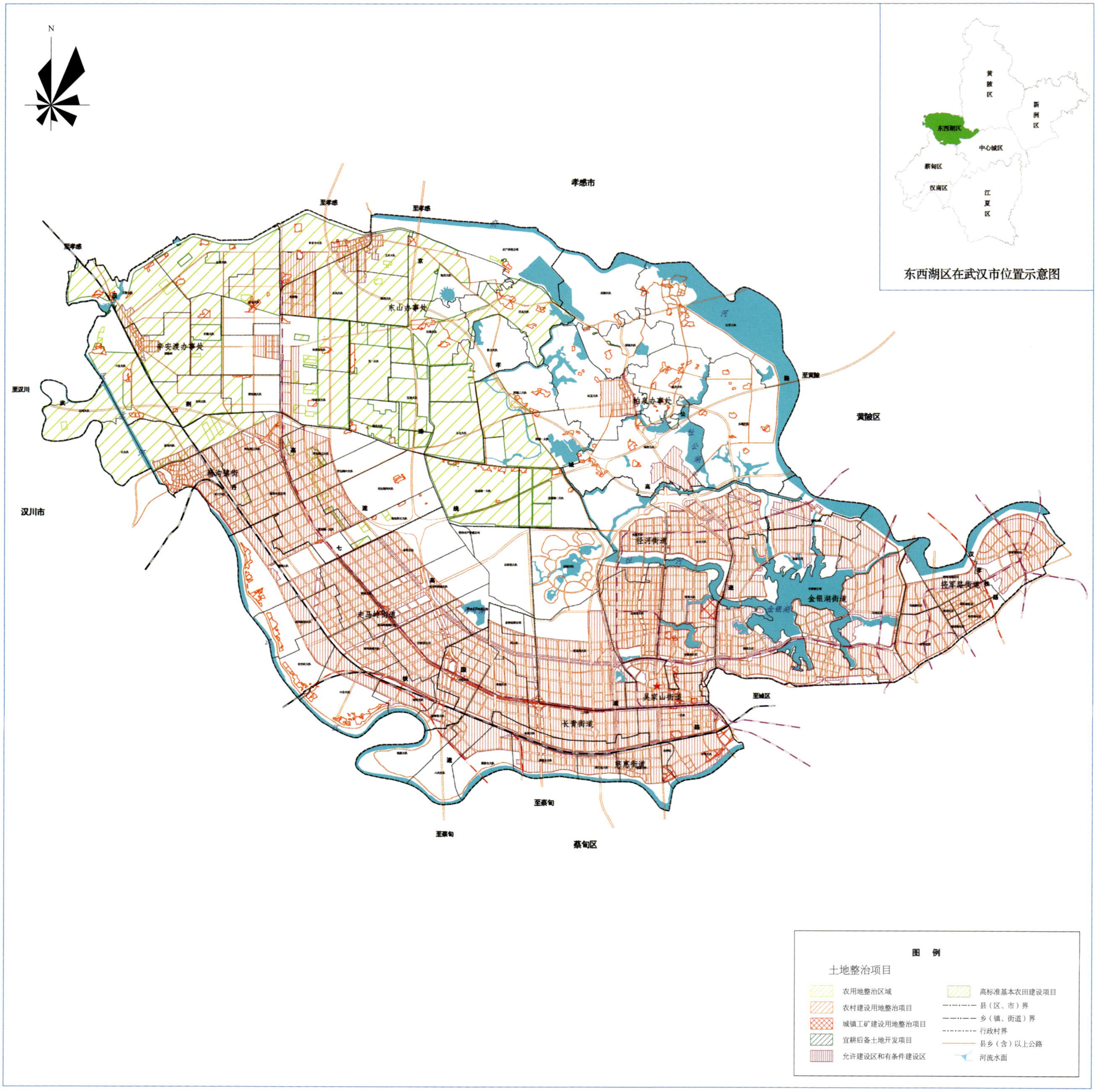


东西湖区土地整治项目规划图（2011—2020 年）

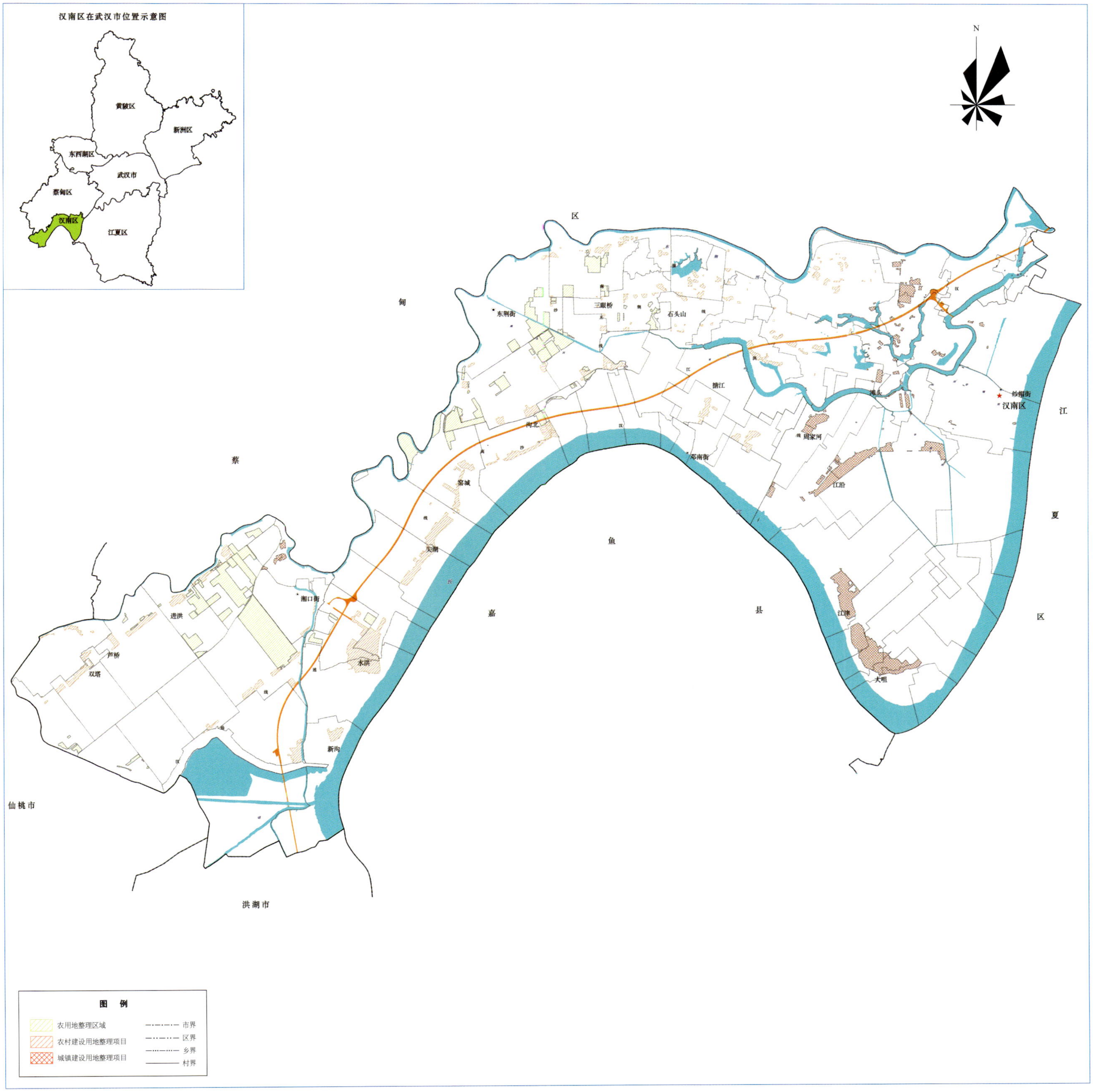


汉南区土地整治项目规划图（2011—2020 年）

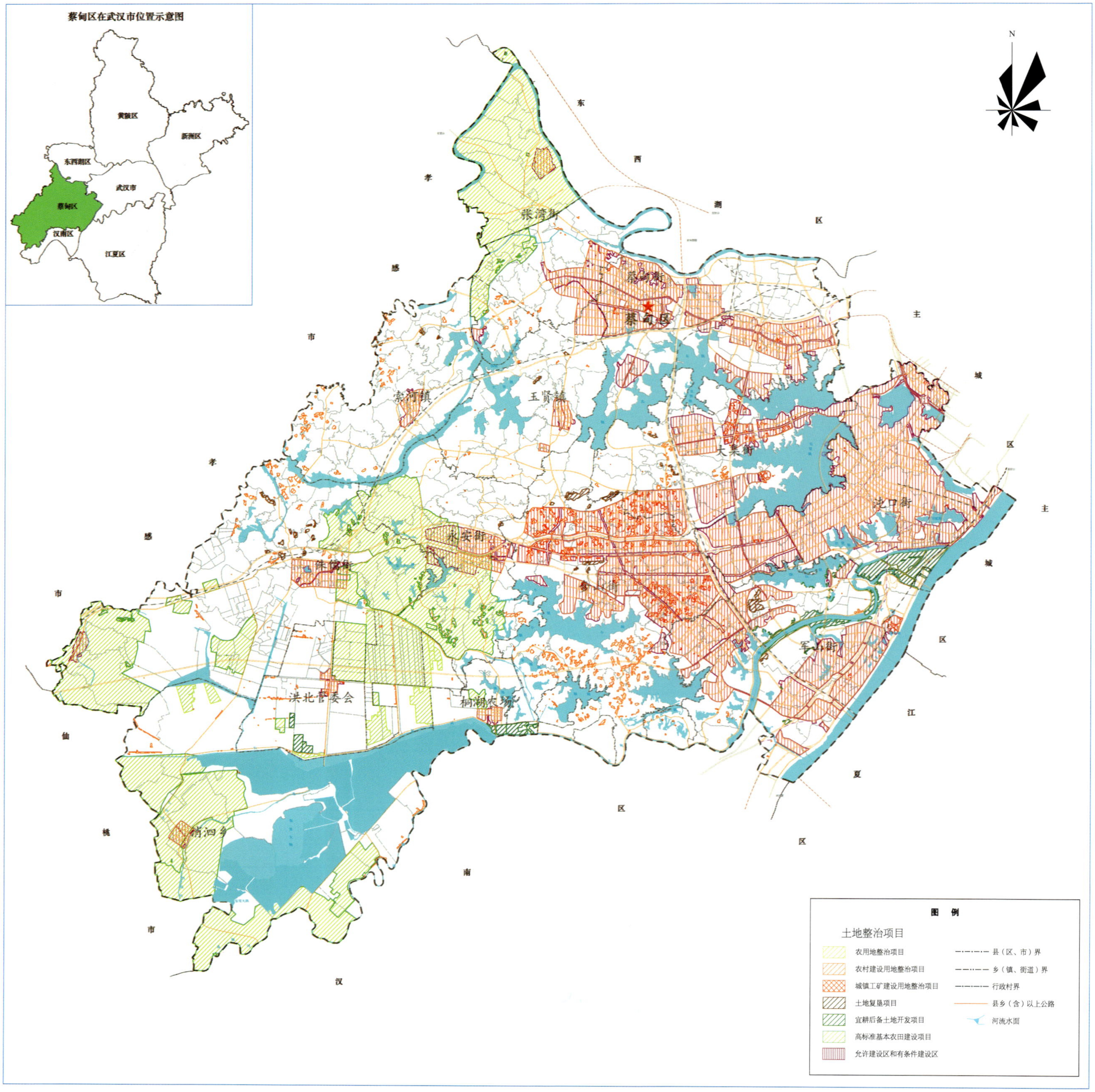


蔡甸区土地整治项目规划图（2011—2020 年）

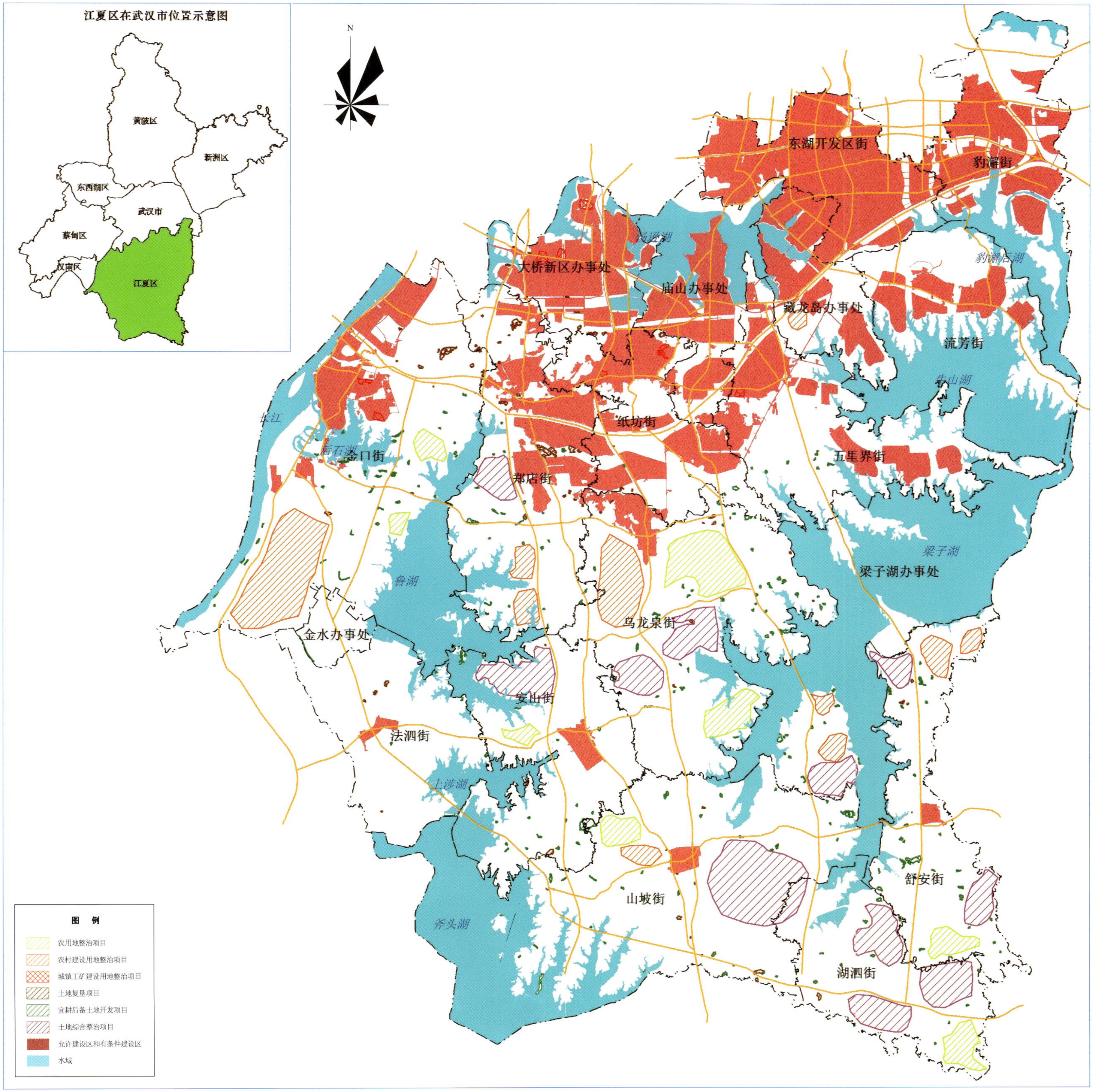


江夏区土地整治项目规划图（2011—2020 年）

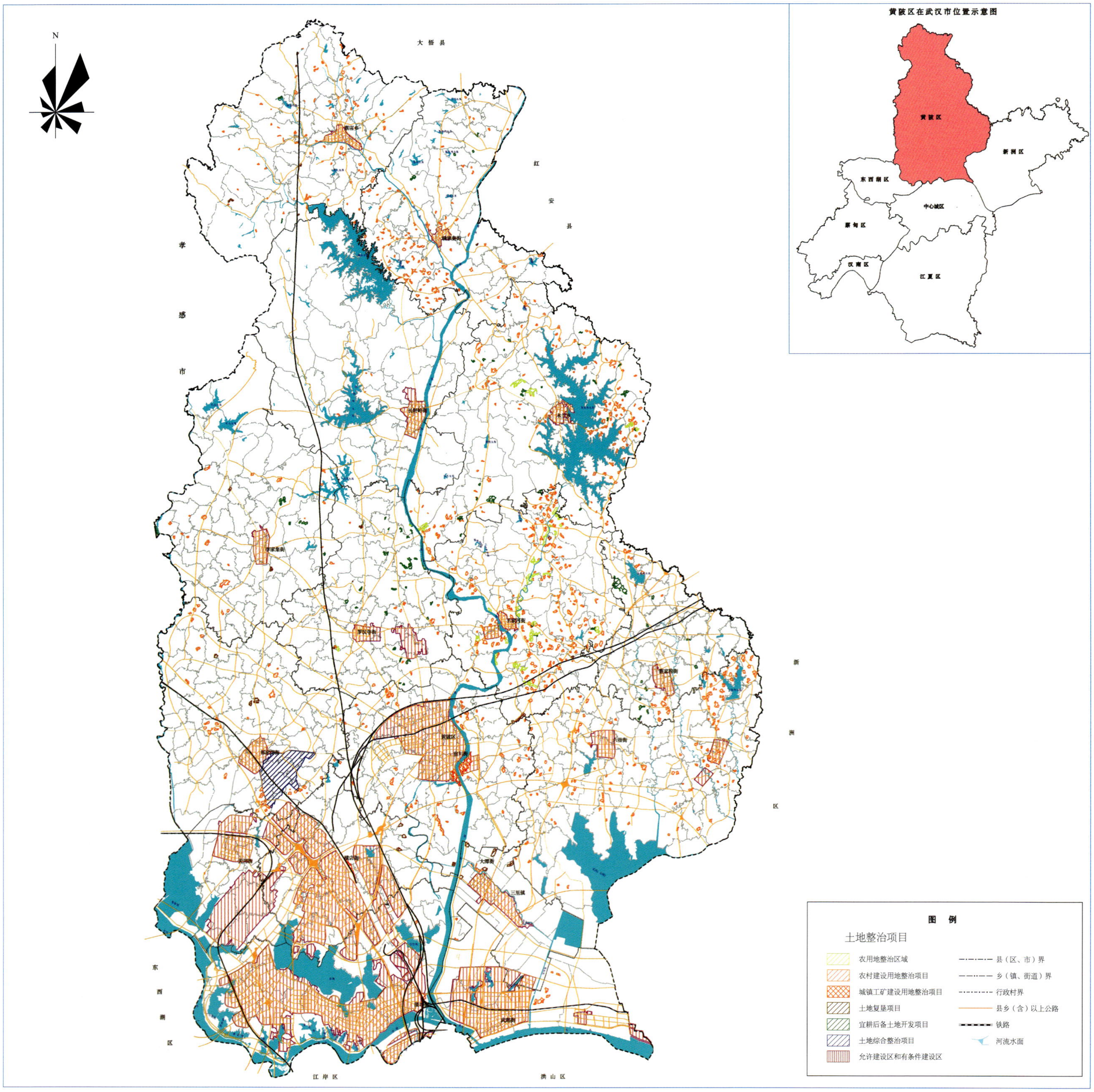


黄陂区土地整治项目规划图（2011—2020 年）

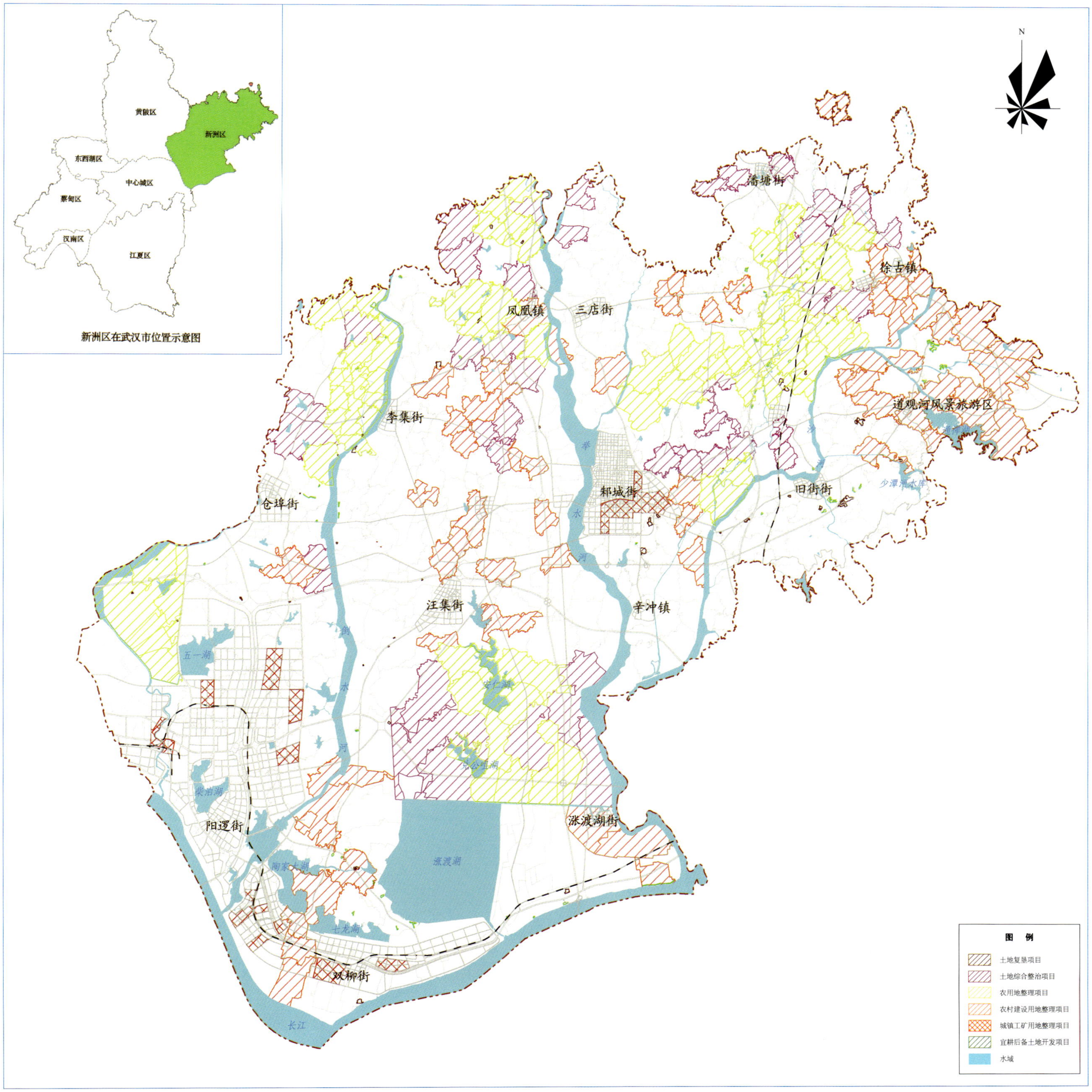


新洲区土地整治项目规划图（2011—2020 年）

## 3.4 武汉市全域生态框架保护规划

2012年3月，武汉市人民政府令第224号《武汉市基本生态控制线管理规定》发布；2013年6月，武汉市第十三届人民代表大会常务委员会第十二次会议审议通过了《关于加强武汉市基本生态控制线规划实施的决定》；为了进一步加强武汉市基本生态控制线规划的实施，强化对都市发展区外山体、水体、农田、林地、湿地等重要生态要素的保护控制，武汉市国土资源和规划局于2013组织开展《武汉市全域生态框架保护规划》（以下简称《生态框架规划》）的编制工作；2016年8月，武汉市人大常委会办公厅、武汉市国土资源和规划局联合出台《武汉市基本生态控制线管理条例》。

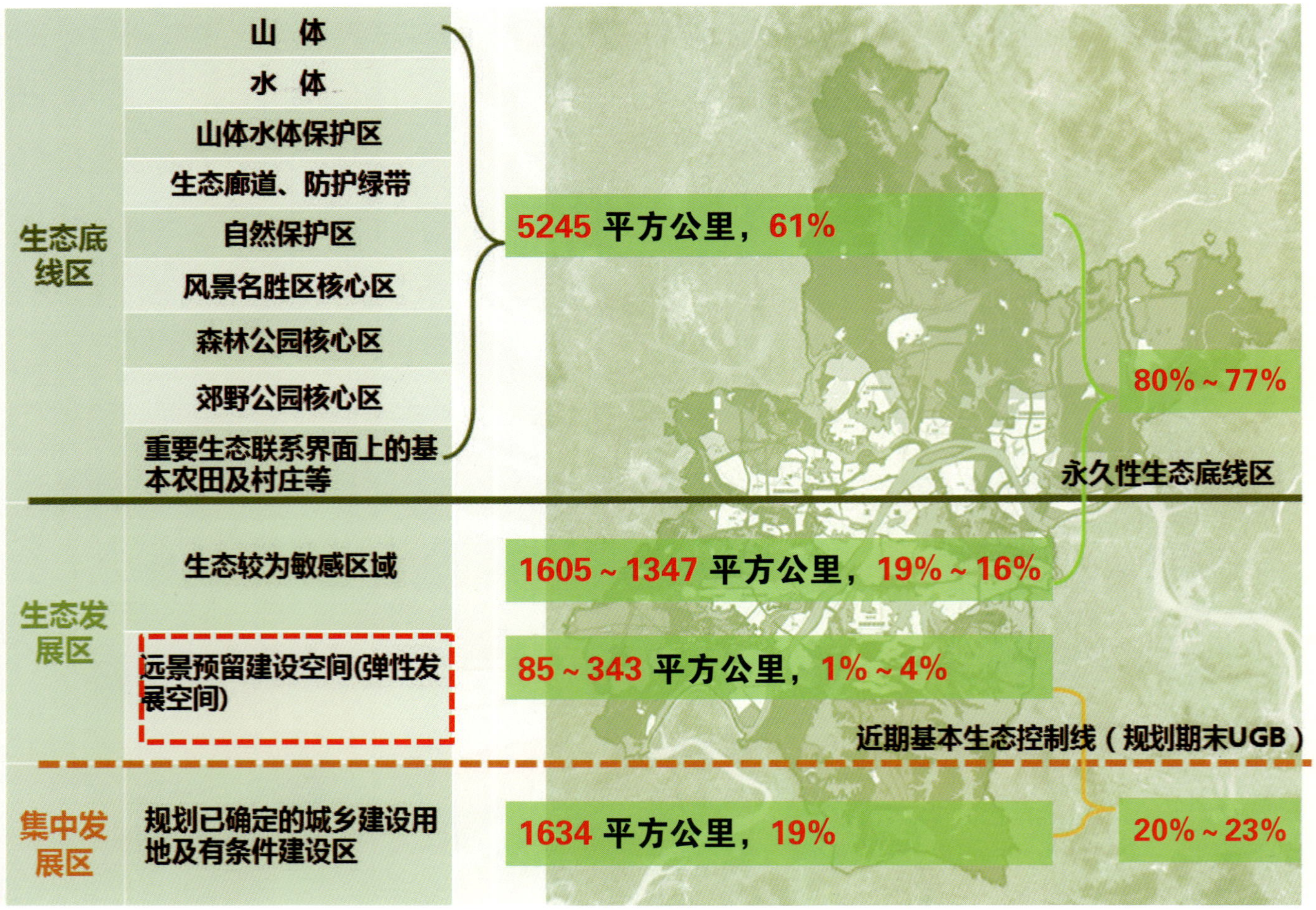


武汉市全域生态框架保护规划之全域划线结果

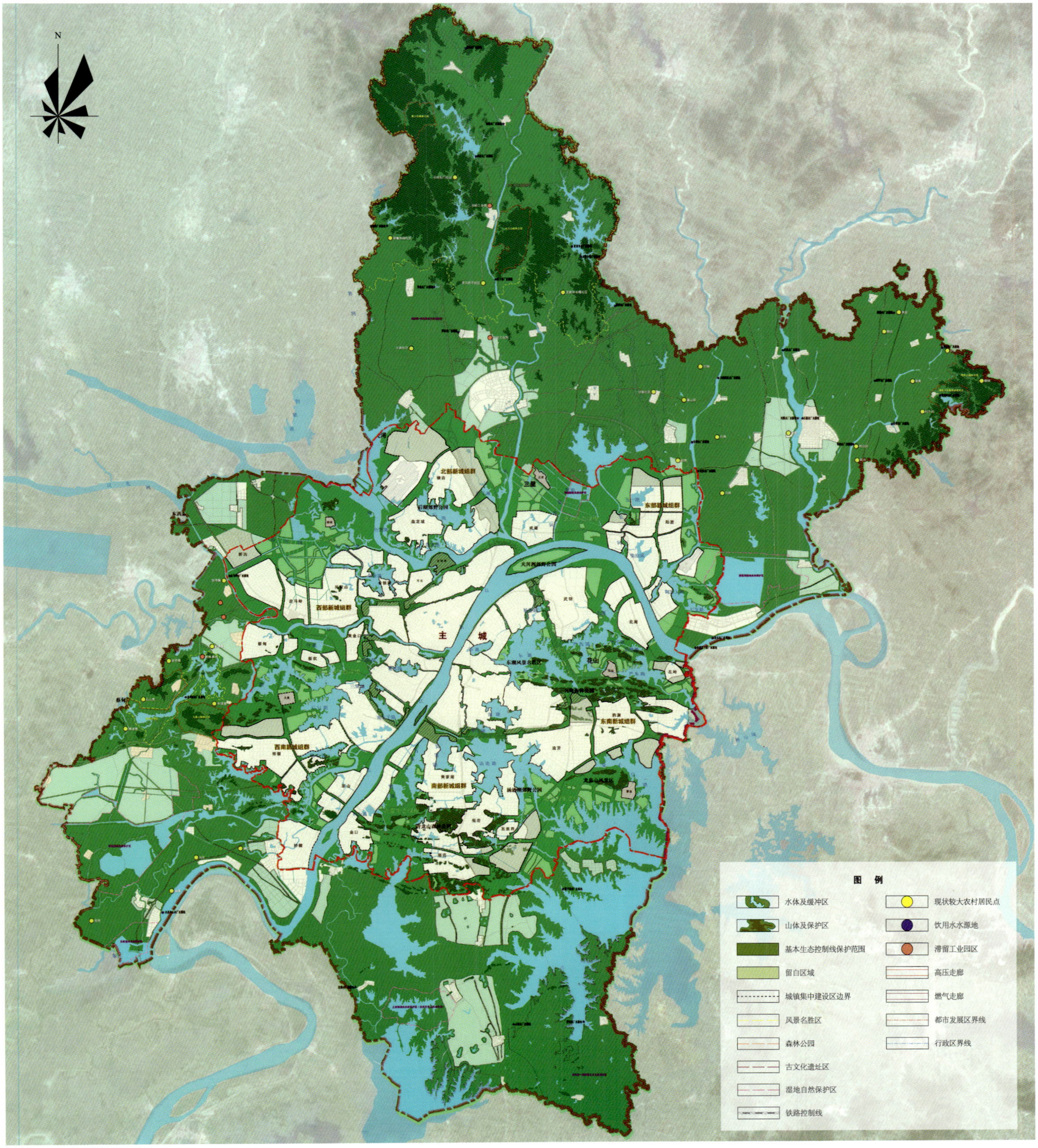


武汉市全域生态框架保护规划

## 3.5 武汉市郊野公园概念规划

为更好地落实武汉市土地整治规划和全域生态框架规划，转变发展理念，实施生态土地整治，武汉市国土资源和规划局组织编制了4个郊野公园的概念规划，以促进武汉市生态文明建设和可持续发展。

1. 武汉市江夏区郑店劳四村郊野公园概念规划。紧扣劳四村自然资源——“塘”来营造公园景观，创造一个特色鲜明的都市人的水乡家园，主题为“半塘乡居”；提出了“以高产农田建设、土地生态化整治为特色，以农业观光、休闲娱乐、野趣旅游为主线，以串塘自然景观为基底，突出‘静、慢、养、闲’特点”的总体定位；规划了“四大产业片区 + 五大核心组团 + 九个服务节点 + 若干景点”的功能结构；拟将打造成为拥有英式乡村的宁静与整洁、法式乡村的温馨与浪漫、中式乡村的文化与朴素特质的武汉市首个田园乡居生活体验公园。

武汉市江夏区郑店劳四村郊野公园概念规划效果图

35 成长的盒子意向图

36 秋夕亭夜赏星空构想

**规划项目一览表**

1 松赞绿谷
2 水云间
3 立体养殖体验中心
4 拾光亭
5 三味书屋
6 小池
7 椒道
8 喜舍
9 创意农业观光体验中心
10 西池
11 花溪
12 竹馨庄园
13 山桂营地
14 云淡风轻
15 半野艺舍
16 新桥别苑
17 东坡
18 草堂
19 辛夷坞
20 清境农园
21 墟里
22 竹声细语
23 茅花道
24 体育休闲中心
25 归田居
26 鲌鱼研发中心
27 今世荷塘
28 慢屋揽清
29 凡尘
30 蜜桃小院
31 桃花林
32 梅里
33 现代农业观光中心
34 游客服务中心
35 成长的盒子
36 秋夕亭
37 随风

武汉市江夏区郑店劳四村郊野公园概念规划

2. 武汉市黄陂区谦森岛郊野公园概念规划。依托黄陂区祁家湾街谦森岛自然资源条件，提出了“打造武汉首个农业生态体验型郊野公园”的总体定位，明确了“强化临空优势、培育关联产业，加强土地规整、发展现代农业，南北差异发展、经济模式多元，结合文化气质、培育旅游品牌”的发展方向，提出了“文园相依谦森岛、水网绿织祁家湾”的发展主题，规划了“一带两核三区”的空间结构，即南北联动水生态景观活动带，谦森岛庄园和郊野公园旅游核心区，代表庄园的谦森文化展览区，代表田园的农耕田园创意区，代表水园的生态拓展体验区；努力打造成为华中六次产业融合示范区、湖北最多元的农业旅游区、武汉最淳朴的家庭休闲地。

武汉市黄陂区谦森岛郊野公园概念规划效果图

武汉市黄陂区谦森岛郊野公园概念规划

3. 武汉市新洲区仓埠街康乐郊野公园概念规划。立足仓埠街得天独厚的自然资源，以“武湖之畔、溪行水乡”为主题，依托基地重要的道路、水系划分，规划形成“两横、两纵、五片区”的总体布局，规划建成集生态观光（稻田画、生态林、水网）、休闲疗养（餐饮、聚会、垂钓、露营、体验、民宿）、户外拓展（水上拓展、户外运动、球类天地）、会议会展（主题会议、高端论坛）等于一体，以大片农田为基底、以网络化水系为特色的水乡湿地公园。

武汉市新洲区仓埠街康乐郊野公园概念规划效果图

武汉市新洲区仓埠街康乐郊野公园概念规划

4. 武汉市江夏区安山郊野公园概念规划。规划提出“引入政企投资模式，重塑江夏中部绿肺，打造森林示范村庄，掀起森林旅游风潮”的总体目标，以江夏区安山森林环境为依托，以个性化的休闲娱乐为吸引核心，按照用地条件和资源类型进行空间分割，构建慢、细、精、美的森林经典的观光结构；规划方案突出“绿、野、仙、踪”特点，凸显“神秘、新奇、逍遥”特色，力争打造形成“一个中央观光区 + 两个主题景观核 + 五个游赏片区 + 十六个服务节点 + 若干景点”的郊野公园。

武汉市江夏区安山郊野公园概念规划效果图

武汉市江夏区安山郊野公园概念规划

**Land Consolidation** in Wuhan During the Past Fifteen Years

# 4 武汉市土地整治工程
## Land Consolidation Projects in Wuhan

为落实各级各类规划，武汉市国土资源和规划局立项实施了一大批高标准农田土地整治项目，增加了耕地面积，提升了耕地质量；建设了一大批农业基础设施，改善了农业生产条件，促进了农业增效、农民增收；修复了农村生态环境，改善了农村面貌，促进了精准脱贫和乡村振兴，产生了巨大的社会效益、经济效益和生态效益。

## 4.1 全市土地整治项目概况

十五年来，武汉市国土资源和规划局累计立项、实施、验收高产农田项目 73 个、建设规模约 88 万亩、投资金额 16.3 亿元，目前已全部竣工并上图入库，形成了“田成方、林成行、渠相通、路相连、旱能灌、涝能排”的高产、稳产基本农田。上述 73 个高标准按行政区划分，东西湖区建设项目 10 个、建设规模 10.87 万亩、投资金额 1.43 亿元，汉南区建设项目 4 个、建设规模 4.48 万亩、投资金额 0.63 亿元，蔡甸区建设项目 7 个、建设规模 9.69 万亩、投资金额 1.71 亿元，江夏区建设项目 13 个、建设规模 17.77 万亩、投资金额 3.79 亿元，黄陂区建设项目 19 个、建设规模 22.73 万亩、投资金额 4.66 亿元，新洲区建设项目 20 个，建设规模 22.62 万亩，投资金额达 4.12 亿元。

73 个项目清单见一览表，项目分布见索引图。

### 武汉市高标准农田土地整治项目一览表

| 编号 | 项目名称 | 编号 | 项目名称 |
|---|---|---|---|
| 1. 东西湖区［DXH］ | | HN02 | 汉南区南水北调中线工程丹江口库区移民安置土地整理项目 |
| DXH01 | 东西湖区辛安渡农场 100 公顷蔬菜基地土地整理项目 | HN03 | 汉南区重大工程土地整理项目 |
| DXH02 | 东西湖区柏泉农场基本农田土地整理项目 | HN04 | 汉南区邓南街窑头村土地整治项目 |
| DXH03 | 东西湖区南水北调中线工程丹江口库区移民安置土地整理项目 | 3. 蔡甸区［CD］ | |
| DXH04 | 东西湖区东山、辛安渡办事处土地开发整理重大工程项目 | CD01 | 蔡甸区桐湖农场土地整理项目 |
| DXH05 | 东西湖区东山办事处新农村建设试点土地整理项目 | CD02 | 蔡甸区侏儒街千湖村土地整理项目 |
| DXH06 | 东西湖区新沟镇街、辛安渡办事处土地开发整理重大工程项目 | CD03 | 蔡甸区消泗等 2 个乡镇基本农田土地整理（血防）项目 |
| DXH07 | 东西湖区东山办事处五一大队基本农田土地整理项目 | CD04 | 蔡甸区高产农田建设示范工程项目 |
| DXH08 | 东西湖区 1.5 万亩设施蔬菜基地东山灯塔土地整治项目 | CD05 | 蔡甸区消泗乡基本农田（血防）“兴地灭螺”工程土地整理项目 |
| DXH09 | 东西湖区 1.5 万亩设施蔬菜基地东山一期土地整治项目 | | |
| DXH10 | 东西湖区 1.5 万亩设施蔬菜基地东山五一及蒿口大队土地整治项目 | CD06 | 蔡甸区永安世城等 3 个镇移民安置土地整理项目 |
| | | CD07 | 蔡甸区新亮典合作社成功设施蔬菜基地土地整理项目 |
| 2. 汉南区［HN］ | | 4. 江夏区［JX］ | |
| HN01 | 汉南区邓南街水洪基本农田土地整理项目 | JX01 | 江夏区金水土地整理项目 |

| 编号 | 项目名称 |
|---|---|
| JX02 | 江夏区段岭庙土地整理项目 |
| JX03 | 江夏区法泗卫东基本农田土地整理项目 |
| JX04 | 江夏区法泗镇基本农田土地整理项目 |
| JX05 | 江夏区郑店街段岭庙基本农田土地整理项目 |
| JX06 | 江夏区山坡乡元丰低丘岗地改造项目 |
| JX07 | 江夏区 107 国道沿线高产农田建设示范工程项目 |
| JX08 | 江夏区金水农场等 3 个镇（场）移民安置土地整理项目 |
| JX09 | 江夏区法泗镇沿河基本农田土地整理项目 |
| JX10 | 江夏区法泗镇新农村试点土地整理项目 |
| JX11 | 江夏区五里界“四化同步”示范镇基本农田土地整理项目 |
| JX12 | 江夏区金水果茶所基本农田土地整理项目 |
| JX13 | 江夏区法泗镇石岭基本农田土地整理项目 |
| 5. 黄陂区［HP］ | |
| HP01 | 黄陂区三里镇土地整理项目 |
| HP02 | 黄陂区罗汉寺街伏马基本农田土地整理项目 |
| HP03 | 黄陂区大潭原种场、三里镇童门、武湖农场高车分场基本农田土地整理项目 |
| HP04 | 黄陂区前川街基本农田土地整理项目 |
| HP05 | 黄陂区王家河镇基本农田土地整理项目 |
| HP06 | 黄陂区三里等 3 个镇基本农田土地整理项目 |
| HP07 | 黄陂区高产农田建设示范工程项目 |
| HP08 | 黄陂区六指街新农村试点土地整理项目 |
| HP09 | 黄陂区移民安置土地整理项目 |
| HP10 | 黄陂区蔡家榨镇基本农田土地整理项目 |
| HP11 | 黄陂区祁家湾街新农村建设试点土地整理项目 |
| HP12 | 黄陂区祁家湾街基本农田土地整理项目 |
| HP13 | 黄陂区蔡家榨街韩集基本农田土地整理项目 |

| 编号 | 项目名称 |
|---|---|
| HP14 | 黄陂区李家集白庙基本农田土地整理项目 |
| HP15 | 黄陂区姚家集街基本农田土地整理项目 |
| HP16 | 黄陂区罗汉寺街沈黄基本农田土地整理项目 |
| HP17 | 黄陂区蔡店街姚山基本农田土地整理项目 |
| HP18 | 黄陂区王家河街胜天基本农田土地整理项目 |
| HP19 | 黄陂区三里镇设施蔬菜基地建设土地整理项目 |
| 6. 新洲区［XZ］ | |
| XZ01 | 新洲区汪集街安仁湖土地整理项目 |
| XZ02 | 新洲区双柳街陈家路土地整理项目 |
| XZ03 | 新洲区辛冲镇土地整理项目 |
| XZ04 | 新洲区涨渡湖农场基本农田土地整理项目 |
| XZ05 | 新洲区三店街份子基本农田土地整理项目 |
| XZ06 | 新洲区李集街张店土地整理项目 |
| XZ07 | 新洲区邾城街刘集基本农田土地整理项目 |
| XZ08 | 新洲区潘塘街低丘岗地改造项目 |
| XZ09 | 新洲区汪集街新农村试点土地整理项目 |
| XZ10 | 新洲区邾城街顾岗土地整理项目 |
| XZ11 | 新洲区潘塘街青山土地整理项目 |
| XZ12 | 新洲区仓埠街方杨土地整理项目 |
| XZ13 | 新洲区旧街街王屋土地整理项目 |
| XZ14 | 新洲区凤凰镇胜利土地整理项目 |
| XZ15 | 新洲区仓埠街周铺土地整理项目 |
| XZ16 | 新洲区潘塘街赤城基本农田土地整治项目 |
| XZ17 | 新洲区汪集街设施蔬菜基地建设项目 |
| XZ18 | 新洲区永立村泽强设施蔬菜基地建设项目 |
| XZ19 | 新洲区武汉天立藏慧园设施蔬菜基地建设项目 |
| XZ20 | 新洲区凤凰镇郑元村东方神龙设施蔬菜基地建设项目 |

## 4.2 东西湖区土地整治项目

东西湖区隶属于湖北省武汉市，地处长江左岸，位于武汉市的西北部，汉江、汉北河及环府河汇合之处。区域东西长 38 公里，南北宽 22.5 公里，2016 年底区域土地总面积 495.34 平方公里，其中：农用地 307.64 平方公里，建设用地 149.96 平方公里，未利用地 37.73 平方公里。截至“十二五”末，全区共立项验收土地整治项目 10 个，建设规模 10.87 万亩，投资金额达 1.44 亿元。实施土地整治项目，有效增加了区域耕地面积，提高了耕地质量，改善了农业生产基础设施和农民生活条件；实施土地整治项目，有效促进了土地流转，推进了农地适度集中规模经营，改善了农村集体经济组织和农户种植条件；实施土地整治项目，有效发展了现代特色农业，促进了区域社会经济发展，特别是为库区移民、南水北调等国家、省、市重大工程发挥了基础保障作用，产生了较大的社会、经济和生态效益。

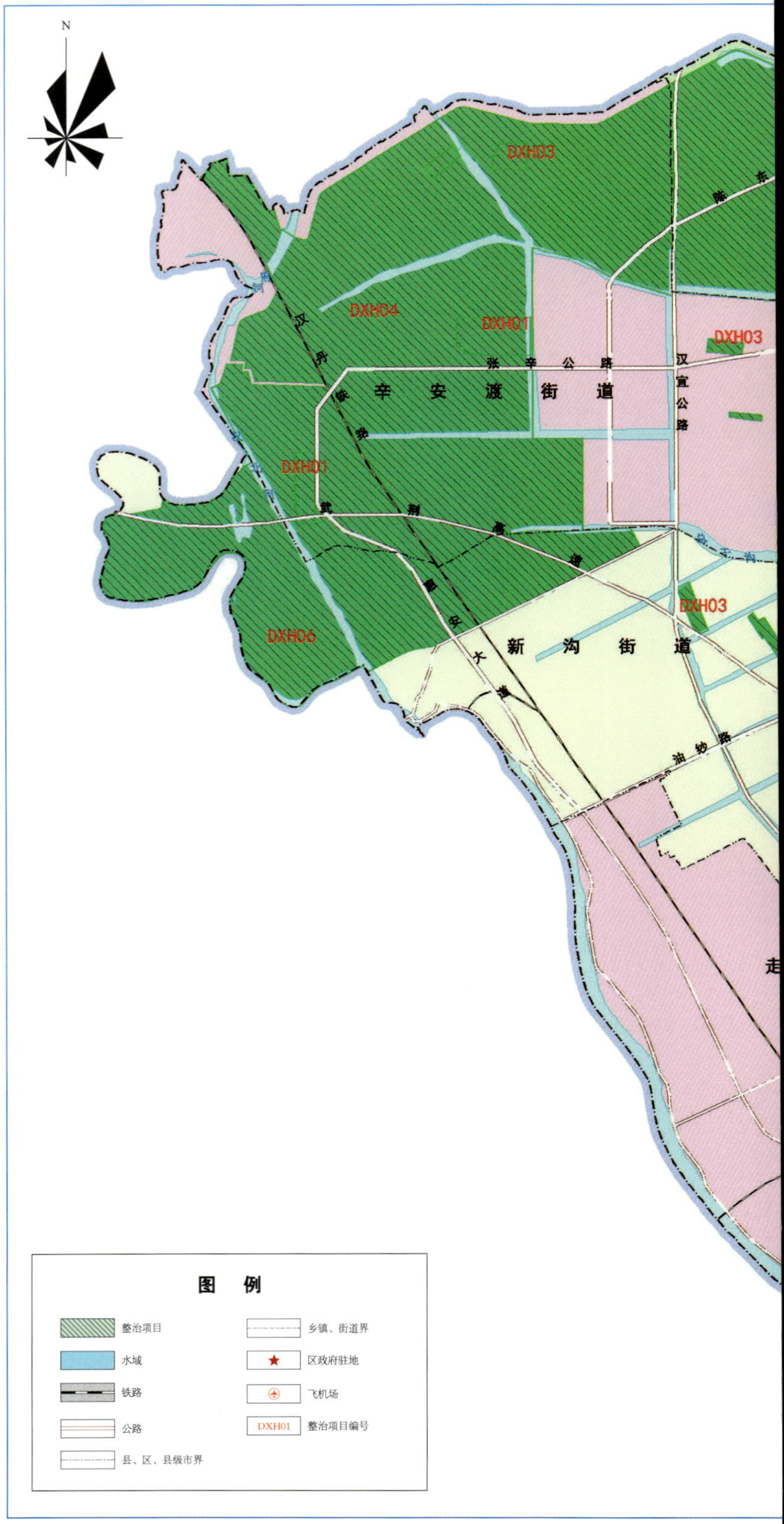

武汉市东西湖区美丽乡村之红石榴村

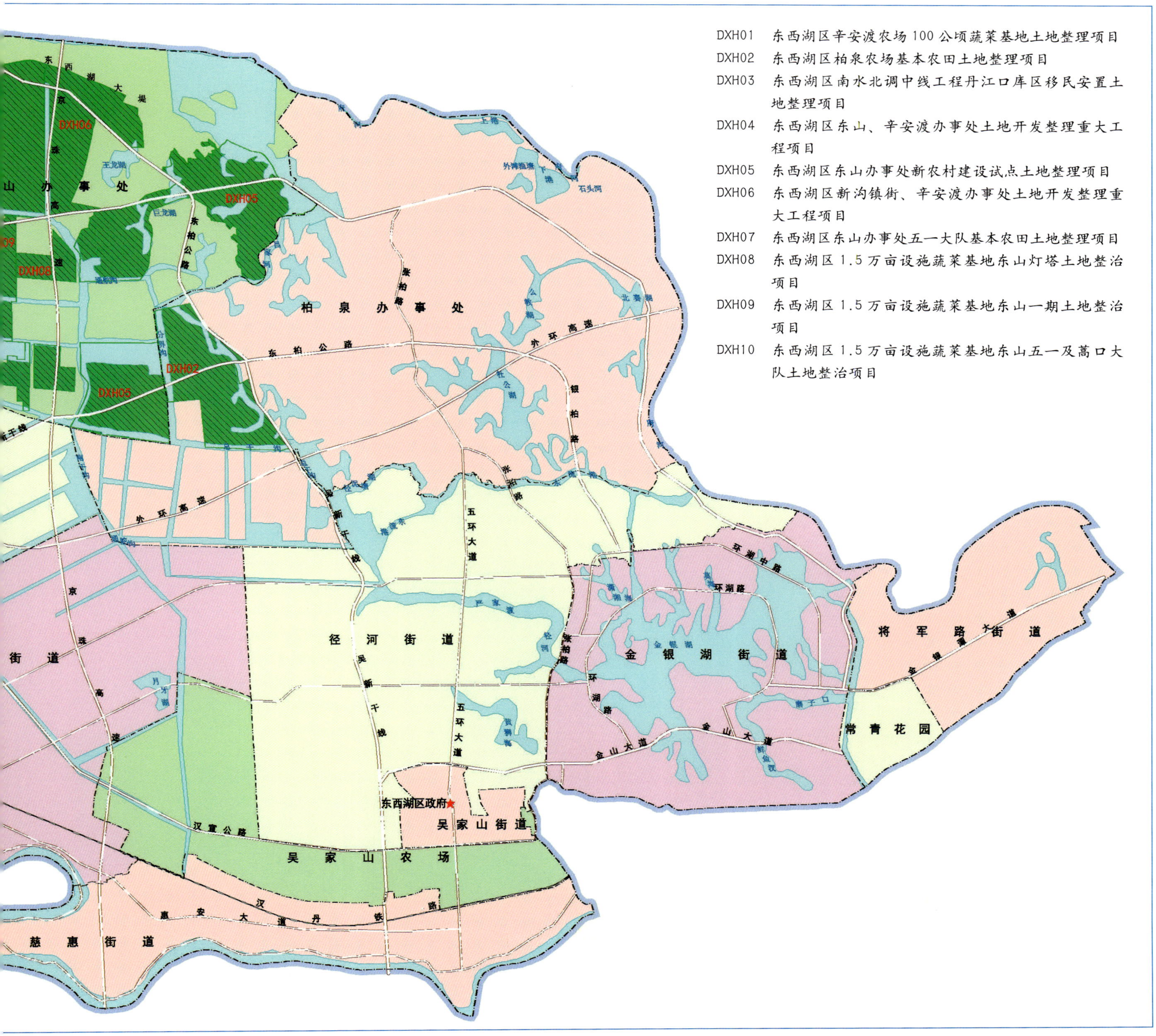
DXH01 东西湖区辛安渡农场100公顷蔬菜基地土地整理项目
DXH02 东西湖区柏泉农场基本农田土地整理项目
DXH03 东西湖区南水北调中线工程丹江口库区移民安置土地整理项目
DXH04 东西湖区东山、辛安渡办事处土地开发整理重大工程项目
DXH05 东西湖区东山办事处新农村建设试点土地整理项目
DXH06 东西湖区新沟镇街、辛安渡办事处土地开发整理重大工程项目
DXH07 东西湖区东山办事处五一大队基本农田土地整理项目
DXH08 东西湖区1.5万亩设施蔬菜基地东山灯塔土地整治项目
DXH09 东西湖区1.5万亩设施蔬菜基地东山一期土地整治项目
DXH10 东西湖区1.5万亩设施蔬菜基地东山五一及嵩口大队土地整治项目
柏泉办事处
径河街道
金银湖街道
将军路街道
常青花园
吴家山街道
吴家山农场
慈惠街道
东西湖区政府
东西湖大堤
京珠高速
外环高速
东柏公路
张柏路
银柏路
五环大道
吴新干线
环湖中路
环湖路
金山大道
金银潭大道
汉宜公路
惠安大道
汉丹铁路
DXH02
DXH05
DXH06
DXH08

# DXH01

## 东西湖区辛安渡农场 100公顷蔬菜基地土地整理项目

### 项目基本情况

**立项时间：** 2003年11月

**验收时间：** 2007年8月

**项目类型：** 基本农田整治

**投资金额：** 100万元

**资金来源：** 省级新增费

**建设规模：** 1505亩

**建设地点：** 武汉市东西湖区辛安渡农场红旗、三合大队

**规划设计单位：** 东西湖区勘测设计院

**工程监理单位：** 辛安渡农场审计科、基建科

**工程施工单位：** 武汉市辛安渡市政有限责任公司

**项目建设成果：**

1. 土地平整工程：土地平整翻耕94.28公顷；
2. 农田水利工程：开沟挖渠约0.6万立方米；
3. 田间道路工程：新建田间道路10140米；
4. 其他工程：砍伐果树补偿及搬运果树6728棵。

## 项目竣工图（影像图）

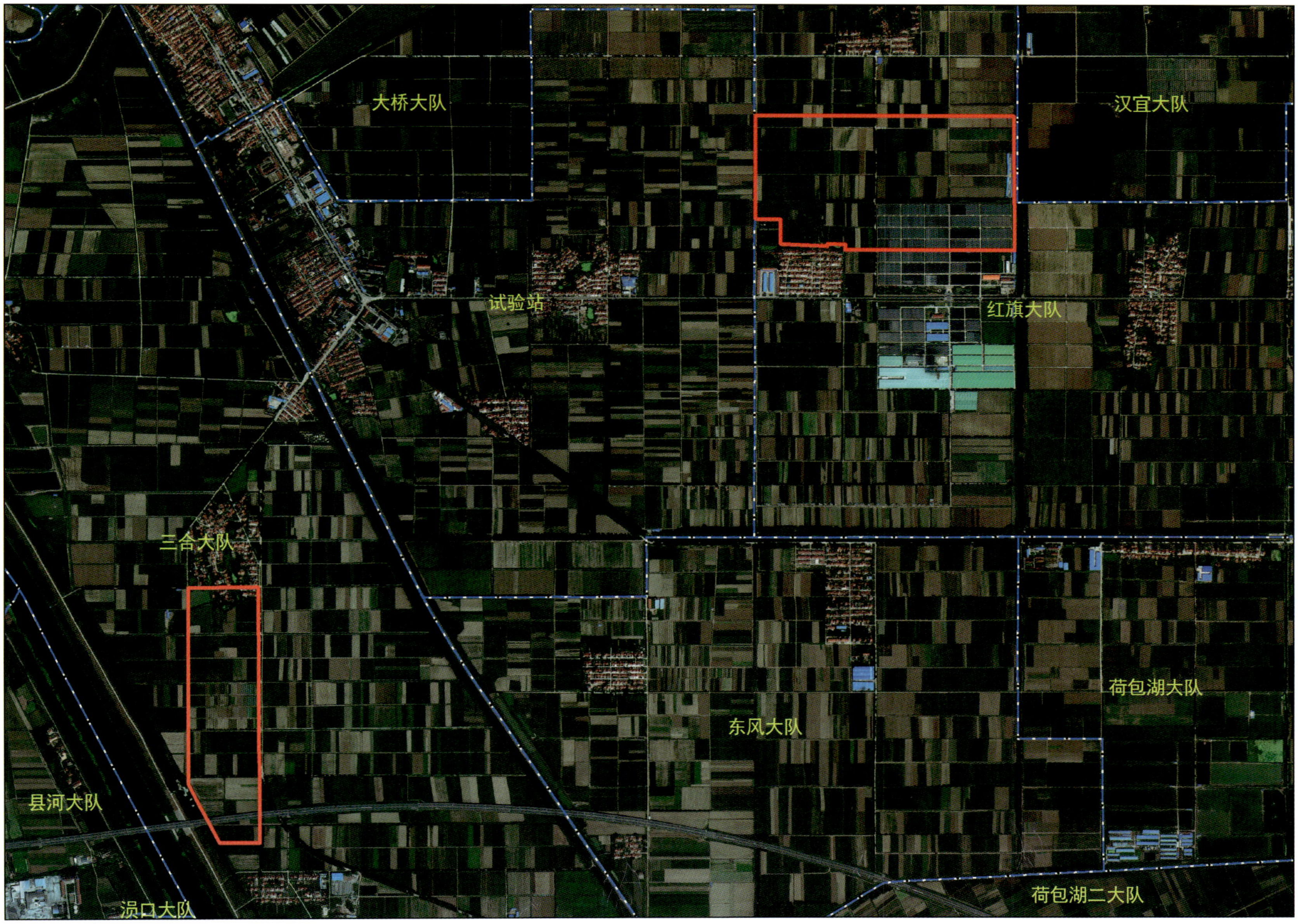

# 项目建后实景图

辛安渡农场蔬菜基地项目红旗大队土地平整

辛安渡农场蔬菜基地项目红旗大队水泥路

辛安渡农场蔬菜基地项目三合大队节制闸

辛安渡农场蔬菜基地项目红旗大队灌排渠

# DXH02

## 东西湖区柏泉农场
## 基本农田土地整理项目

### 项目基本情况

**立项时间：**2008 年 5 月

**验收时间：**2013 年 7 月

**项目类型：**基本农田整治

**投资金额：**899 万元

**资金来源：**省级新增费

**建设规模：**6500 亩

**建设地点：**武汉市东西湖区柏泉农场

**规划设计单位：**华中农业大学土地管理学院

**工程监理单位：**湖北建盛工程项目管理有限公司

**工程施工单位：**武汉市江夏区第二建筑工程公司、武汉安居兴业建设有限公司

**项目建设成果：**

1. 土地平整工程：平整面积 15.6 公顷，土方量 6.7 万立方米；

2. 农田水利工程：清淤斗沟 2939 米，清淤护砌沟 2459 米，新建渠道 2826 米，新建农沟 1672 米；

3. 田间道路工程：新建水泥路 6087 米，新建碎石路 8347 米；

4. 其他工程：植树 2263 株。

# 项目竣工图

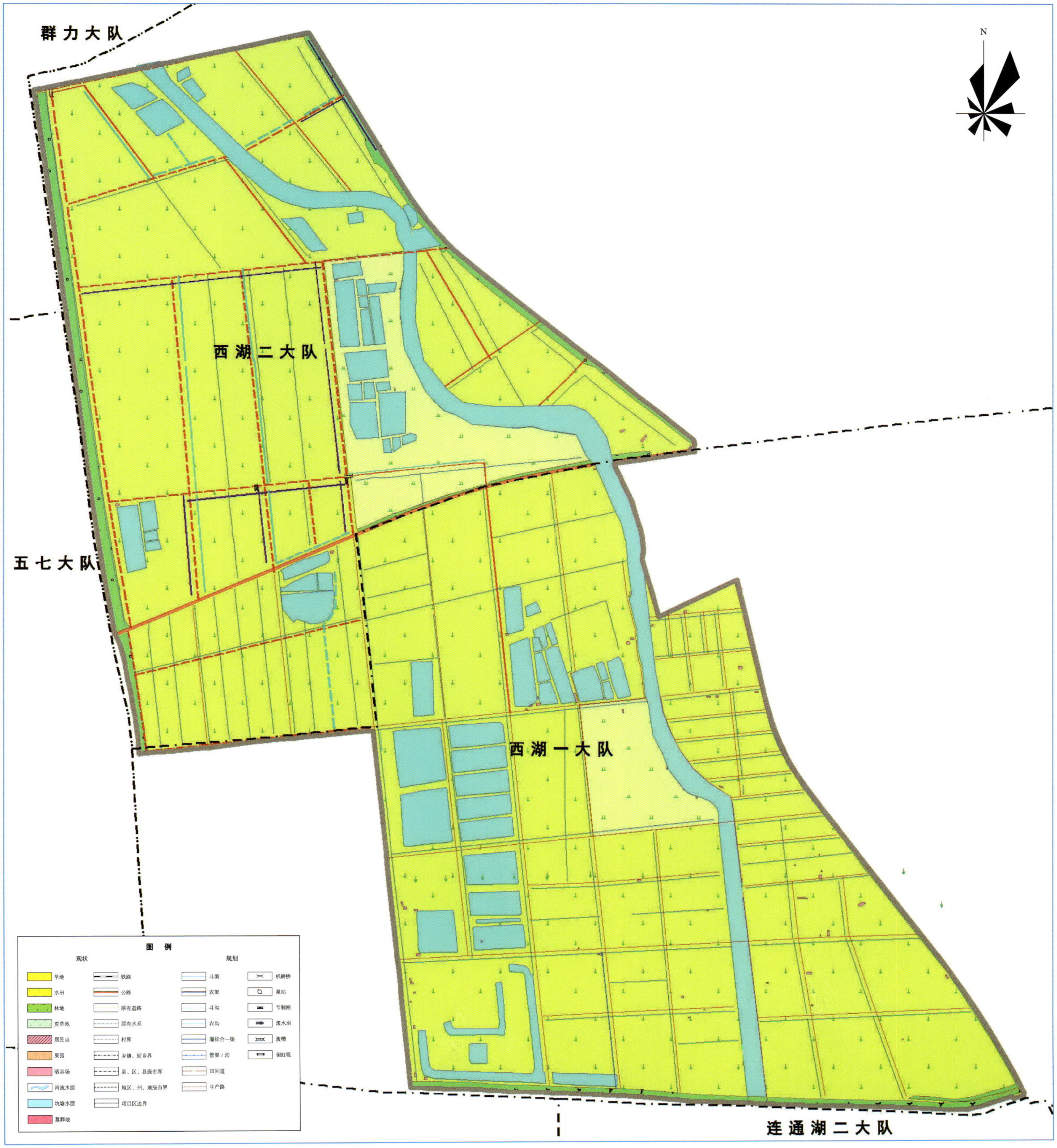
群力大队
N
西湖二大队
五七大队
西湖一大队
连通湖二大队
图 例
现状
规划
旱地
水田
林地
荒草地
居民点
果园
晒谷场
河流水面
坑塘水面
墓葬地
铁路
公路
原有道路
原有水系
村界
乡镇、街乡界
县、区、县级市界
地区、州、地级市界
项目区边界
斗渠
农渠
斗沟
农沟
灌排合一渠
管渠 / 沟
田间道
生产路
机耕桥
泵站
节制闸
滚水坝
渡槽
倒虹吸

## 项目建后实景图

柏泉农场项目西湖二大队U形渠、水泥路、护励沟

柏泉农场项目西湖二大队水泥路

柏泉农场项目西湖二大队六棱块护砌沟、水泥路、U形渠

柏泉农场项目西湖二大队水泥路、U形渠

# DXH03

## 东西湖区南水北调中线工程
## 丹江口库区移民安置土地整理项目

### 项目基本情况

**立 项 时 间：** 2010 年 1 月

**验 收 时 间：** 2012 年 1 月

**项 目 类 型：** 移民安置工程

**投 资 金 额：** 1120 万元

**资 金 来 源：** 省级新增费

**建 设 规 模：** 4911 亩

**建 设 地 点：** 武汉市东西湖区东山办事处、辛安渡办事处、柏泉办事处、新沟镇街道、走马岭办事处

**规划设计单位：** 湖北众易伟业土地勘测规划有限公司

**工程监理单位：** 湖北建盛工程项目管理有限公司

**工程施工单位：** 武汉群兴建筑安装工程有限责任公司、武汉泾河建设集团有限公司、武汉市东西湖新世纪市政建筑工程有限公司

**项目建设成果：**

1. 土地平整工程：平整面积 10.38 公顷，土方量 3.77 万立方米；

2. 农田水利工程：新修斗沟 7810 米，清淤护砌沟 9410 米，新建斗沟 3070 米，修复土质斗沟 14800 米，新建农沟 5720 米；

3. 田间道路工程：新建碎石路 17890 米，修复碎石路 17200 米。

## 项目竣工图

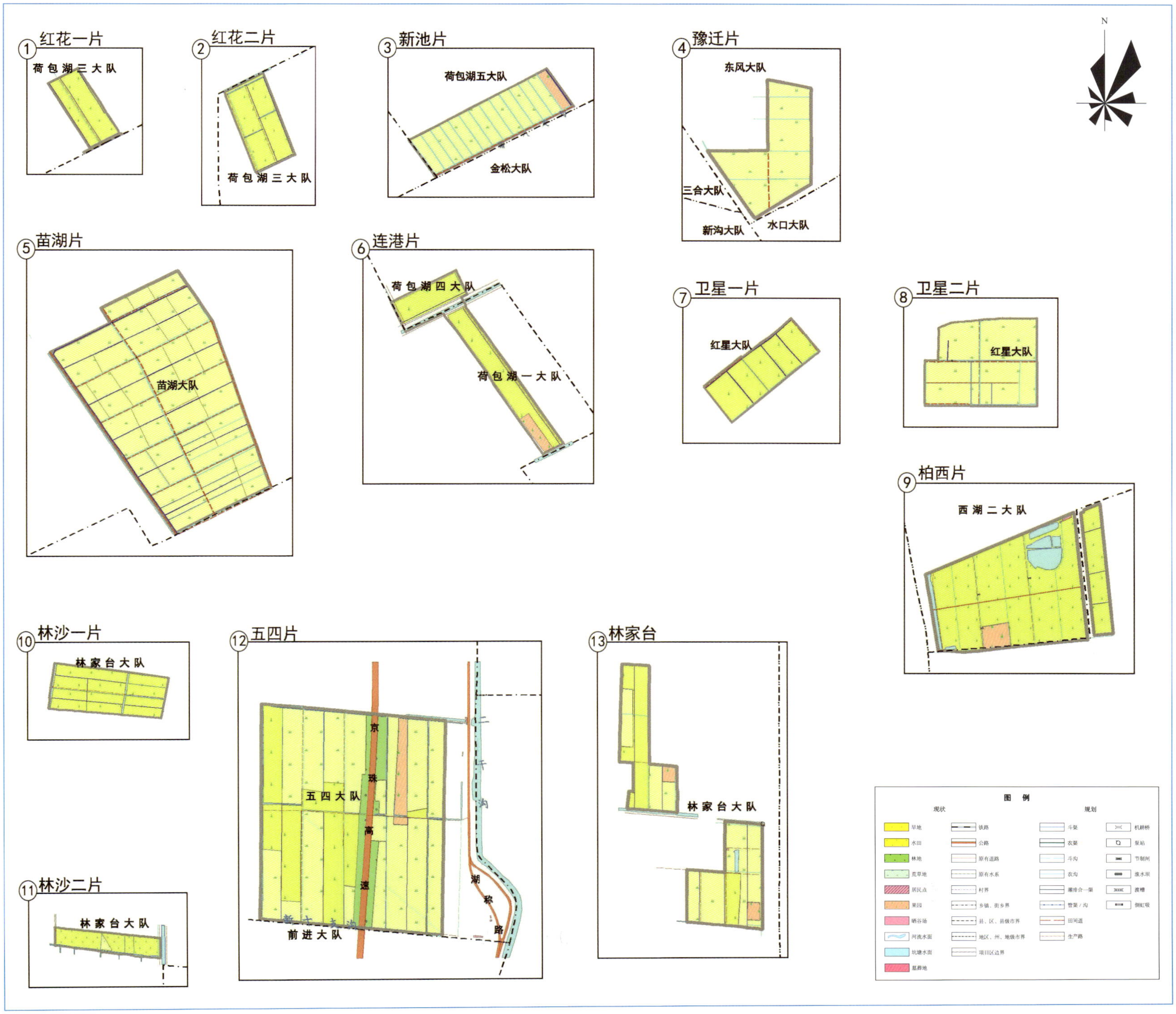

①红花一片
荷包湖三大队
②红花二片
荷包湖三大队
③新池片
荷包湖五大队
金松大队
④豫迁片
东风大队
三合大队
新沟大队
水口大队
⑤苗湖片
苗湖大队
⑥连港片
荷包湖四大队
荷包湖一大队
⑦卫星一片
红星大队
⑧卫星二片
红星大队
⑨柏西片
西湖二大队
⑩林沙一片
林家台大队
⑪林沙二片
林家台大队
⑫五四片
五四大队
前进大队
京珠高速
湖称路
⑬林家台
林家台大队
N
图 例
现状
规划
旱地
水田
林地
荒草地
居民点
果园
晒谷场
河流水面
坑塘水面
墓葬地
铁路
公路
原有道路
原有水系
村界
乡镇、街乡界
县、区、县级市界
地区、州、地级市界
项目区边界
斗渠
农渠
斗沟
农沟
灌排合一渠
管渠／沟
田间道
生产路
机耕桥
泵站
节制闸
滚水坝
渡槽
倒虹吸

# 项目建后实景图

东西湖移民安置项目荷包湖农场四大队土地平整

东西湖移民安置项目红星大队泥结石生产路

东西湖移民安置项目柏泉农场西湖大队硬化沟渠、田间道路

东西湖移民安置项目柏泉农场西湖大队新修泵站、水泥路

东西湖移民安置项目东山农场五四大队护砌沟

东西湖移民安置项目东山农场五四大队六棱块护砌沟

# DXH04

## 东西湖区东山、辛安渡办事处 土地开发整理重大工程项目

### 项目基本情况

**立 项 时 间：** 2010年10月

**验 收 时 间：** 2014年12月

**项 目 类 型：** 重大工程

**投 资 金 额：** 6126万元

**资 金 来 源：** 国家新增费

**建 设 规 模：** 49995亩

**建 设 地 点：** 武汉市东西湖区东山办事处、辛安渡办事处

**规划设计单位：** 湖北荣邦土地咨询服务有限公司

**工程监理单位：** 湖北建盛工程项目管理有限公司

**工程施工单位：** 湖北盛隆建设工程有限公司、武汉天然建工集团有限公司、武汉市辛安渡市政有限责任公司、武汉市新洲区水工建筑工程公司、武汉文新市政建筑工程有限公司、武汉枫树建筑工程有限公司、武汉浩坤建设工程有限公司、武汉文达建筑安装工程有限责任公司、武汉山鑫建筑工程有限公司、武汉市东西湖新世纪市政建筑工程公司、湖北中得建设工程集团有限公司、武穴市兴雨泵业有限公司

**项目建设成果：**

1. 土地平整工程：平整面积40.95公顷、土方量112150立方米；
2. 农田水利工程：修建护渠23801米，修建渠道65239米，新建护坡渠54187米；
3. 田间道路工程：新建水泥路20874米，新建田间道33124米，修复田间道长96768米，新修生产路14482米，修复生产路35484米。

# 项目竣工图

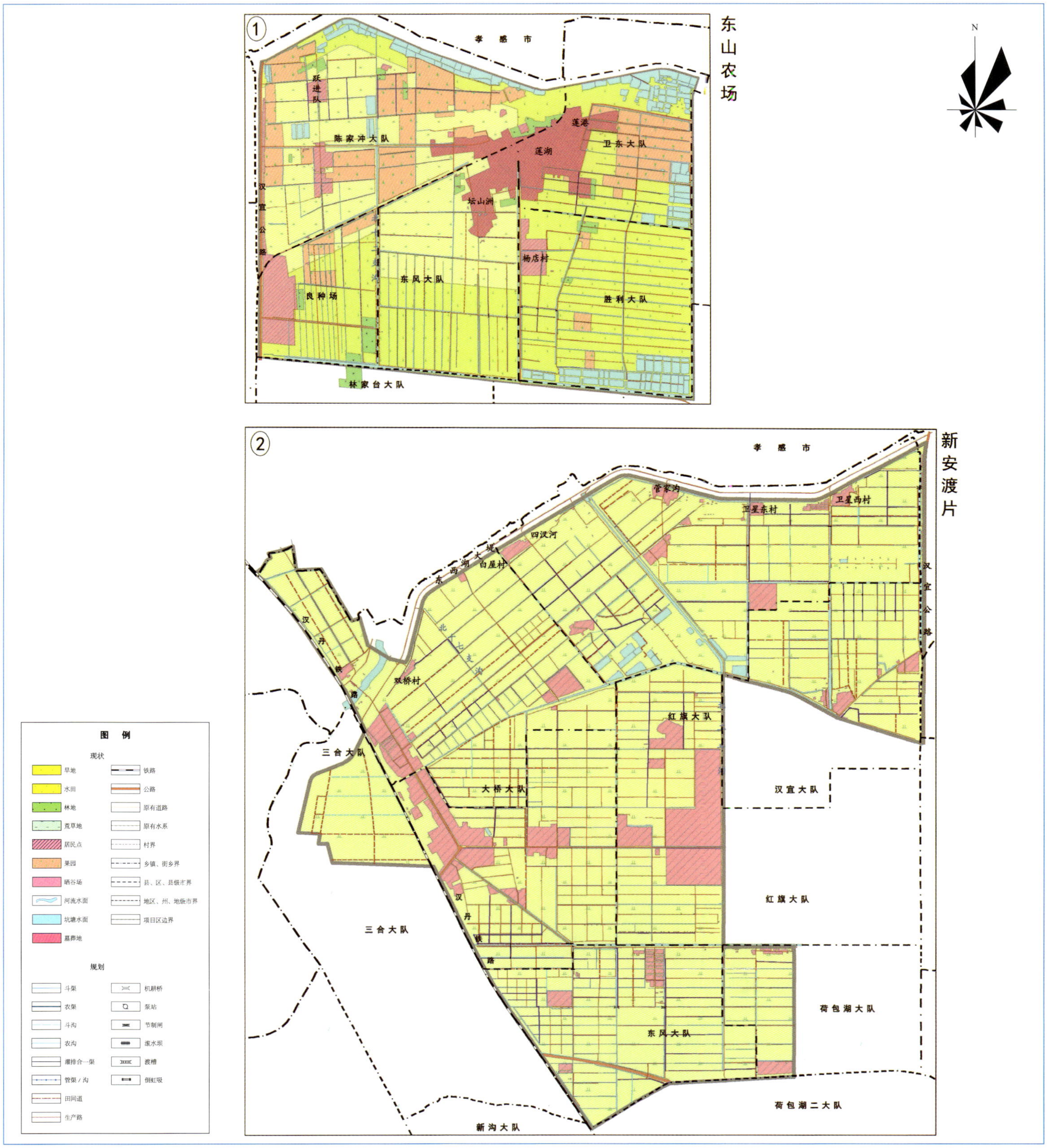

①
孝 感 市
东山农场
跃进队
陈家冲大队
莲港
莲湖
卫东大队
汉宜公路
坛山洲
杨店村
良种场
东风大队
胜利大队
林家台大队
②
孝 感 市
新安渡片
管家沟
卫星东村
卫星西村
四汉河
东西湖大堤
白屋村
汉丹铁路
双桥村
红旗大队
三合大队
大桥大队
汉宜大队
汉宜公路
红旗大队
三合大队
荷包湖大队
东风大队
荷包湖二大队
新沟大队
N
图 例
现状
旱地
水田
林地
荒草地
居民点
果园
晒谷场
河流水面
坑塘水面
墓葬地
铁路
公路
原有道路
原有水系
村界
乡镇、街乡界
县、区、县级市界
地区、州、地级市界
项目区边界
规划
斗渠
农渠
斗沟
农沟
灌排合一渠
管渠 / 沟
田间道
生产路
机耕桥
泵站
节制闸
渡槽
倒虹吸

# 项目建后实景图

东山重大工程项目荷包湖大队护砌沟、水泥路

东山重大工程项目红旗大队机耕桥、水泥路

东山重大工程项目红星大队护砌沟

东山重大工程项目红星大队土地平整区

# DXH05

## 东西湖区东山办事处
## 新农村建设试点土地整理项目

### 项目基本情况

**立 项 时 间：**2011 年 12 月

**验 收 时 间：**2016 年 5 月

**项 目 类 型：**新农村试点

**投 资 金 额：**1446 万元

**资 金 来 源：**省级新增费

**建 设 规 模：**10000 亩

**建 设 地 点：**武汉市东西湖区东山办事处巨龙片区和五七片区

**规划设计单位：**武汉永业赛博能规划勘测有限公司

**工程监理单位：**湖北建盛工程项目管理有限公司

**工程施工单位：**湖武汉市金华正茂建筑有限公司、武汉山鑫建筑工程有限公司、中得建设集团有限公司

**项目建设成果：**

1. 土地平整工程：平整面积约 77 公顷、土方量约 39 万立方米；

2. 农田水利工程：新修斗渠 6404 米，修复灌排合一渠 2516 米，新修农渠 13247 米，清淤沟渠 1866 米，修复斗沟 1060 米，新建农沟 4032 米，修建涵管 241 座；

3. 田间道路工程：新建水泥路 10702 米，新修田间道 5280 米，修建田间道 25020 米，新建生产路 1572 米，修复生产路 291 米。

# 项目竣工图

1
群力大队
五七大队
西湖二大队
五四大队
前进大队
五七村
五七大队
连通湖一大队
2
旭东大队
水产养殖公司
巨龙大队
林湾
北湖大队
灯塔大队
群力大队
红卫大队
西湖二大队
N
图 例
现状
旱地
水田
林地
荒草地
居民点
果园
晒谷场
河流水面
坑塘水面
墓葬地
铁路
公路
原有道路
原有水系
村界
乡镇、街乡界
县、区、县级市界
地区、州、地级市界
项目区边界
规划
斗渠
农渠
斗沟
农沟
灌排合一渠
管渠／沟
田间道
生产路
机耕桥
泵站
节制闸
滚水坝
渡槽
倒虹吸

# 项目建后实景图

东山新农村项目巨龙大队水泥路与土地平整

东山新农村项目五七大队泥结石生产路、水泥田间道、六菱块护砌沟

东山新农村项目巨龙大队水泥路与新农村

# DXH06

## 东西湖区新沟镇街、辛安渡办事处
## 土地开发整理重大工程项目

### 项目基本情况

**立 项 时 间：**2013 年 7 月

**验 收 时 间：**2016 年 12 月

**项 目 类 型：**重大工程

**投 资 金 额：**3208 万元

**资 金 来 源：**国家和省级新增费

**建 设 规 模：**25885 万亩

**建 设 地 点：**东西湖区新沟镇街道办事处和东山办事处

**规划设计单位：**湖北大华房地资产评估有限公司

**工程监理单位：**湖北艺海工程项目管理有限公司

**工程施工单位：**湖北中大建文工程有限公司、武汉市柏泉建筑工程有限公司、武汉吴南市政建筑工程有限公司、武汉市长丰市政水利工程有限公司、湖北乾升建设工程有限公司

**项目建设成果：**

1. 土地平整工程：田块平整 47.94 公顷、土方量 10.9 万立方米、新增耕地翻耕 9.65 公顷；
2. 农田水利工程：清淤沟 1645.69 米，护砌沟 25264.85 米，修复农渠 620.82 米，涵管 258 座（含过路涵管），踏步 760 座，节制闸 13 座，拦水坝 27 座，人行桥 5 座，护砌沟挡土墙 94.22 米；
3. 田间道路工程：水泥路 17941.63 米，修复田间道 11211.92 米，新建田间道 265.45 米，箱涵 3 座，错车道 26 处；
4. 其他工程：栽植樟树共 3739 棵（新沟片：3239 棵；东山片：500 棵）。

# 项目竣工图

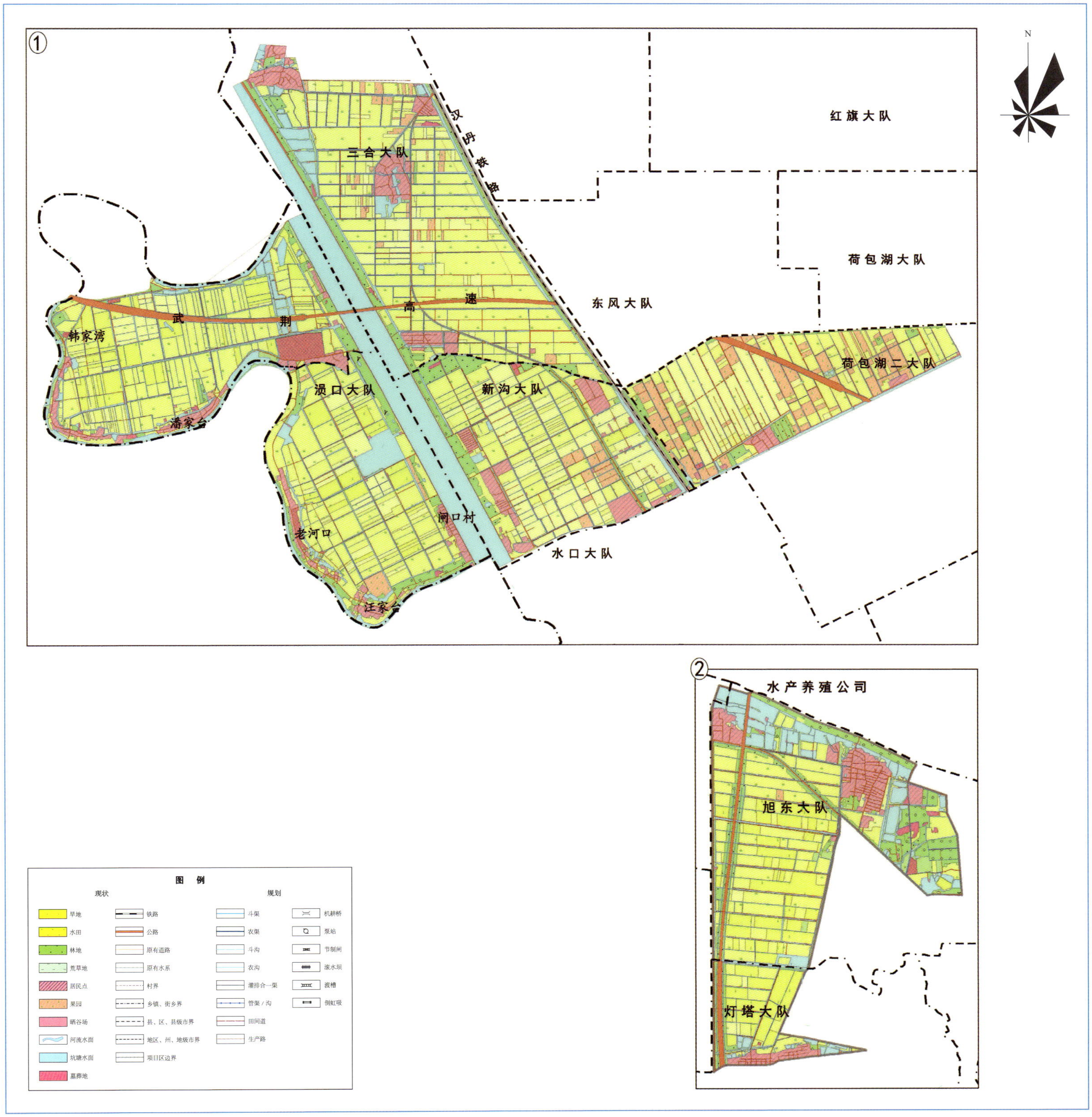

①
N
红旗大队
汉丹铁路
三合大队
荷包湖大队
东风大队
武
荆
高
速
韩家湾
荷包湖二大队
涢口大队
新沟大队
潘家台
闸口村
老河口
水口大队
汪家台
②
水产养殖公司
旭东大队
灯塔大队
图 例
现状
规划
旱地
水田
林地
荒草地
居民点
果园
晒谷场
河流水面
坑塘水面
墓葬地
铁路
公路
原有道路
原有水系
村界
乡镇、街乡界
县、区、县级市界
地区、州、地级市界
项目区边界
斗渠
农渠
斗沟
农沟
灌排合一渠
管渠 / 沟
田间道
生产路
机耕桥
泵站
节制闸
滚水坝
渡槽
倒虹吸

# 项目建后实景图

东西湖新沟重大工程项目涢口大队土地平整

东西湖新沟重大工程项目三合大队护砌沟、拦水坝

东西湖新沟重大工程项目县河大队护砌沟、水泥路

东西湖新沟重大工程项目荷包湖二大队护砌沟、生产路

# DXH07

## 东西湖区东山办事处
## 五一大队基本农田土地整理项目

### 项目基本情况

**立 项 时 间：**2013 年 8 月

**验 收 时 间：**2015 年 8 月

**项 目 类 型：**基本农田整治

**投 资 金 额：**1001 万元

**资 金 来 源：**省级新增费（切块资金）

**建 设 规 模：**6684 亩

**建 设 地 点：**武汉市东西湖区东山办事处五一大队、前进大队

**规划设计单位：**融智土地技术咨询有限公司

**工程监理单位：**湖北建盛工程项目管理有限公司

**工程施工单位：**武汉市江夏区第五建筑工程公司、武汉鑫弘志建设有限公司、湖北兴雨泵业有限公司

**项目建设成果：**

1. 土地平整工程：平整面积 13.36 公顷，土方量 35873 立方米；

2. 农田水利工程：护砌沟渠 2270 米，清淤沟渠 13679 米，新修隔离防护栏 1309 米；新修斗沟 1095 米，新修人行桥 2 座，新修涵管 29 座，新修泵站及其配套设施 1 座、沉井 3 座，新修下田埠 31 座、格田分水涵 19 座；

3. 田间道路工程：新修和修复田间道（水泥路面）11109 米，新修和修复生产路 12335 米。

## 项目竣工图

N
灯塔大队
五一大队
五四大队
前进大队
荷包湖六大队
图例
现状
规划
旱地
水田
林地
荒草地
居民点
果园
晒谷场
河流水面
坑塘水面
墓葬地
铁路
公路
原有道路
原有水系
村界
乡镇、街乡界
县、区、县级市界
地区、州、地级市界
项目区边界
斗渠
农渠
斗沟
农沟
灌排合一渠
管渠 / 沟
田间道
生产路
机耕桥
泵站
节制闸
滚水坝
渡槽
倒虹吸

# 项目建后实景图

东山五一项目前进大队护砌沟、土地平整

东山五一项目五一大队水泥路

东山五一项目前进大队泵站

东山五一项目五一大队护砌沟、隔离栏

东山五一项目前进大队灌排渠、土地平整

# DXH08

## 东西湖区
## 1.5 万亩设施蔬菜基地东山灯塔土地整治项目

### 项目基本情况

**立 项 时 间：** 2014 年 7 月

**验 收 时 间：** 2015 年 10 月

**项 目 类 型：** 蔬菜基地

**投 资 金 额：** 205 万元

**资 金 来 源：** 省级新增费（切块资金）

**建 设 规 模：** 1371 亩

**建 设 地 点：** 武汉市东西湖区东山办事处

**规划设计单位：** 湖北荣邦土地咨询服务有限公司

**工程监理单位：** 武汉金龙建设监理有限责任公司

**工程施工单位：** 湖北宏缘市政工程建设有限公司

**项目建设成果：** 主要为田间道路工程，新修田间道 544 米，修复田间道 4855 米，新修生产路 11050 米，新修下田埠（铺设进棚便道）1081 座。

## 项目竣工图

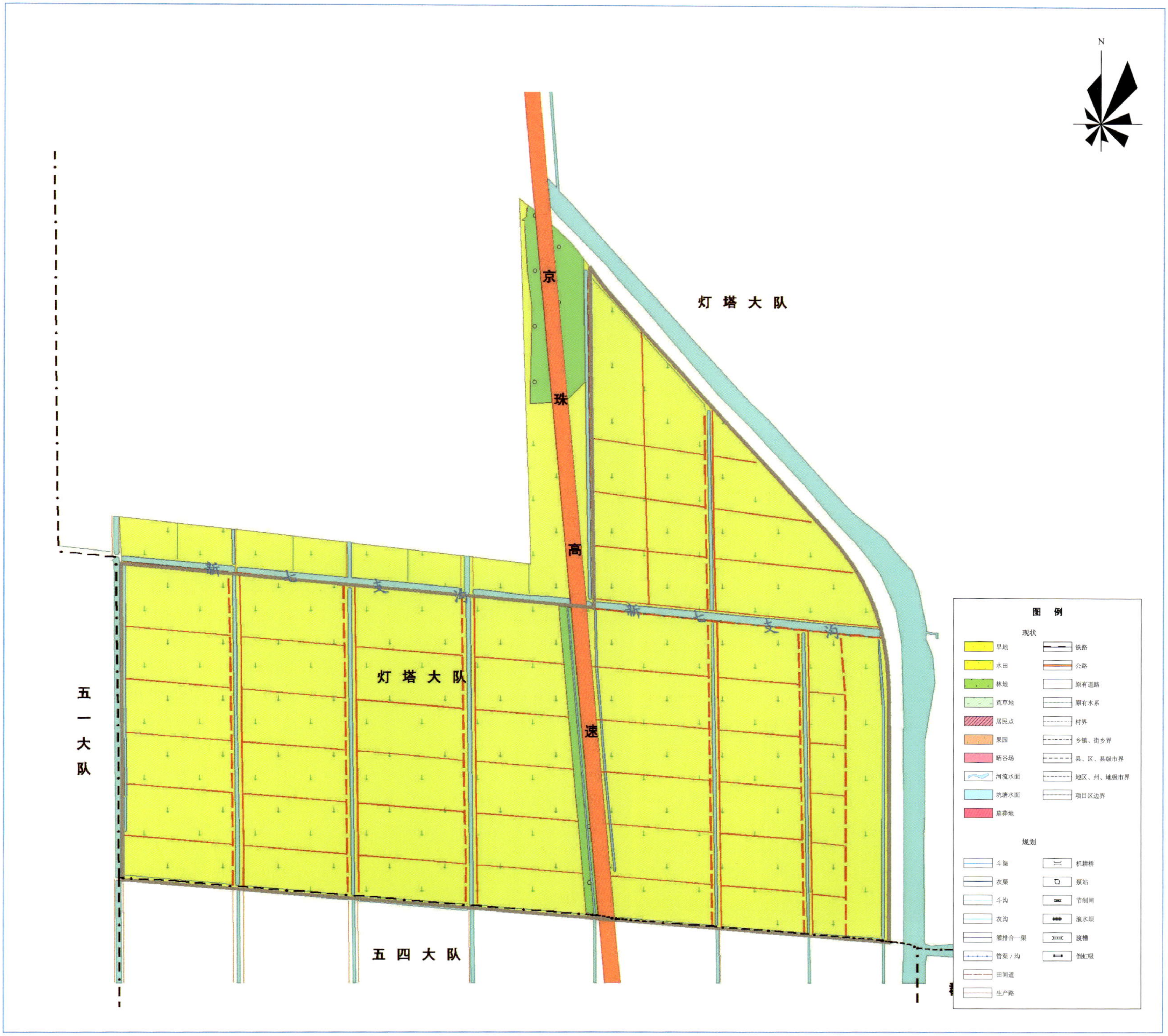
N
灯 塔 大 队
京
珠
高
速
新 七 支 沟
新 七 支 沟
灯 塔 大 队
五
一
大
队
五 四 大 队
图 例
现状
旱地
水田
林地
荒草地
居民点
果园
晒谷场
河流水面
坑塘水面
墓葬地
铁路
公路
原有道路
原有水系
村界
乡镇、街乡界
县、区、县级市界
地区、州、地级市界
项目区边界
规划
斗渠
农渠
斗沟
农沟
灌排合一渠
管渠 / 沟
田间道
生产路
机耕桥
泵站
节制闸
滚水坝
渡槽
倒虹吸

# 项目建后实景图

蔬菜基地灯塔项目灯塔大队生产路、节制闸

蔬菜基地灯塔项目灯塔大队沟渠清淤、田间道

蔬菜基地灯塔项目灯塔大队生产路、沟渠清淤

蔬菜基地灯塔项目灯塔大队沟渠清淤、生产路

# DXH09

## 东西湖区

## 1.5 万亩设施蔬菜基地东山一期土地整治项目

### 项目基本情况

**立 项 时 间：** 2014 年 7 月

**验 收 时 间：** 2015 年 10 月

**项 目 类 型：** 蔬菜基地

**投 资 金 额：** 159 万元

**资 金 来 源：** 省级新增费（切块资金）

**建 设 规 模：** 1065 亩

**建 设 地 点：** 武汉市东西湖区东山办事处

**规划设计单位：** 湖北荣邦土地咨询服务有限公司

**工程监理单位：** 武汉金龙建设监理有限责任公司

**工程施工单位：** 武汉市群鑫市政工程有限公司

**项目建设成果：** 主要为田间道路工程，修复田间道 3230 米，新修生产路 9380 米，新修下田埠（铺设进棚便道）760 座。

## 项目竣工图

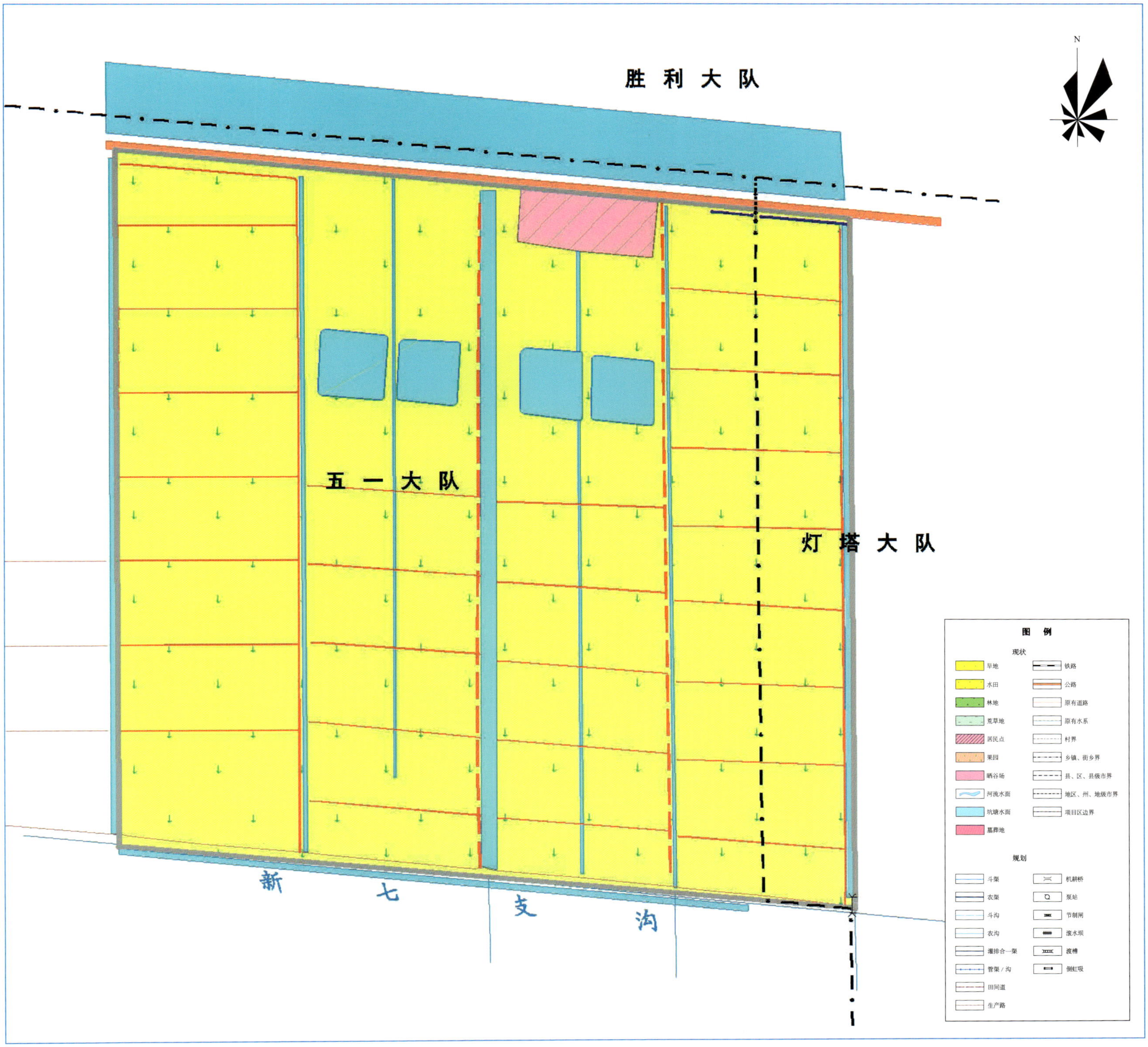
N
胜 利 大 队
五 一 大 队
灯 塔 大 队
新 七 支 沟
图 例
现状
旱地
水田
林地
荒草地
居民点
果园
晒谷场
河流水面
坑塘水面
墓葬地
铁路
公路
原有道路
原有水系
村界
乡镇、街乡界
县、区、县级市界
地区、州、地级市界
项目区边界
规划
斗渠
农渠
斗沟
农沟
灌排合一渠
管渠 / 沟
田间道
生产路
机耕桥
泵站
节制闸
滚水坝
渡槽
倒虹吸

# 项目建后实景图

蔬菜基地东山一期项目五一大队沟渠清淤

蔬菜基地东山一期项目五一大队清淤护砌沟渠

蔬菜基地东山一期项目五一大队碎石路

蔬菜基地东山一期项目五一大队碎石路、沟渠清淤护砌

# DXH10

## 东西湖区

## 1.5 万亩设施蔬菜基地东山五一及蒿口大队土地整治项目

### 项目基本情况

**立 项 时 间：**2014 年 7 月

**验 收 时 间：**2015 年 10 月

**项 目 类 型：**蔬菜基地

**投 资 金 额：**109 万元

**资 金 来 源：**省级新增费（切块资金）

**建 设 规 模：**800 亩

**建 设 地 点：**武汉市东西湖区东山办事处

**规划设计单位：**湖北荣邦土地咨询服务有限公司

**工程监理单位：**武汉江城建设监理有限公司

**工程施工单位：**武汉市傅友建设集团有限公司

**项目建设成果：**主要为田间道路工程，修复田间道 6690 米，新修生产路 2650 米，新修下田埠（铺设进棚便道）608 座。

## 项目竣工图

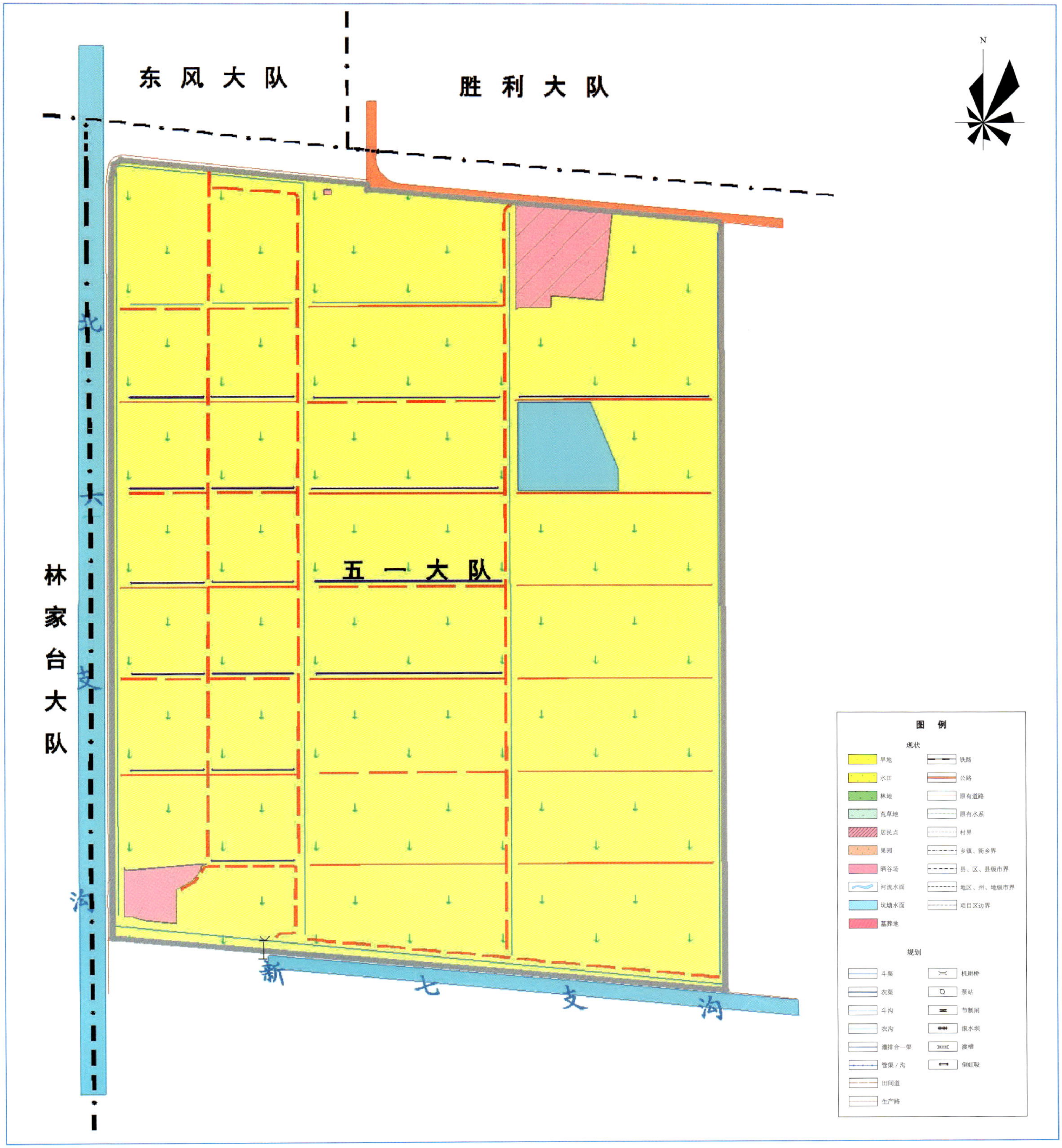

N
东 风 大 队
胜 利 大 队
林 家 台 大 队
五 一 大 队
北六支沟
新 七 支 沟
图 例
现状
旱地
水田
林地
荒草地
居民点
果园
晒谷场
河流水面
坑塘水面
墓葬地
铁路
公路
原有道路
原有水系
村界
乡镇、街乡界
县、区、县级市界
地区、州、地级市界
项目区边界
规划
斗渠
农渠
斗沟
农沟
灌排合一渠
管渠 / 沟
田间道
生产路
机耕桥
泵站
节制闸
滚水坝
渡槽
倒虹吸

# 项目建后实景图

蔬菜基地五一及蒿口项目五一大队土地平整、下田埠

蔬菜基地五一及蒿口项目五一大队碎石路、下田埠

蔬菜基地五一及蒿口项目五一大队水泥路

蔬菜基地五一及蒿口项目五一大队葡萄喜获丰收

## 4.3 汉南区土地整治项目

汉南区位于武汉市西南部，地处长江北岸，江汉平原东向边缘，东南与江夏区、嘉鱼县隔江相望，西北同蔡甸区和武汉经济技术开发区相邻，西南与仙桃、洪湖两市接壤。区域东西最大横距 34.17 公里，南北最大横距 19.08 公里，2016 年底区域土地总面积 287.05 平方公里，其中：农用地 177.70 平方公里，建设用地 55.93 平方公里，未利用地 53.41 平方公里。截至“十二五”末，全区共立项验收土地整治项目 4 个，建设规模 4.48 万亩，投资金额达 0.63 亿元。通过土地整治项目实施，建设了规模化旱涝保收高产农田，稳定了区域耕地面积，提高了耕地质量，有效增加了农业产出和农民收入；通过土地整治项目实施，探索了耕地保护经济补偿机制，充分调动了农村集体经济组织和农民保护耕地的主动性；通过土地整治项目实施，率先试点了“整村流转 + 农业龙头企业”自建模式，增强了社会资本参与土地整治的积极性，提高了土地整治工作社会辨识度，为发展现代农业和新型农业探索了路径。

武汉市汉南区长江掠影

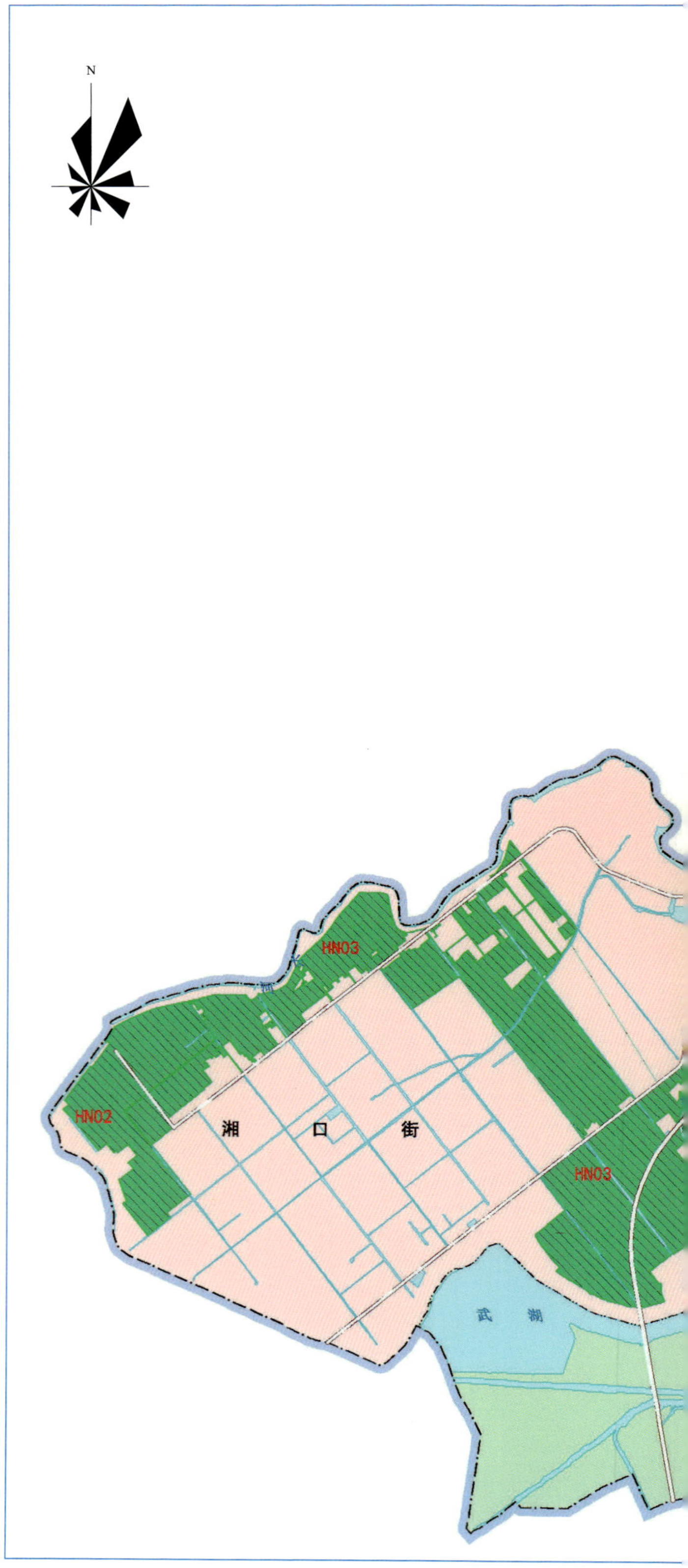

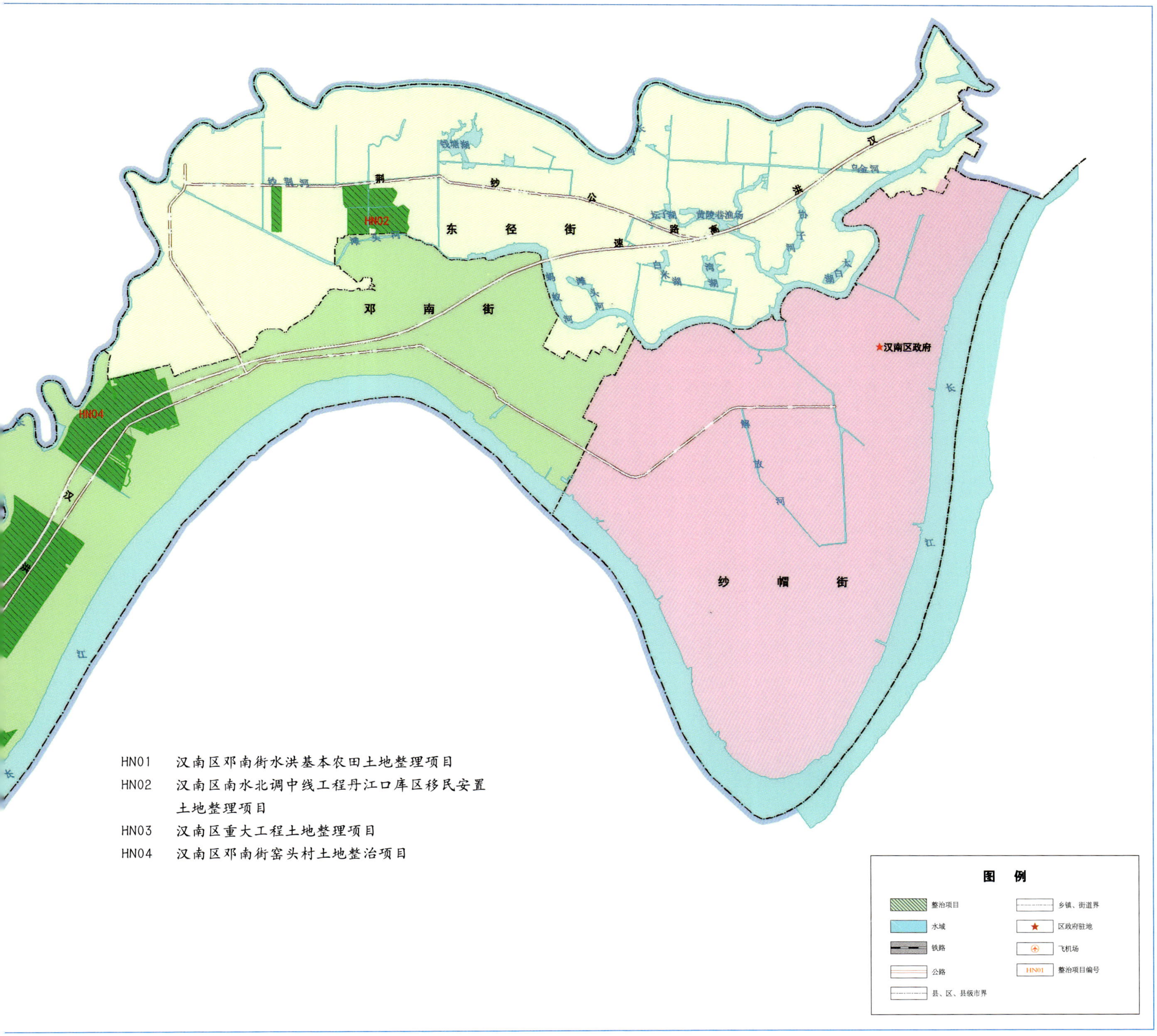

东 径 街
邓 南 街
纱 帽 街
★汉南区政府
HN02
HN04
HN01 汉南区邓南街水洪基本农田土地整理项目
HN02 汉南区南水北调中线工程丹江口库区移民安置土地整理项目
HN03 汉南区重大工程土地整理项目
HN04 汉南区邓南街窑头村土地整治项目
图 例
整治项目
水域
铁路
公路
县、区、县级市界
乡镇、街道界
区政府驻地
飞机场
HN01
整治项目编号

# HN01

## 汉南区邓南街
## 水洪基本农田土地整理项目

### 项目基本情况

**立 项 时 间：**2008 年 6 月

**验 收 时 间：**2011 年 10 月

**项 目 类 型：**基本农田整治

**投 资 金 额：**1841 万元

**资 金 来 源：**省级新增费

**建 设 规 模：**15000 亩

**建 设 地 点：**武汉市汉南区邓南街

**规划设计单位：**湖北星湖勘测设计咨询有限公司

**工程监理单位：**武汉宏基建设工程监理有限公司

**工程施工单位：**武汉市日月星建筑工程公司、武汉市德源市政工程有限公司、武汉金牛水利水电工程有限公司、湖北红旗建筑工程有限公司、武汉山鑫建筑工程有限公司

**项目建设成果：**

1. 土地平整工程：平整面积 30 公顷，土方量约 14 万立方米；

2. 农田水利工程：新修斗渠 4100 米，新修直径 800 毫米涵管 8330 米，修复直径 800 毫米 U 形渠 1910 米，新修矩形渠 990 米，新修农渠 25110 米，修复农渠 7550 米，新修斗沟 30150 米，修复斗沟 12750 米，新修节制闸 21 座、倒虹吸 68 座、下田埠 422 座、分水口 421 个、斗门 9 个、农门 105 个，新建和修复泵站各 2 座；

3. 田间道路工程：修复田间道 21630 米，新修生产路 3740 米，修复生产路 11080 米；

4. 其他工程：农田防护林 15965 株。

## 项目竣工图（影像图）

窑头村
七壕村
都湾大队
捞子湖村
曲口村
曲口村
鞋尖村
都湾大队
汉南农场场直
水三村
湘口大队
水三村
水二村
水二村
新渡大队
水一村
向新大队
新沟村
渔场
水洪乡村民集体经济组织

# 项目建后实景图

汉南水洪项目鞋尖村田间道、土地平整

汉南水洪项目鞋尖村修复田间道

汉南水洪项目水三村修复生产路

汉南水洪项目鞋尖村修复农沟

汉南水洪项目鞋尖村修复斗沟

# HN02

## 汉南区

## 南水北调中线工程丹江口库区移民安置土地整理项目

### 项目基本情况

**立 项 时 间：**2010 年 1 月

**验 收 时 间：**2012 年 4 月

**项 目 类 型：**移民安置工程

**投 资 金 额：**1435 万元

**资 金 来 源：**省级新增费

**建 设 规 模：**6709 亩

**建 设 地 点：**武汉市汉南区东荆街移民安置点和湘口街移民安置点两个片区

**规划设计单位：**湖北新盛勘测设计有限公司、湖北星湖勘测设计咨询有限公司

**工程监理单位：**武汉永鸿建设工程监理有限公司

**工程施工单位：**湖北天宇建设有限公司、武汉市德源市政工程有限公司

**项目建设成果：**

1. 土地平整工程：平整土方量约 31 万立方米；

2. 农田水利工程：修复灌水主渠 1230 米，修复斗渠 1708 米，新建农渠 4896 米，修复农渠 2481 米，新建斗沟 1963 米，修复斗沟 22784 米，硬化斗沟 4782 米，新建农沟 20778 米，修复农沟 1028 米，新建节制闸 3 座，渠沟路涵 251 处，新建泵站 8 座，抽水平台 6 座，下田埠 52 处，检修井 95 处，渡槽 8 处，斗农门 79 处，分水口 115 个；

3. 新建田间道 4509 米、新建生产路 17572 米、修复生产路 990 米、新建和修复机耕桥 3 座；

4. 其他工程：800 亩都市农业核心区增设高压 PE 管 14700 米。

## 项目竣工图

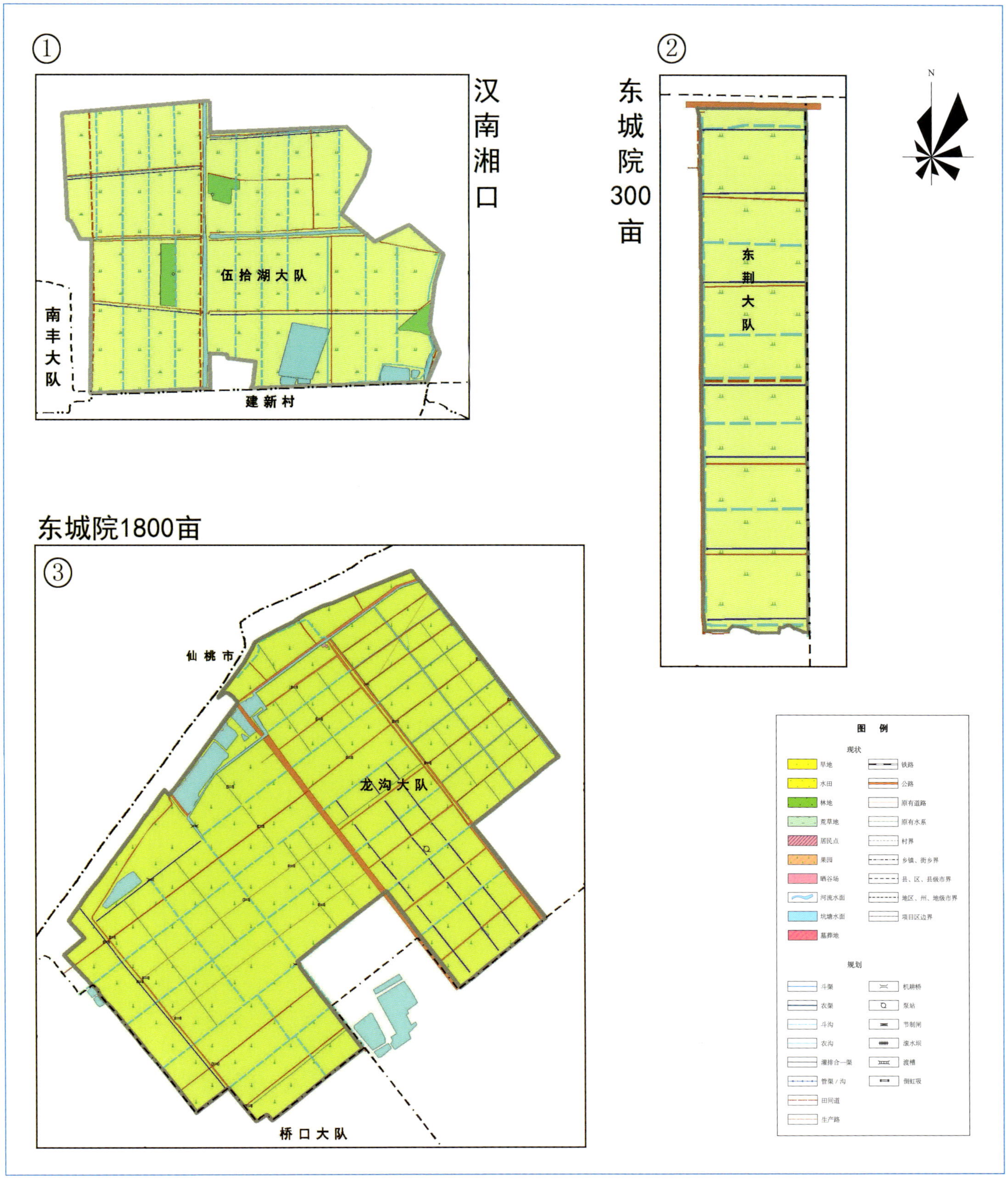
①
汉南湘口
伍拾湖大队
南丰大队
建新村
②
东城院300亩
东荆大队
N
东城院1800亩
③
仙桃市
龙沟大队
桥口大队
图 例
现状
旱地
水田
林地
荒草地
居民点
果园
晒谷场
河流水面
坑塘水面
墓葬地
铁路
公路
原有道路
原有水系
村界
乡镇、街乡界
县、区、县级市界
地区、州、地级市界
项目区边界
规划
斗渠
农渠
斗沟
农沟
灌排合一渠
管渠 / 沟
田间道
生产路
机耕桥
泵站
节制闸
滚水坝
渡槽
倒虹吸

# 项目建后实景图

汉南移民项目龙沟大队移民还建小区

汉南移民项目龙沟大队移民小区村庄整治

汉南移民项目泥结石生产路

汉南移民项目王家寨大队新建生产路、新建农渠

汉南移民项目王家寨大队新建田间道

汉南移民项目龙沟大队新建节制闸

汉南移民项目龙沟大队新建机耕桥

# HN03

## 汉南区

## 重大工程土地整理项目

### 项目基本情况

**立 项 时 间：**2011 年 3 月

**验 收 时 间：**2015 年 11 月

**项 目 类 型：**重大工程

**投 资 金 额：**2294 万元

**资 金 来 源：**国家和省级新增费

**建 设 规 模：**18133 亩

**建 设 地 点：**武汉市汉南区湘口街

**规划设计单位：**武汉市规划研究院

**工程监理单位：**湖北东昇水利工程咨询有限公司

**工程施工单位：**湖北金厦建筑工程有限公司、随州市东兴建筑工程有限公司、武汉安居兴业建设有限公司、武汉开来建设集团有限公司、湖北力众世纪建设发展有限公司、武汉永博胜建筑安装工程有限公司

**项目建设成果：**

1. 土地平整工程：平整面积约 129 公顷、土方量约 32 万立方米；

2. 农田水利工程：沟渠坑塘填埋 1.15 公顷、清淤沟渠 7276 米、坑塘整治 2.22 公顷、硬化梯形渠 4195 米、灌排合一渠 10282 米、硬化斗沟 13407 米、硬化农沟 19591 米、硬化农沟沉砂池 53 处、硬化农沟挡土墙 166 处、农沟（土沟）18054 米、涵管 328 座、节制闸 28 座、倒虹吸 8 处、渠道分水口 28 座、修复渡槽 25 米、泵站 4 座、机耕桥 2 座、涵管桥 2 座；

3. 田间道路工程：新修田间道 30694 米，新修生产路 11751 米。

## 项目竣工图

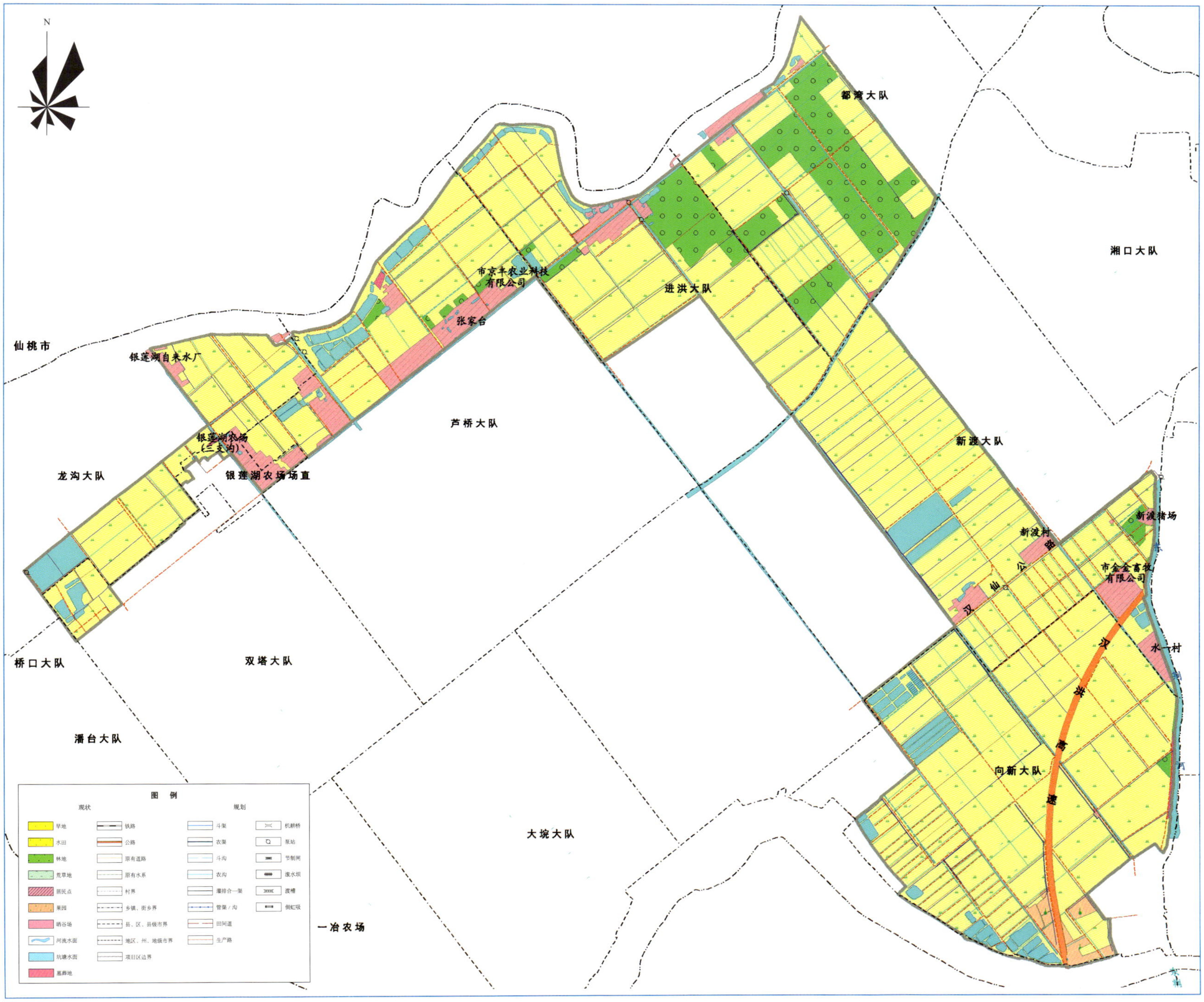
N
都湾大队
湘口大队
市京丰农业科技有限公司
张家台
进洪大队
仙桃市
银莲湖自来水厂
芦桥大队
新渡大队
银莲湖农场（三支沟）
龙沟大队
银莲湖农场场直
新渡猪场
新渡村
市金金畜牧有限公司
汉仙公路
水一村
汉洪高速
桥口大队
双塔大队
潘台大队
向新大队
大垸大队
一冶农场
图例
现状
规划
旱地
水田
林地
荒草地
居民点
果园
晒谷场
河流水面
坑塘水面
墓葬地
铁路
公路
原有道路
原有水系
村界
乡镇、街乡界
县、区、县级市界
地区、州、地级市界
项目区边界
斗渠
农渠
斗沟
农沟
灌排合一渠
管渠 / 沟
田间道
生产路
机耕桥
泵站
节制闸
滚水坝
渡槽
倒虹吸

# 项目建后实景图

汉南重大工程项目新渡大队节制闸、标识牌

汉南重大工程项目向新大队土地平整区

汉南重大工程项目向新大队新修田间道

汉南重大工程项目新渡大队护砌沟渠、节制闸

汉南重大工程项目新渡大队沟渠、渡槽

# HN04

## 汉南区

## 邓南街窑头村土地整治项目

### 项目基本情况

**立 项 时 间：**2014 年 7 月

**验 收 时 间：**2016 年 9 月

**项 目 类 型：**基本农田整治

**投 资 金 额：**731 万元

**资 金 来 源：**省级新增费（切块资金）

**建 设 规 模：**5000 亩

**建 设 地 点：**武汉市汉南区邓南街

**规划设计单位：**武汉市规划研究院

**工程监理单位：**武汉市亚泰建设工程项目管理有限责任公司

**工程施工单位：**湖北顺达建设集团有限公司

**项目建设成果：**

1. 土地平整工程：平整面积约 20 公顷、土方量约 3 万立方米；

2. 农田水利工程：清淤沟渠 1274 米、硬化斗沟 5997 米、硬化农沟 1736 米、新修土质农沟 9672 米、修复土质农沟 259 米、涵管 134 座、下田埠 505 座；

3. 田间道路工程：新修水泥路 4901 米、修复田间道 379 米、新修生产路 8383 米、修复生产路 1501 米；

4. 其他工程：种植桂花 128 株、银杏 100 株、香椽 60 株、日本晚樱 116 株、紫薇 466 株。

## 项目竣工图

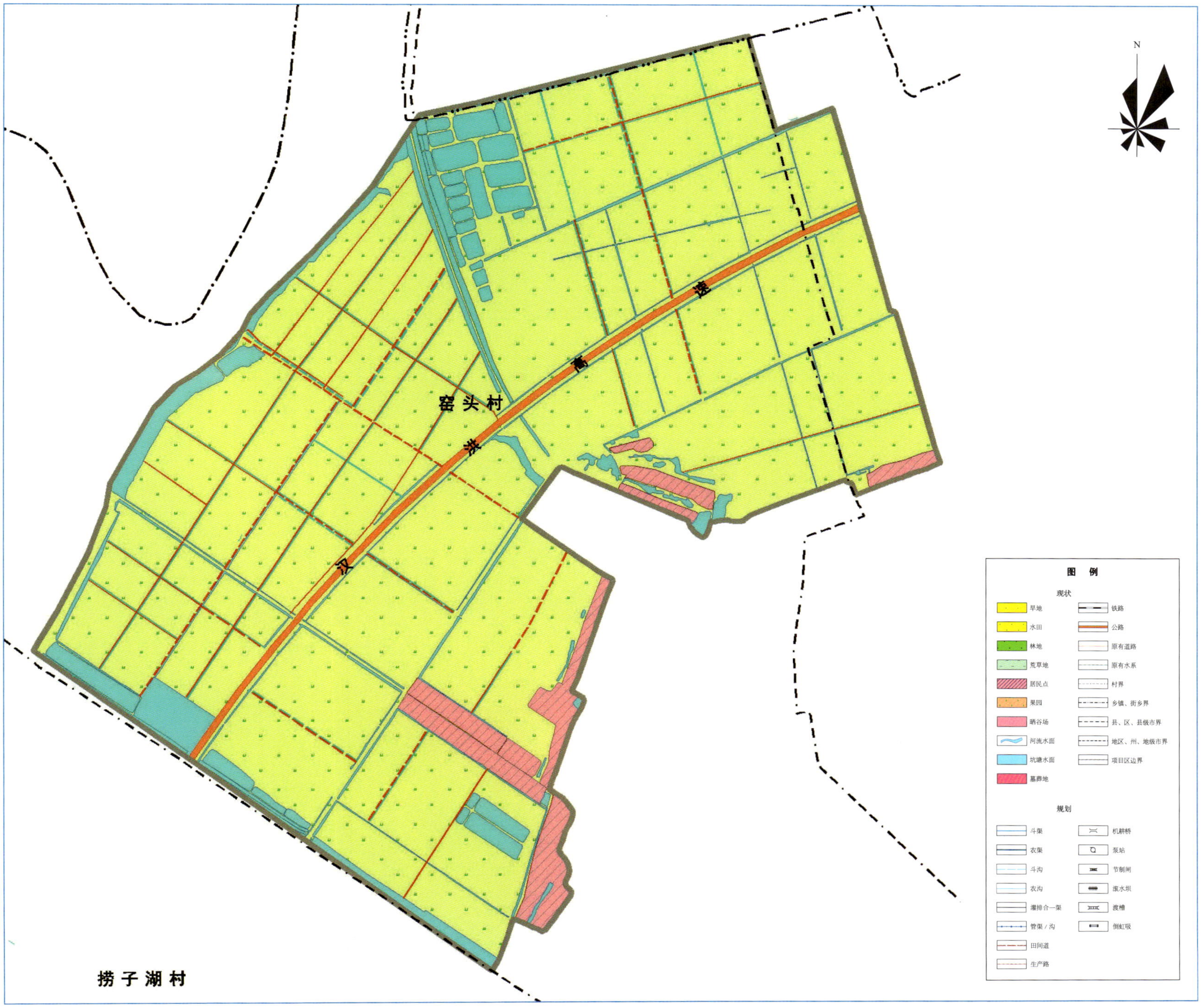
N
窑头村
汉
洪
高
速
捞子湖村
图 例
现状
旱地
水田
林地
荒草地
居民点
果园
晒谷场
河流水面
坑塘水面
墓葬地
铁路
公路
原有道路
原有水系
村界
乡镇、街乡界
县、区、县级市界
地区、州、地级市界
项目区边界
规划
斗渠
农渠
斗沟
农沟
灌排合一渠
管渠 / 沟
田间道
生产路
机耕桥
泵站
节制闸
滚水坝
渡槽
倒虹吸

# 项目建后实景图

窑头项目新修水泥路、新修农沟

窑头项目田块平整区土地翻耕

窑头项目区田间劳作繁忙

窑头项目新修生产路

窑头项目修复斗沟

窑头项目区蔬菜长势可人

窑头项目区蔬菜丰收景象

## 4.4 蔡甸区土地整治项目

蔡甸区位于武汉市西郊，北傍汉江与东西湖区唇齿相依，南临通顺河与汉南区山水相连，西与汉川市交错接壤，东北邻汉阳区。2016 年底区域土地总面积 1093.17 平方公里，其中：农用地 659.41 平方公里、建设用地 238.14 平方公里，未利用地 195.62 平方公里。截至“十二五”末，全区共立项验收土地整治项目 7 个，建设规模 9.69 万亩，投资金额达 1.71 亿元。通过土地整治，项目区垦殖率达到 82% 以上，排灌率达到 85% 以上，道路通达率达到 90% 以上，有效地改善了项目区农业生产条件，提高了农地综合生产能力；通过土地整治，改善了农业生产环境，尤其是“兴地灭螺”“血防整治”等工程实施，修复了农业环境生态，保障了农民健康，有效降低农业生产成本；通过土地整治，改变了项目区传统种植模式与农作观念，形成了“土地流转 + 农业企业”的农业生产新格局，为土地整治项目维护、运营和耕地保护探明了方向，取得了良好的社会、经济和生态效益。

武汉市蔡甸区花博汇

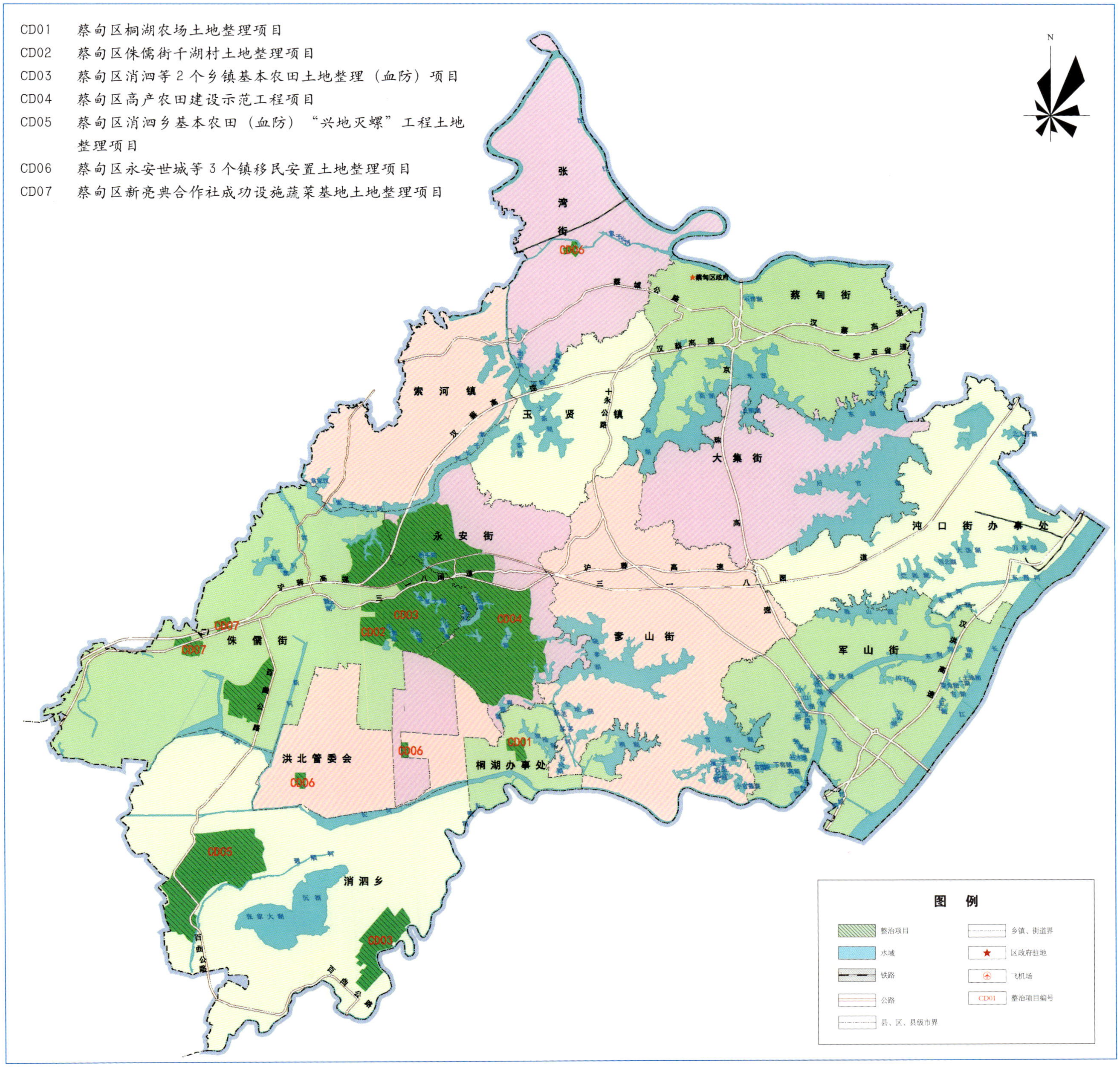
CD01 蔡甸区桐湖农场土地整理项目
CD02 蔡甸区侏儒街千湖村土地整理项目
CD03 蔡甸区消泗等2个乡镇基本农田土地整理（血防）项目
CD04 蔡甸区高产农田建设示范工程项目
CD05 蔡甸区消泗乡基本农田（血防）“兴地灭螺”工程土地整理项目
CD06 蔡甸区永安世城等3个镇移民安置土地整理项目
CD07 蔡甸区新亮典合作社成功设施蔬菜基地土地整理项目
N
张湾街
蔡甸区政府
蔡甸街
索河镇
玉贤镇
大集街
永安街
沌口街办事处
侏儒街
奓山街
军山街
洪北管委会
桐湖办事处
消泗乡
张家大湖
图例
整治项目
水域
铁路
公路
县、区、县级市界
乡镇、街道界
区政府驻地
飞机场
CD01
整治项目编号

# CD01

## 蔡甸区

## 桐湖农场土地整理项目

### 项目基本情况

**立 项 时 间：** 2002 年 12 月

**验 收 时 间：** 2007 年 8 月

**项 目 类 型：** 基本农田整治

**投 资 金 额：** 95 万元

**资 金 来 源：** 省级新增费

**建 设 规 模：** 900 亩

**建 设 地 点：** 武汉市蔡甸区桐湖农场

**规划设计单位：** 武汉市蔡甸区国土资源管理局

**工程监理单位：** 武汉亚泰项目管理有限责任公司

**工程施工单位：** 武汉市蔡甸建筑开发集团有限公司

**项目建设成果：**

1. 土地平整工程：平整面积约 52 公顷、土方量 7.7 万立方米；

2. 农田水利工程：新建沟渠 1350 米，新建农渠 1349 米；

3. 田间道路工程：新修田间道 889.3 米，修复田间道 1540 米；

4. 其他工程：迁户 42 户。

## 项目竣工图

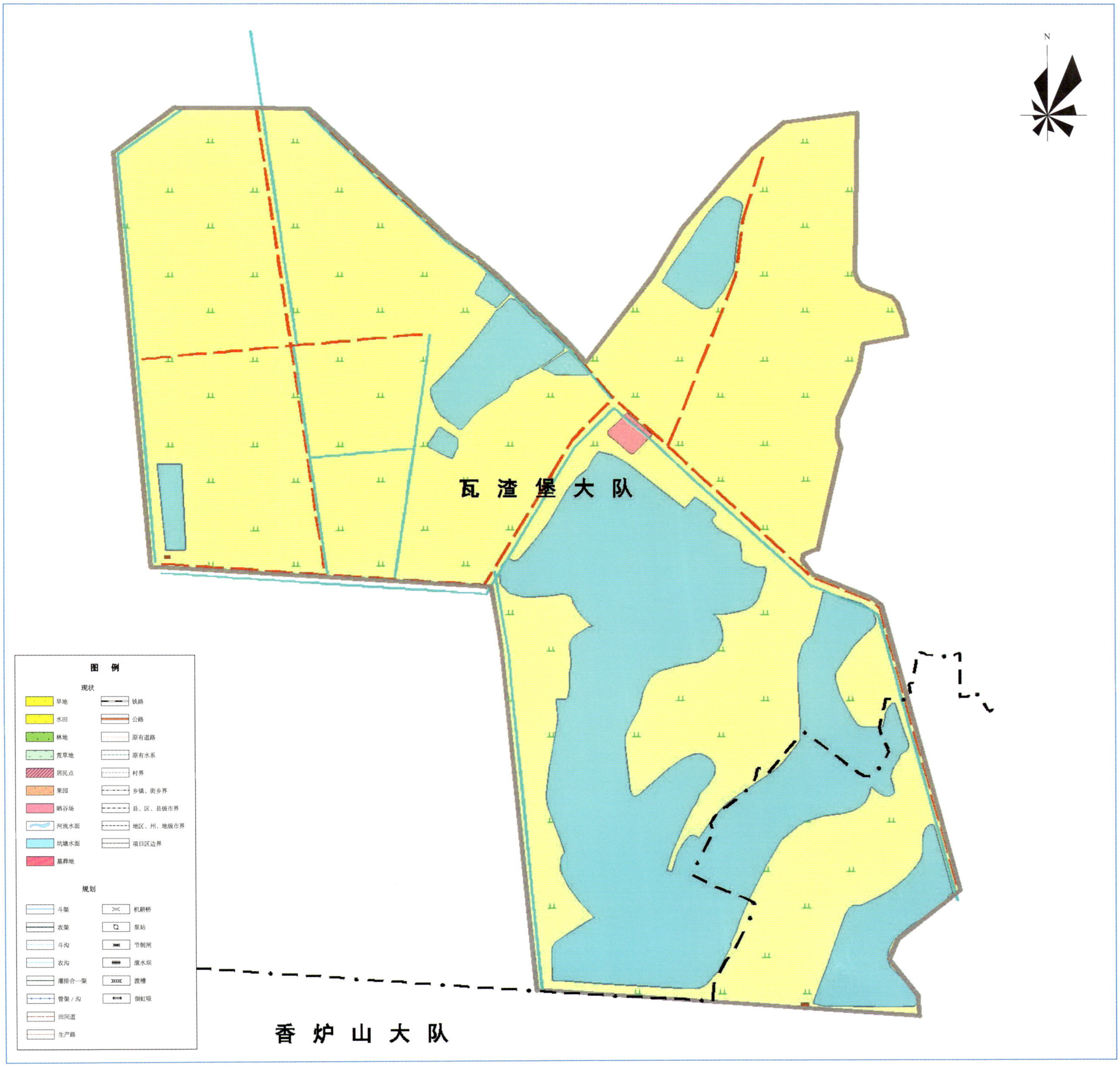
N
瓦 渣 堡 大 队
香 炉 山 大 队
图 例
现状
旱地
水田
林地
荒草地
居民点
果园
晒谷场
河流水面
坑塘水面
墓葬地
铁路
公路
原有道路
原有水系
村界
乡镇、街乡界
县、区、县级市界
地区、州、地级市界
项目区边界
规划
斗渠
农渠
斗沟
农沟
灌排合一渠
管渠 / 沟
田间道
生产路
机耕桥
泵站
节制闸
滚水坝
渡槽
倒虹吸

# 项目建后实景图

桐湖农场项目瓦渣堡大队土地平整

桐湖农场项目瓦渣堡大队预制渠道

桐湖农场项目现浇渠道

桐湖农场项目瓦渣堡大队泥结石田间道

# CD02

## 蔡甸区
## 侏儒街千湖村土地整理项目

### 项目基本情况

**立 项 时 间：**2004 年 12 月

**验 收 时 间：**2012 年 11 月

**项 目 类 型：**基本农田整治

**投 资 金 额：**248 万元

**资 金 来 源：**省级新增费

**建 设 规 模：**2851 亩

**建 设 地 点：**武汉市蔡甸区侏儒街千湖村、西子山村、唐家垸村、黄家台村

**规划设计单位：**湖北永业行评估咨询有限公司

**工程监理单位：**武汉市亚泰工程项目管理有限责任公司

**工程施工单位：**武汉市蔡甸区第六建筑工程公司、武汉市天晨建筑工程有限公司、武汉市蔡甸区水利水电建筑工程公司、武汉市天晨建筑工程有限公司

**项目建设成果：**

1. 土地平整工程：平整面积约 190 公顷、土方量约 26 万立方米；
2. 农田水利工程：新建斗沟 1734 米，新建台渠 5647 米，新建管渠 1233 米，新建农渠 5280 米，新建农沟 4057 米；
3. 田间道路工程：新建田间道 5372 米，新建生产路 8784 米，修复生产路 3840 米；
4. 其他工程：种植意杨 9019 株。

## 项目竣工图

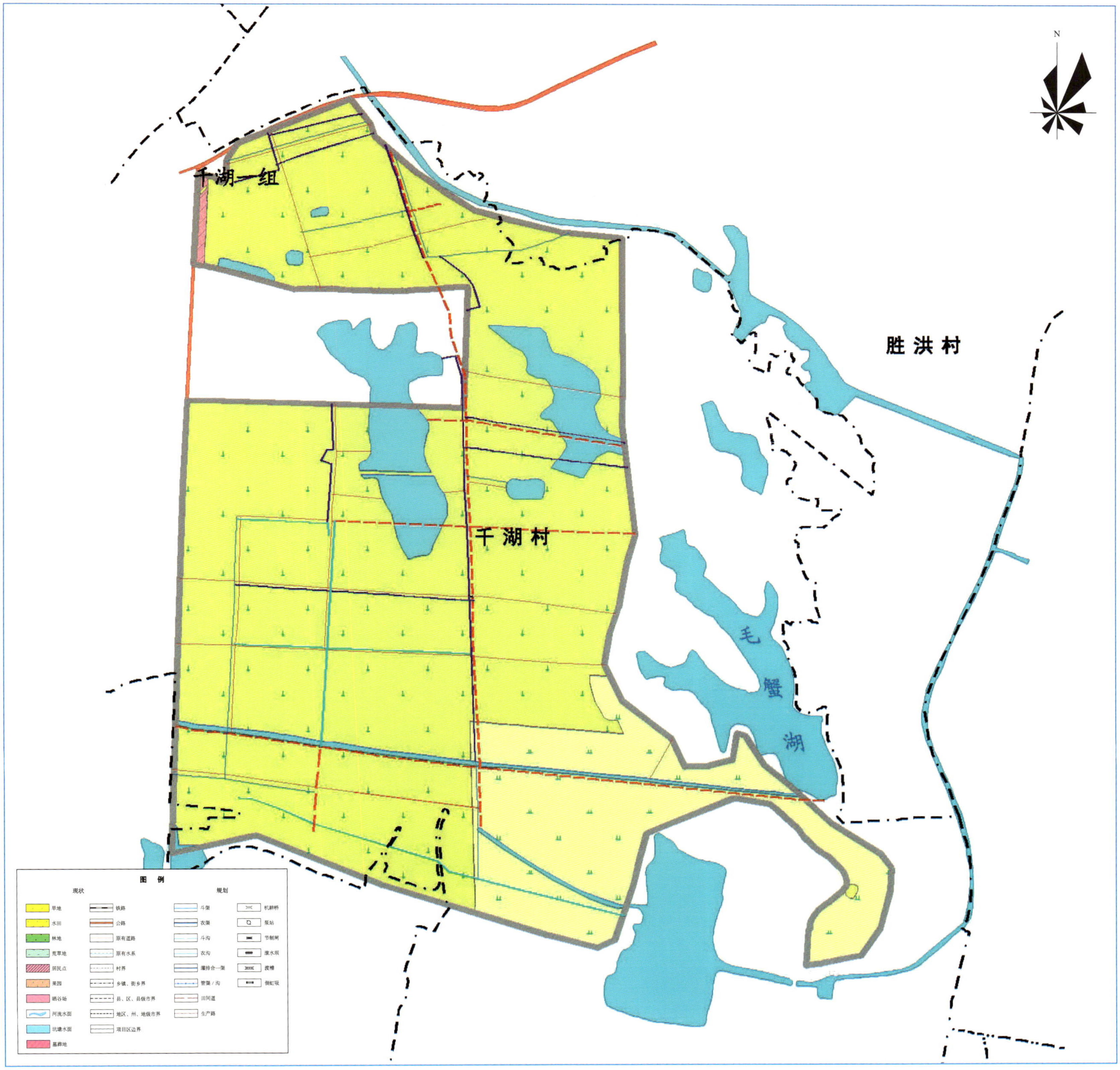
N
千湖一组
胜洪村
千湖村
毛
蟹
湖
图 例
现状
规划
旱地
水田
林地
荒草地
居民点
果园
晒谷场
河流水面
坑塘水面
墓葬地
铁路
公路
原有道路
原有水系
村界
乡镇、街乡界
县、区、县级市界
地区、州、地级市界
项目区边界
斗渠
农渠
斗沟
农沟
灌排合一渠
管渠 / 沟
田间道
生产路
机耕桥
泵站
节制闸
滚水坝
渡槽
倒虹吸

# 项目建后实景图

蔡甸千湖村项目千湖村二组土地平整

蔡甸千湖村项目千湖村二组新建农沟、农渠

蔡甸千湖村项目修建泵站

蔡甸千湖村项目千湖村二组改建田间道

蔡甸千湖村项目千湖村二组泥结石田间道

# CD03

## 蔡甸区

## 消泗等2个乡镇基本农田土地整理（血防）项目

### 项目基本情况

**立 项 时 间：** 2007年7月

**验 收 时 间：** 2011年12月

**项 目 类 型：** 血防整治

**投 资 金 额：** 3248万元

**资 金 来 源：** 省级新增费

**建 设 规 模：** 24847亩

**建 设 地 点：** 武汉市蔡甸区侏儒街、消泗乡

**规划设计单位：** 华中农业大学

**工程监理单位：** 鄂州市工程建设监理公司

**工程施工单位：** 武汉鼎吉建筑工程有限责任公司、武汉市禹神水利产业发展有限责任公司、武汉吴南市政建筑工程有限公司、武汉市华志建筑工程有限公司、武汉市东西湖勘测水工建筑公司、武汉市傅友建设集团有限公司、武汉市蔡甸区水利水电建筑工程公司、汉川市金屋建筑有限责任公司

**项目建设成果：**

1. 土地平整工程：平整面积约637公顷、土方量约211万立方米；

2. 农田水利工程：新建斗渠11015米，修复斗渠6296米，新建斗沟4846米，修复斗沟1090米，新建农渠50060米，修复农渠10230米，新建农沟43694米，修复农沟4090米；

3. 田间道路工程：新建田间道路11747米，修复田间道路长39820米，新建生产路28083米，修复生产路7770米；

4. 其他工程：新建防护林7455棵。

# 项目竣工图

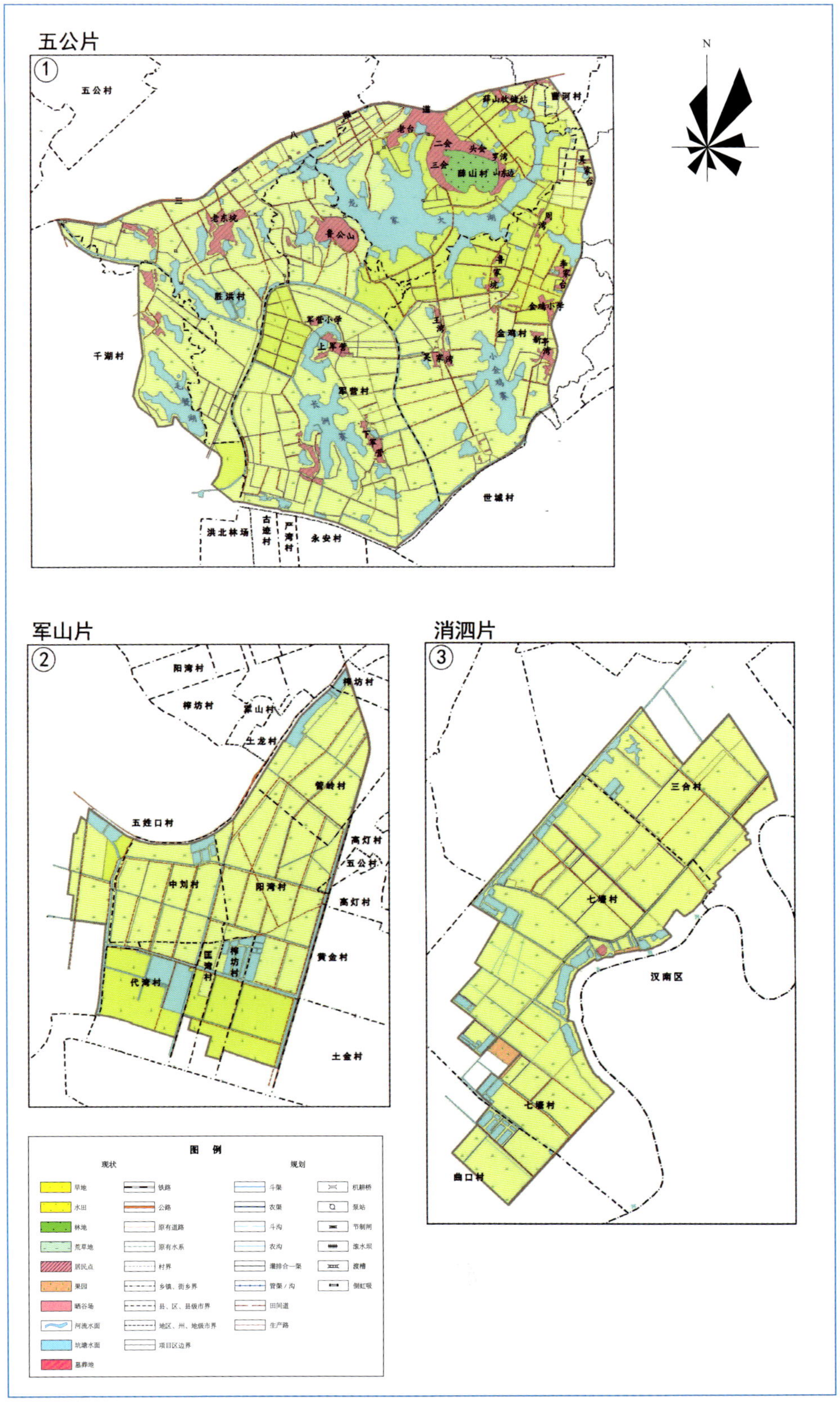

# 项目建后实景图

消泗血防项目土地平整区土地翻耕

消泗血防项目新修农沟、泥结石田间道

消泗血防项目新建过路涵

消泗血防项目新建斗沟

消泗血防项目新建沉螺池

消泗血防项目新建农渠

# CD04

## 蔡甸区
## 高产农田建设示范工程项目

### 项目基本情况

**立 项 时 间：** 2008年6月　**验 收 时 间：** 2012年9月　**项 目 类 型：** 示范工程

**投 资 金 额：** 10373万元　**资 金 来 源：** 省级新增费　**建 设 规 模：** 46423亩

**建 设 地 点：** 武汉市蔡甸区侏儒街和永安街

**规划设计单位：** 武汉市蔡甸区水利建筑工程设计院

**工程监理单位：** 湖北江汉工程咨询有限公司

**工程施工单位：** 武汉市华志建筑工程公司、武汉市联通路桥工程有限公司、武汉市俊博市政建设工程公司、湖北省瑞兴建设工程有限公司、湖北省亚鑫工程有限公司、武汉市龙泉建筑工程公司、湖北省汉江水利水电建筑工程有限责任公司、武汉市华志建筑工程公司、武汉市日月星建筑工程公司、武汉市东西湖勘测水工建筑公司、湖北神北龙建筑工程有限公司、武汉市吴南市政建筑工程公司、湖北省水利水电岩土工程中心、湖北华兴建筑有限公司、武汉龙鑫建设集团有限公司、武汉市十建集团有限公司、通山长丰建筑有限公司

**项目建设成果：**

1. 土地平整工程：平整面积约1418公顷、土方量约591万立方米；
2. 农田水利工程：支渠清淤39万立方米，清淤沟护砌20048米，藕塘清淤9口，藕塘边坡砖护砌6口，精养虾池边坡护砌63口，新建斗沟680米，改建斗沟2615米，新建斗渠19010米，新建农渠110182米，修建管渠4700米，维修台渠5489米，新建农沟26485米，改建农沟28797米，新建倒虹吸237座，下田坡道779座，涵管585座，跌水245座，节制闸11座，渡槽1座，斗门2座，农门198座，分水口910处，新建泵站21座，维修泵站34座；
3. 田间道路工程：新建田间道68条、24690米，改建田间道（泥结石路）84条、47850米，改建田间道（水泥路）43条、29338米，新建生产路143条、63990米，改建生产路46条、17981米，新建5米跨机耕桥17座；
4. 其他工程：植树6284株，电力线路架设4060米。

# 项目竣工图

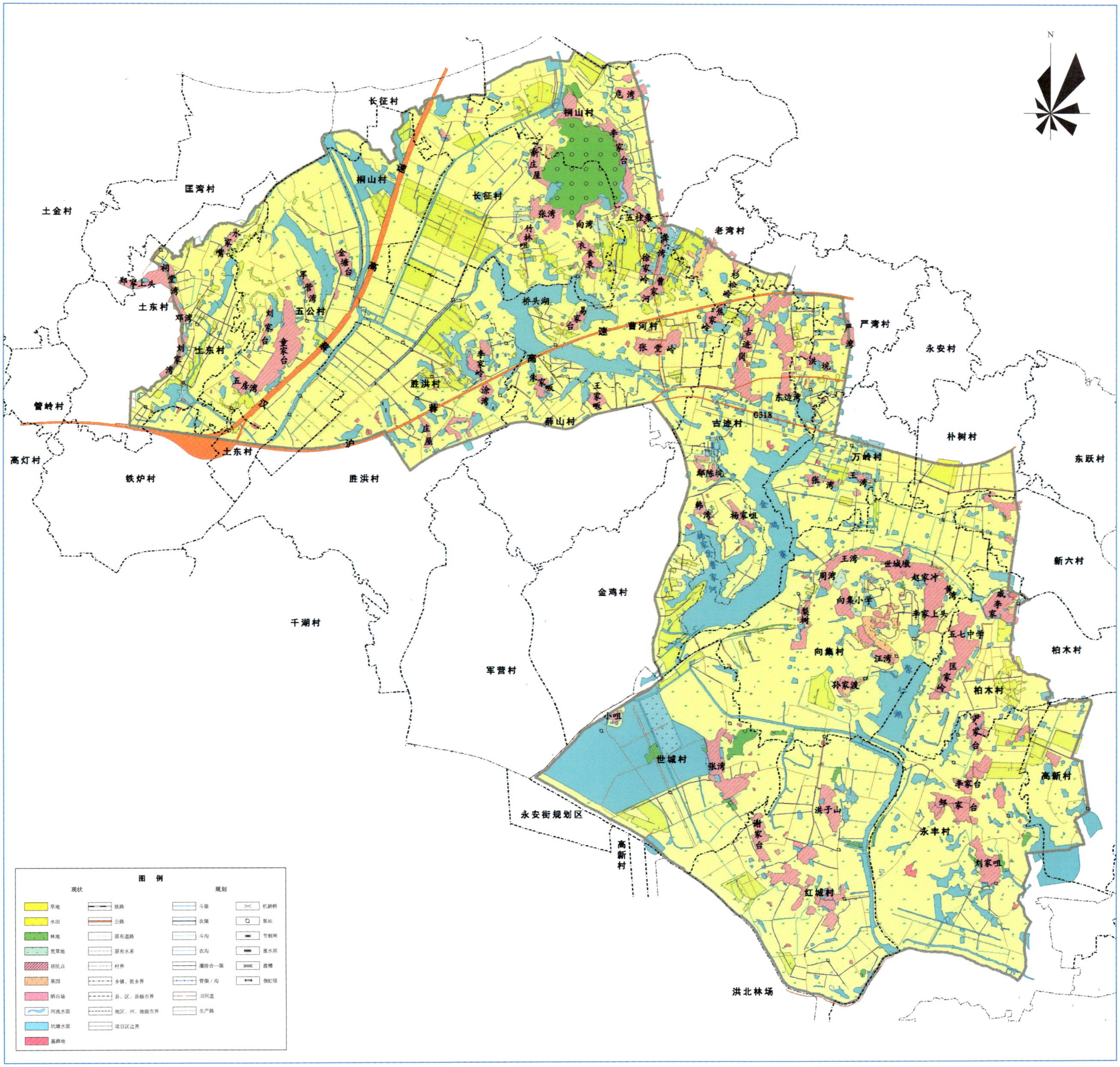
N
长征村
桐山村
匡湾村
土金村
土东村
五公村
管岭村
高灯村
铁炉村
土东村
胜洪村
千湖村
军营村
金鸡村
老湾村
严湾村
永安村
朴树村
东跃村
新六村
柏木村
高新村
永安街规划区
高新村
洪北林场
长征村
桐山村
曾河村
古迹村
万岭村
向集村
世城村
柏木村
永丰村
红城村
蒋山村
胜洪村
G318
图例
现状
旱地
水田
林地
荒草地
居民点
果园
晒谷场
河流水面
坑塘水面
墓葬地
铁路
公路
原有道路
原有水系
村界
乡镇、街乡界
县、区、县级市界
地区、州、地级市界
项目区边界
规划
斗渠
农渠
斗沟
农沟
灌排合一渠
管渠 / 沟
丑间道
生产路
机耕桥
泵站
节制闸
滚水坝
渡槽
倒虹吸

# 项目建后实景图

蔡甸高产示范项目朴树村二组土地平整后喷灌技术运用

蔡甸高产示范项目朴树村二组土地平整区

蔡甸高产示范项目向集村新建斗渠

蔡甸高产示范项目修建农渠、水泥田间道、

良好

蔡甸高产示范项目万岭村五组新建泵站

蔡甸高产示范项目修建水泥路、过路涵、硬化沟渠

# CD05

## 蔡甸区消泗乡
## 基本农田（血防）“兴地灭螺”工程土地整理项目

### 项目基本情况

**立 项 时 间：**2008年6月

**验 收 时 间：**2013年7月

**项 目 类 型：**兴地灭螺工程

**投 资 金 额：**2570万元

**资 金 来 源：**省级新增费

**建 设 规 模：**18639亩

**建 设 地 点：**武汉市蔡甸区消泗乡

**规划设计单位：**北京国地土地整理规划设计研究院

**工程监理单位：**湖北江汉工程咨询有限公司

**工程施工单位：**武汉市龙泉建筑工程公司、武汉常阳（集团）建筑工程有限公司、武汉奥泰建筑工程有限公司、南通五建建设工程有限公司、武汉正基市政工程有限公司、武汉南江建设集团有限公司

**项目建设成果：**

1. 土地平整工程：平整面积约539公顷、土方量约92万立方米；

2. 农田水利工程：新修斗沟744米，新修农沟31268米，清淤排水沟16278米，新修斗渠9966米，新修农渠21648米；

3. 田间道路工程：修复田间路19827米，新修田间路24135米，新修生产路12217米。

# 项目竣工图

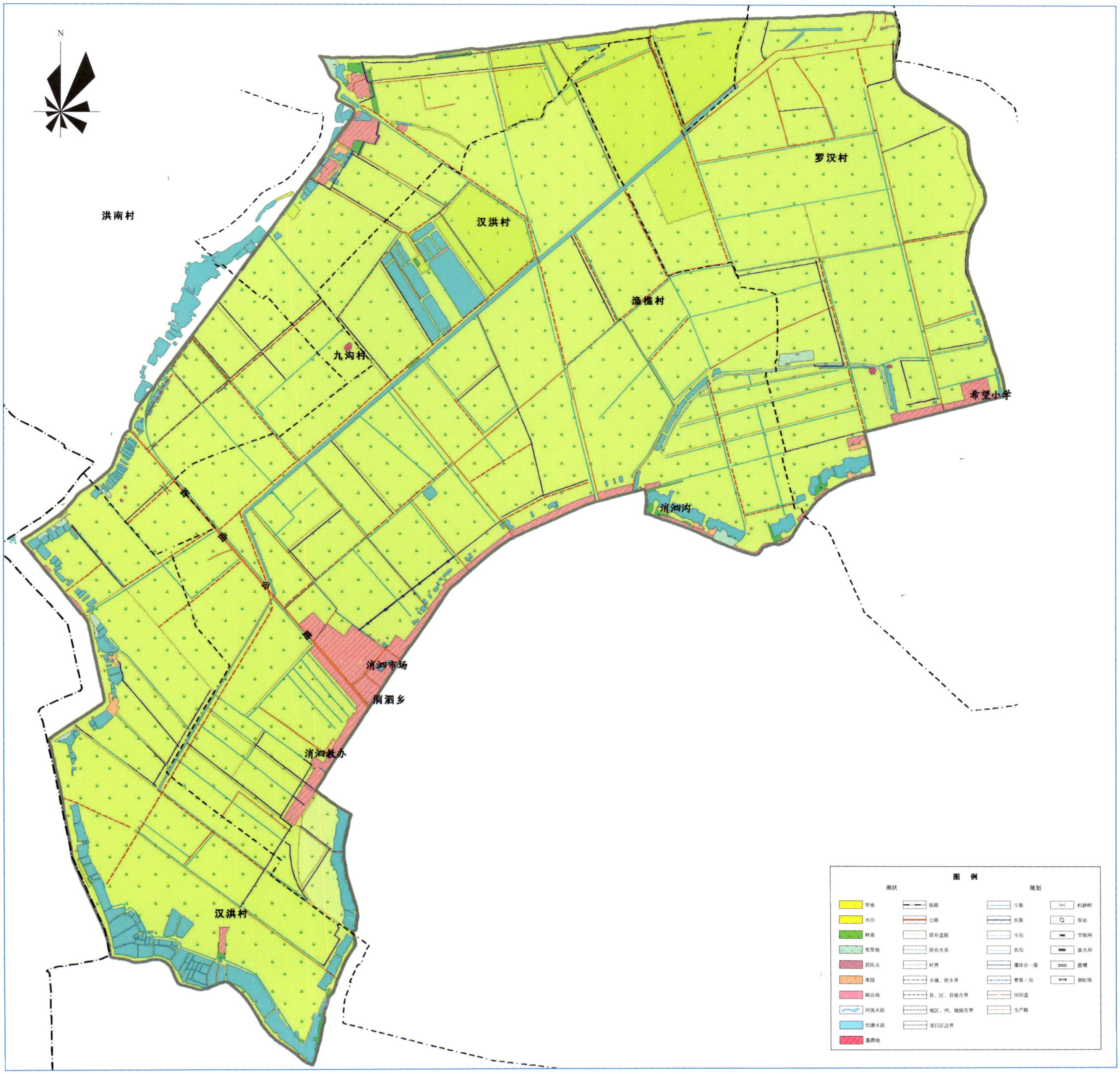
N
洪南村
汉洪村
罗汉村
渔樵村
九沟村
希望小学
消泗沟
消泗市场
消泗乡
消泗教办
汉洪村
图 例
现状
规划
旱地
水田
林地
荒草地
居民点
果园
晒谷场
河流水面
坑塘水面
墓葬地
铁路
公路
原有道路
原有水系
村界
乡镇、街乡界
县、区、县级市界
地区、州、地级市界
项目区边界
斗渠
农渠
斗沟
农沟
灌排合一渠
管渠 / 沟
田间道
生产路
机耕桥
泵站
节制闸
滚水坝
渡槽
倒虹吸

# 项目建后实景图

蔡甸兴地灭螺项目区农作景象

蔡甸兴地灭螺项目农渠、防护林、田间道

蔡甸兴地灭螺项目渔樵村八组生产路、土地平整

蔡甸兴地灭螺项目罗汉村四组新建沉螺池、

蔡甸兴地灭螺项目渔樵村八组新建桥闸、田间道

蔡甸兴地灭螺项目罗汉村三组清淤沟、边坡护砌

# CD06

## 蔡甸区永安世城等
## 3 个镇移民安置土地整理项目

### 项目基本情况

**立 项 时 间：** 2010 年 2 月

**验 收 时 间：** 2012 年 4 月

**项 目 类 型：** 移民安置工程

**投 资 金 额：** 369 万元

**资 金 来 源：** 省级新增费

**建 设 规 模：** 1525 亩

**建 设 地 点：** 武汉市蔡甸区

**规划设计单位：** 武汉市蔡甸区水利建筑工程设计院

**工程监理单位：** 湖北公力工程咨询服务有限公司

**工程施工单位：** 武汉市天晨建筑工程有限责任公司、武汉市柏林建筑有限公司、武汉市禹神水利产业发展有限责任公司

**项目建设成果：**

1. 土地平整工程：平整土方量 2.2 万立方米，填埋坑塘 2.8 万立方米，土地翻耕 166 公顷；

2. 农田水利工程：新修农渠（U 形渠）3731 米，新修斗渠 1770 米，新修农沟 12136 米，新修斗沟 2527 米，新建分水闸 9 座、抽水机站 3 座、抽水平台 1 座、涵管 28 座、倒虹吸 16 座、泄水闸 1 座；

3. 田间道路工程：新建水泥路 496 米，新修田间道 2734 米，改建田间道 1981 米，新建生产路 7544 米，新建机耕桥 8 座。

## 项目竣工图

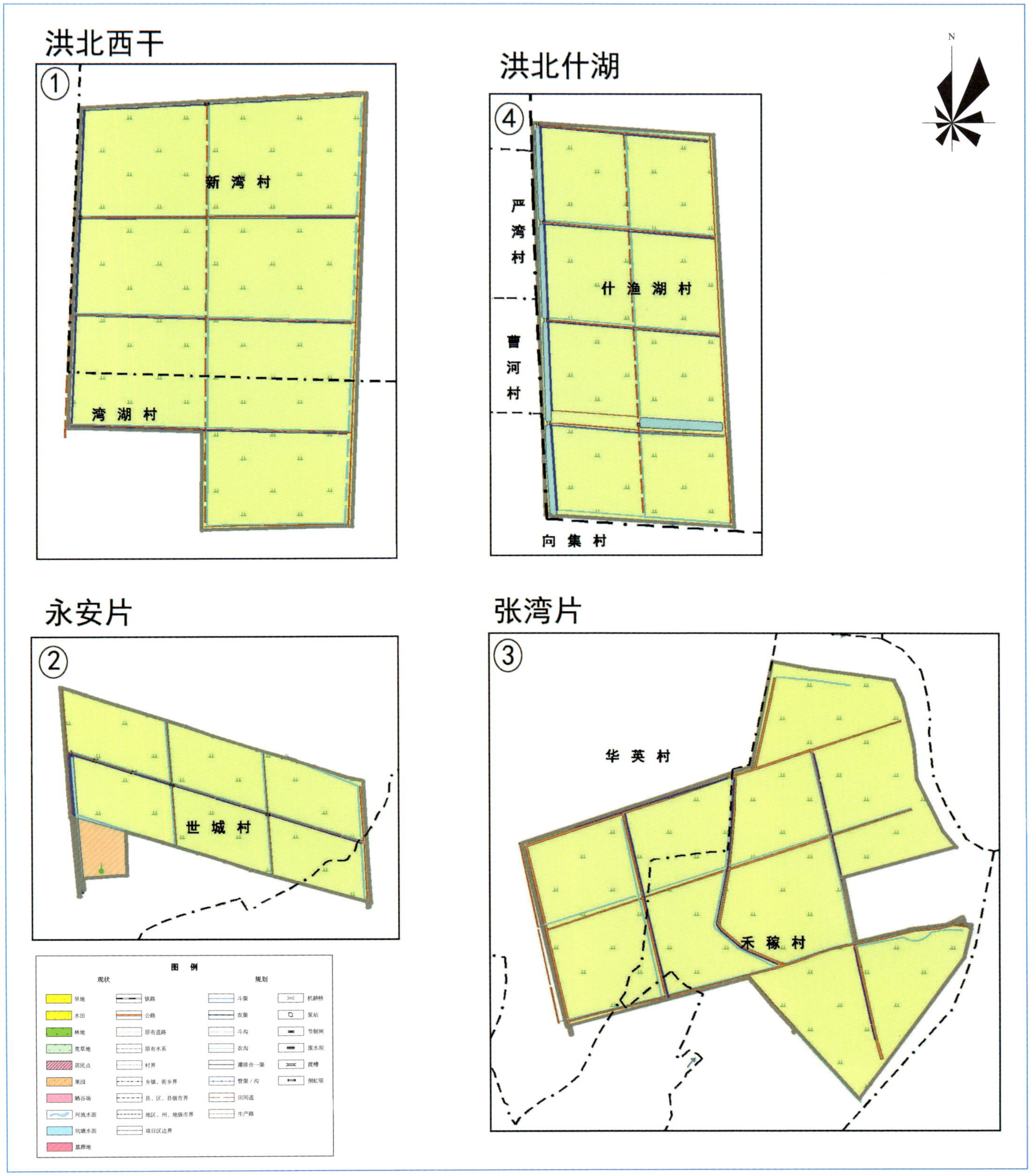

N
洪北西干
①
新 湾 村
湾 湖 村
洪北什湖
④
严湾村
曹河村
什 渔 湖 村
向 集 村
永安片
②
世 城 村
张湾片
③
华 英 村
禾 稼 村
图 例
现状
旱地
水田
林地
荒草地
居民点
果园
晒谷场
河流水面
坑塘水面
墓葬地
铁路
公路
原有道路
原有水系
村界
乡镇、街乡界
县、区、县级市界
地区、州、地级市界
项目区边界
规划
斗渠
农渠
斗沟
农沟
灌排合一渠
管渠 / 沟
田间道
生产路
机耕桥
泵站
节制闸
滚水坝
渡槽
倒虹吸

# 项目建后实景图

蔡甸移民项目黄土坡村一组移民新村村庄整治

蔡甸移民项目黄土坡村一组土地平整和新建农渠

蔡甸移民项目黄土坡村一组采摘园灌水渠与水泥路

蔡甸移民项目黄土坡村一组新建田间道、农沟、农渠

蔡甸移民项目黄土坡村一组新建田间道

# CD07

## 蔡甸区新亮典合作社
## 成功设施蔬菜基地土地整理项目

### 项目基本情况

**立 项 时 间：** 2014 年 7 月

**验 收 时 间：** 2015 年 9 月

**项 目 类 型：** 蔬菜基地

**投 资 金 额：** 268 万元

**资 金 来 源：** 省级新增费（切块资金）

**建 设 规 模：** 1780 亩

**建 设 地 点：** 武汉市蔡甸区成功现代都市农业发展区（原侏儒街）新帮村

**规划设计单位：** 武汉市蔡甸区水利建筑工程设计院

**工程监理单位：** 武汉市亚泰工程建设项目管理有限责任公司

**工程施工单位：** 武汉长河九天建设发展有限公司

**项目建设成果：**

1. 农田水利工程：农沟疏挖 6740 米，蓄水沟 1835 米；新修硬化渠 4800 米；
2. 田间道路工程：新建水泥路 700 米，新建宽碎石路 7040 米。

# 项目竣工图

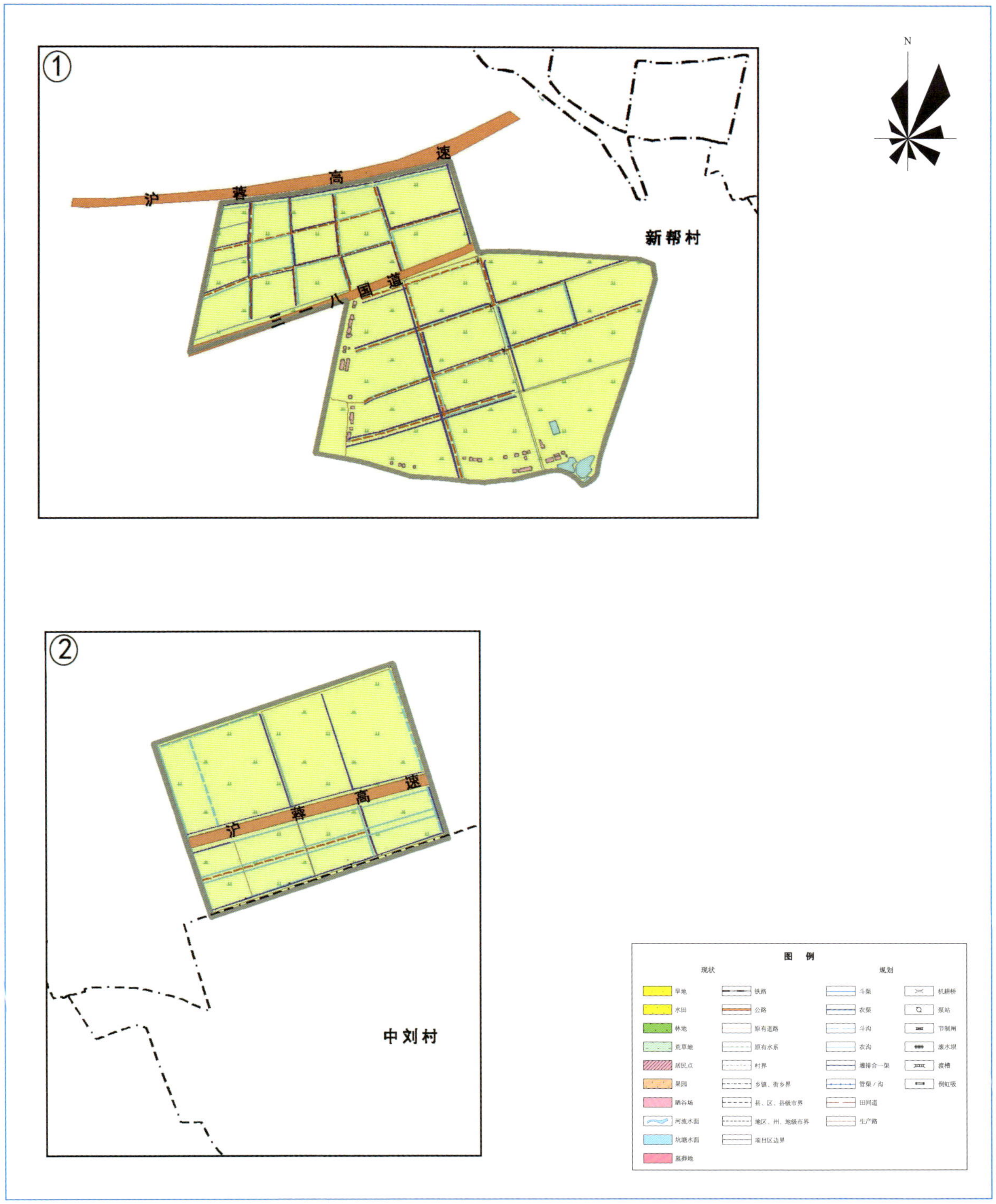
①
N
沪
蓉
高
速
新帮村
三
一
八
国
道
②
沪
蓉
高
速
中刘村
图 例
现状
规划
旱地
水田
林地
荒草地
居民点
果园
晒谷场
河流水面
坑塘水面
墓葬地
铁路
公路
原有道路
原有水系
村界
乡镇、街乡界
县、区、县级市界
地区、州、地级市界
项目区边界
斗渠
农渠
斗沟
农沟
灌排合一渠
管渠 / 沟
田间道
生产路
机耕桥
泵站
节制闸
滚水坝
渡槽
倒虹吸

# 项目建后实景图

新亮典蔬菜基地项目新帮村土地平整

新亮典蔬菜基地项目修复泵站、沟渠清淤

新亮典蔬菜基地项目新帮村田间道、硬化沟、下田埠

新亮典蔬菜基地项目新帮村机耕桥

新亮典蔬菜基地项目新帮村新建农渠

## 4.5 江夏区土地整治项目

江夏区是湖北省粮食主产县之一，作为武汉市的南大门，东与鄂州、大冶毗邻，南与咸宁交界，西与武汉经济技术开发区隔江相望，北与东湖新技术开发区接壤。区境南北长83.2公里，东西宽54.17公里，2016年底区域土地总面积2018.30平方公里，其中：农用地1147.32平方公里，建设用地357.34平方公里，未利用地513.64平方公里。截至"十二五"末，全区共立项验收土地整治项目13个，建设规模17.77万亩，投资金额达3.79亿元。通过土地整治，完善了项目区农田水利、田间道路、农田防护等设施，形成了17.77万亩的旱涝保收、稳产高产的基本农田，耕地质量与耕作条件显著提升；通过土地整治，激发了新型农业主体发展农业的积极性和主动性，促进了农用地流转和农业适度规模经营，农业生产条件大大改善；通过土地整治，实现了基本农田整理与"四化同步""新农村试点"等项目建设的有机结合，美化了农村自然环境，促进了农民增收，为土地整治项目社会效益的显化提供了平台。

武汉市江夏区纸坊

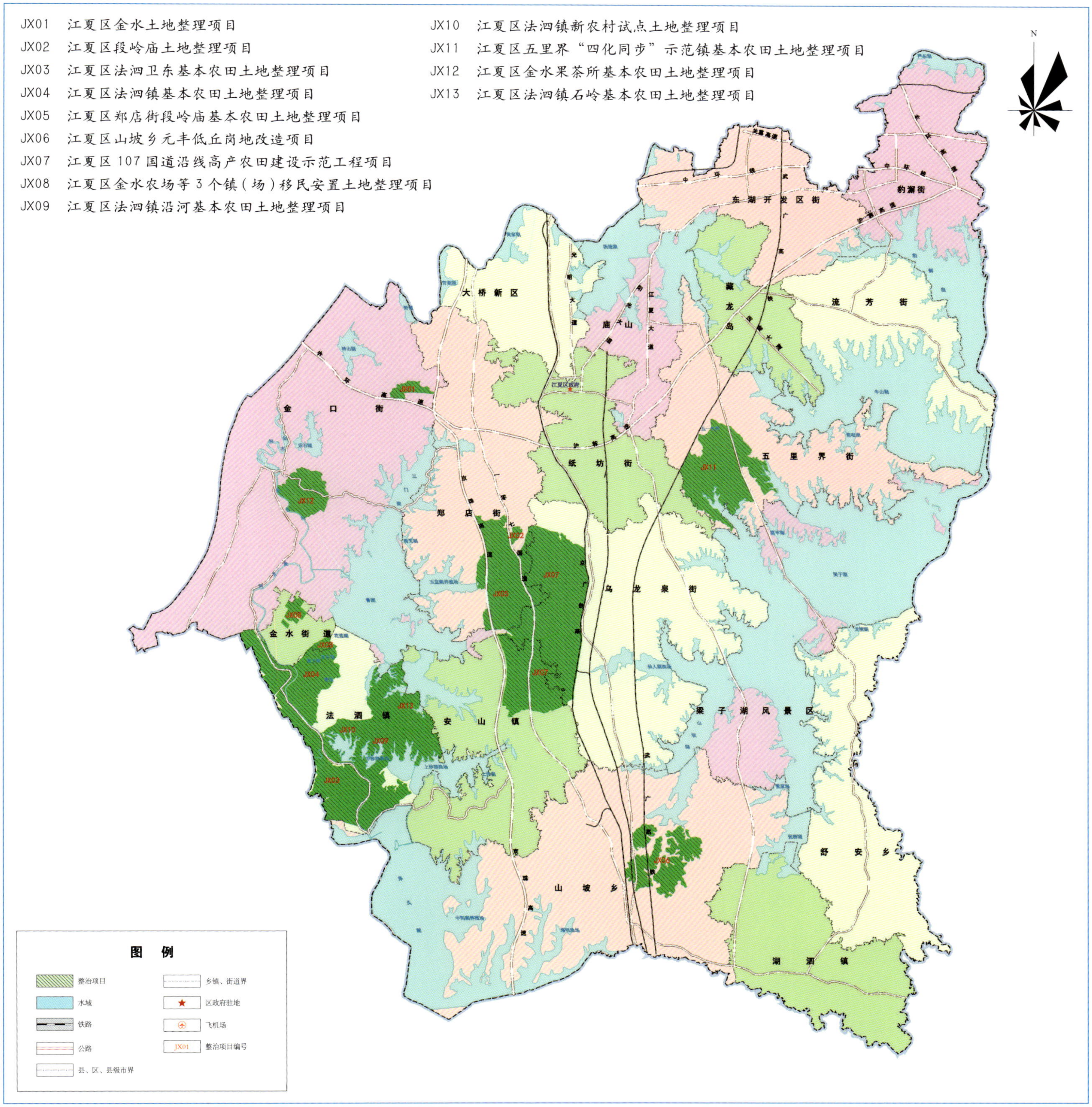
JX01 江夏区金水土地整理项目
JX02 江夏区段岭庙土地整理项目
JX03 江夏区法泗卫东基本农田土地整理项目
JX04 江夏区法泗镇基本农田土地整理项目
JX05 江夏区郑店街段岭庙基本农田土地整理项目
JX06 江夏区山坡乡元丰低丘岗地改造项目
JX07 江夏区 107 国道沿线高产农田建设示范工程项目
JX08 江夏区金水农场等 3 个镇(场)移民安置土地整理项目
JX09 江夏区法泗镇沿河基本农田土地整理项目
JX10 江夏区法泗镇新农村试点土地整理项目
JX11 江夏区五里界"四化同步"示范镇基本农田土地整理项目
JX12 江夏区金水果茶所基本农田土地整理项目
JX13 江夏区法泗镇石岭基本农田土地整理项目
N
东湖开发区街
豹澥街
大桥新区
庙山
藏龙岛
流芳街
金口街
纸坊街
五里界街
郑店街
乌龙泉街
金水街道
法泗镇
安山镇
梁子湖风景区
舒安乡
山坡乡
湖泗镇
图例
整治项目
水域
铁路
公路
县、区、县级市界
乡镇、街道界
区政府驻地
飞机场
JX01
整治项目编号

# JX01

## 江夏区
## 金水土地整理项目

### 项目基本情况

**立 项 时 间：**2002 年 12 月

**验 收 时 间：**2008 年 1 月

**项 目 类 型：**基本农田整治

**投 资 金 额：**449 万元

**资 金 来 源：**省级新增费

**建 设 规 模：**2334 亩

**建 设 地 点：**武汉市江夏区金口街

**规划设计单位：**湖北鑫楚土地开发整理规划设计事务所

**工程监理单位：**武汉市永泰建设工程监理有限公司

**工程施工单位：**江夏区第十建筑公司、江夏区第一建筑公司、江夏区城西建筑公司、武汉森鑫建筑公司

**项目建设成果：**

1. 土地平整工程：平整面积 140.36 公顷，土方量 11.09 万立方米；

2. 农田水利工程：新修斗渠 3063 米，修建农渠 5632 米，新建排水沟 60 米，维修排水沟 260 米，修建泵站 2 座，蓄水池 2 座，清淤水塘 16 座，硬化水塘 2 座；

3. 田间道路工程：新建田间道 5637 米，新建生产路 2300 米，修筑机耕桥 1 座；

4. 其他工程：植树 2800 株，地坡植草 1.5 万平方米。

# 项目竣工图

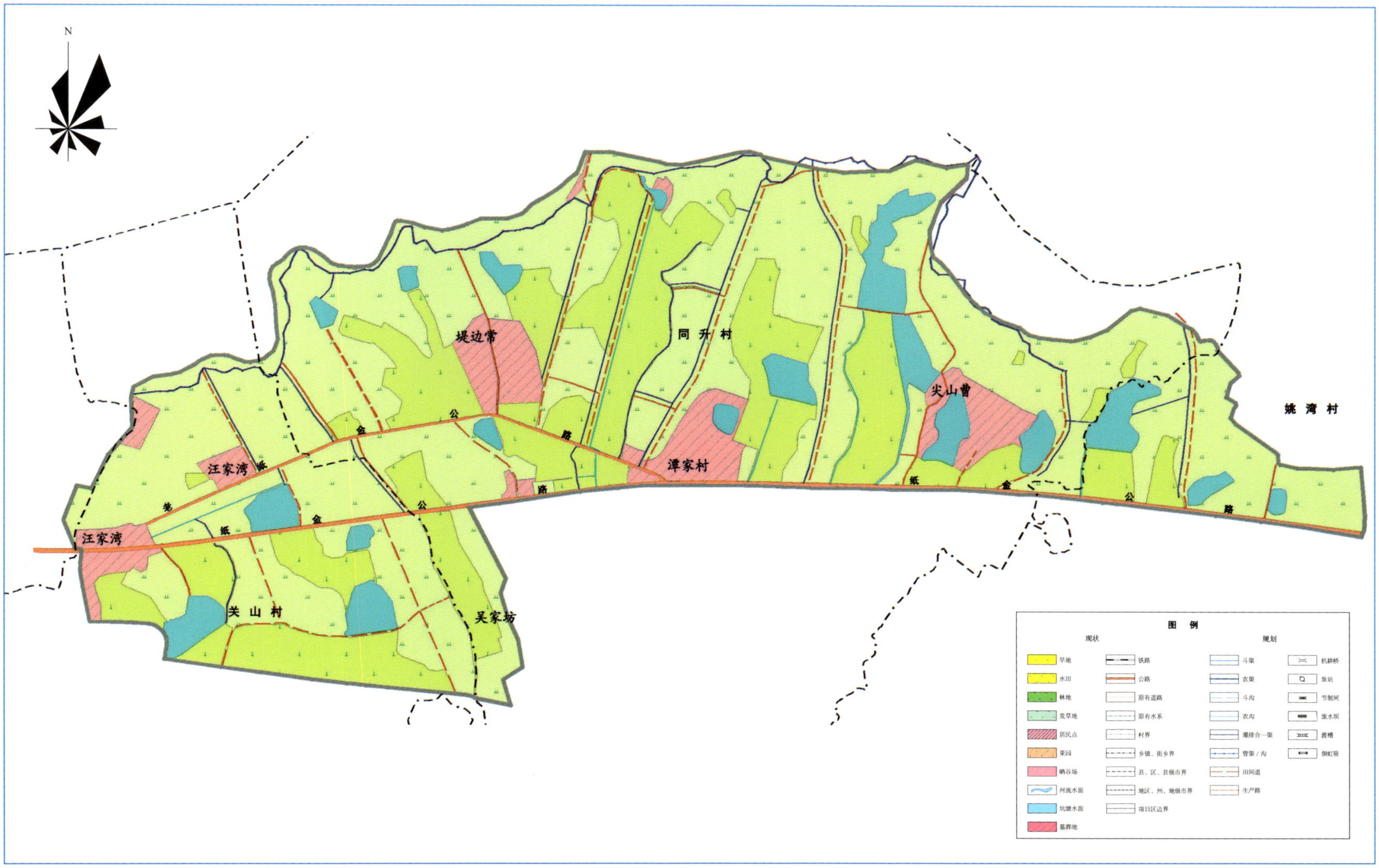
N
堤边常
同 升 村
尖山曹
姚 湾 村
汪家湾
谭家村
汪家湾
关 山 村
吴家坊
金 公 路
纸 金 公 路
关 纸 金 公
图 例
现状
规划
旱地
水田
林地
荒草地
居民点
果园
晒谷场
河流水面
坑塘水面
墓葬地
铁路
公路
原有道路
原有水系
村界
乡镇、街乡界
县、区、县级市界
地区、州、地级市界
项目区边界
斗渠
农渠
斗沟
农沟
灌排合一渠
管渠／沟
田间道
生产路
机耕桥
泵站
节制闸
滚水坝
渡槽
倒虹吸

# 项目建后实景图

江夏金水项目同升村旱地平整

江夏金水项目同升村硬化沟渠、防护林与水泥路

江夏金水项目同升村田间路

江夏金水项目同升村农渠

江夏金水项目塘堰及输水沟清淤

# JX02

## 江夏区 段岭庙土地整理项目

### 项目基本情况

**立 项 时 间：**2004 年 12 月

**验 收 时 间：**2007 年 8 月

**项 目 类 型：**基本农田整治

**投 资 金 额：**131 万元

**资 金 来 源：**省级新增费

**建 设 规 模：**805 亩

**建 设 地 点：**武汉市江夏区郑店街段岭庙村

**规划设计单位：**江夏区土地开发整理中心

**工程监理单位：**武汉市南亚建设工程监理有限公司

**工程施工单位：**湖北中晟建筑工程公司

**项目建设成果：**

1. 土地平整工程：平整面积约 51 公顷、土方量约 14 万立方米；
2. 农田水利工程：新修斗渠 1140 米，新修农渠 960 米，新修农排沟 1945 米，新建泵站 1 座，修建拦水坝 2 座；
3. 田间道路工程：新修田间道 1761 米，新修生产路 2253 米；
4. 其他工程：植树 2000 株，坡地植草 4600 平方米。

# 项目竣工图

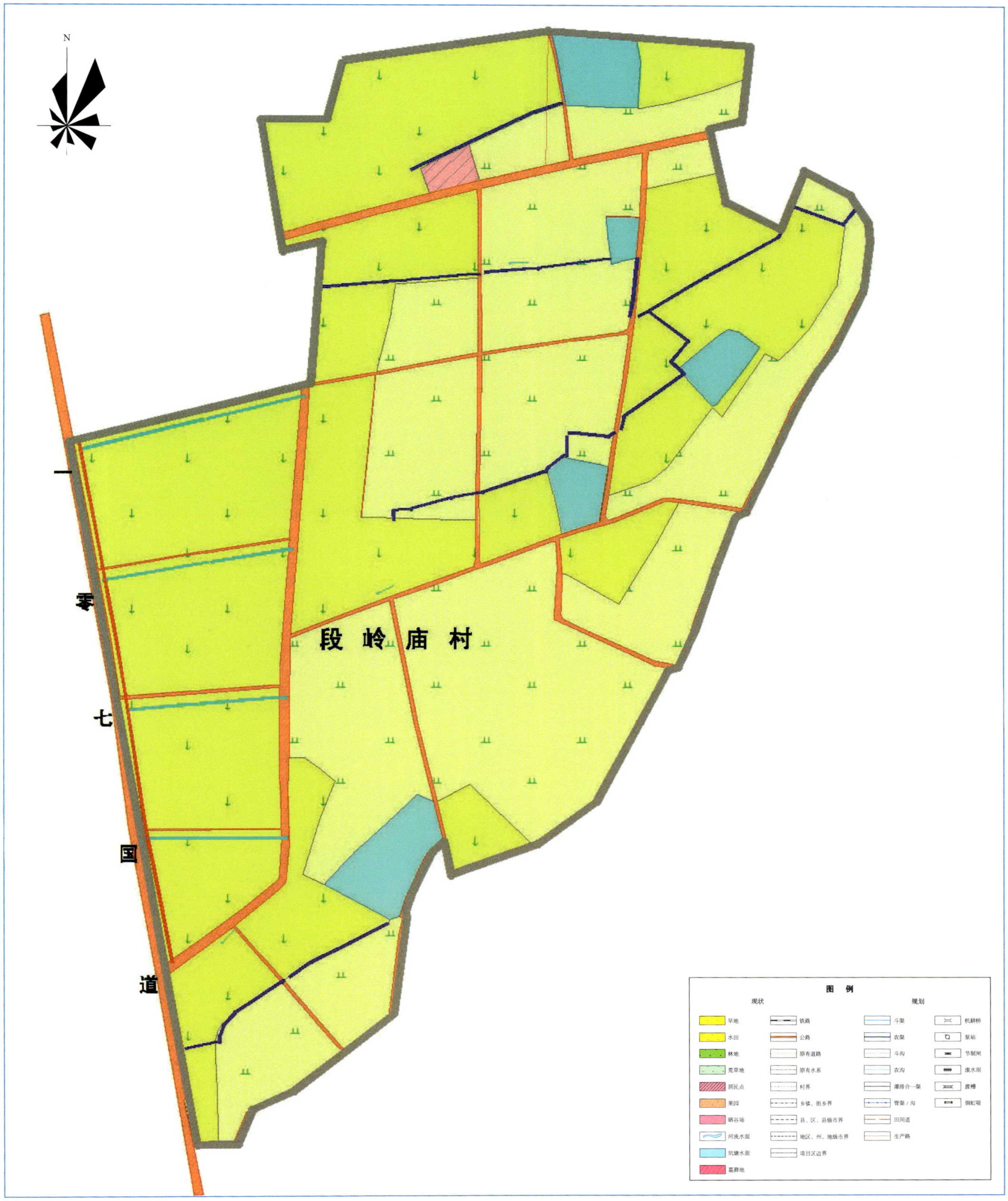
N
一零七国道
段岭庙村
图 例
现状
规划
旱地
水田
林地
荒草地
居民点
果园
晒谷场
河流水面
坑塘水面
墓葬地
铁路
公路
原有道路
原有水系
村界
乡镇、街乡界
县、区、县级市界
地区、州、地级市界
项目区边界
斗渠
农渠
斗沟
农沟
灌排合一渠
管渠 / 沟
田间道
生产路
机耕桥
泵站
节制闸
滚水坝
渡槽
倒虹吸

# 项目建后实景图

江夏段岭庙项目岭庙村田块平整

江夏段岭庙项目段岭庙村新建田间道

江夏段岭庙项目整理后的坑塘水面

江夏段岭庙项目段岭庙村水泥路

江夏段岭庙项目新建排水沟

江夏段岭庙项目新建农沟

# JX03

## 江夏区法泗卫东
## 基本农田土地整理项目

### 项目基本情况

**立项时间：** 2006 年 1 月

**验收时间：** 2012 年 12 月

**项目类型：** 基本农田整治

**投资金额：** 2884 万元

**资金来源：** 省级新增费

**建设规模：** 25043 亩

**建设地点：** 武汉市江夏区法泗镇

**规划设计单位：** 武汉大学资源与环境科学学院

**工程监理单位：** 湖北新天地工程建设监理有限责任公司

**工程施工单位：** 武汉鼎吉建筑公司、湖北天龙建筑公司、武汉江夏六建公司、武汉新六建筑公司、武汉龙泉建筑公司

**项目建设成果：**

1. 土地平整工程：平整面积约 108 公顷、土方量约 22 万立方米，修筑田埂土方约 3 万立方米，土地翻耕约 79 公顷；

2. 农田水利工程：新修斗渠 8191 米，修复斗渠 2197 米；新修农渠 48944 米，修复农渠 24102 米，新修农沟 48466 米，修复农沟 17661 米；清淤硬化沟 5516 米；清淤斗沟 39208 米，新建溢流坝 1 座，修建泵站 39 座；

3. 田间道路工程：新建田间道 22170 米，修复田间道 17398 米，新修生产路 49156 米，修复生产路 31761 米，新建机耕桥 11 座；

4. 其他工程：植树 6229 株，人工挖树根 4557 株。

# 项目竣工图

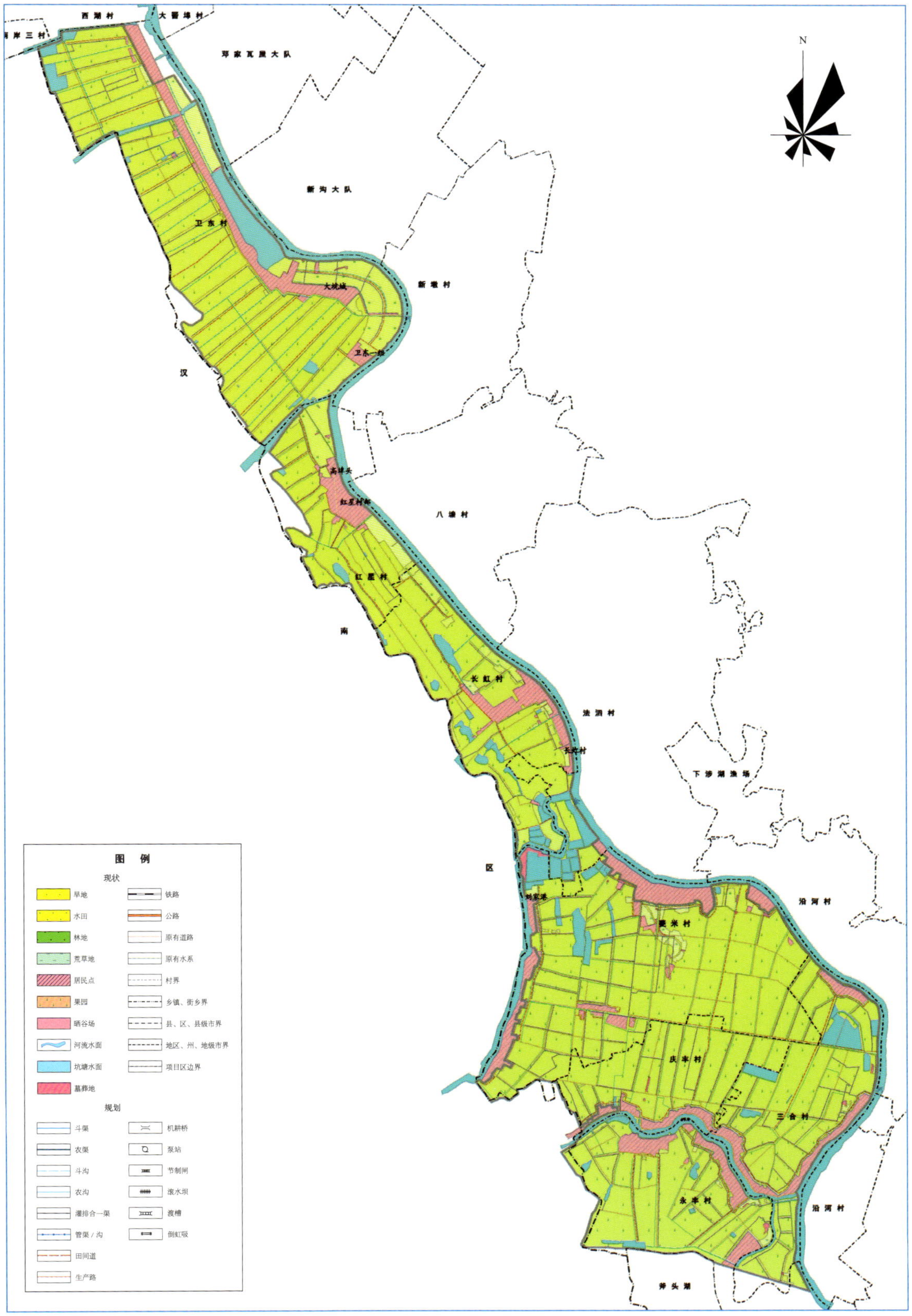

西湖村
大富埠村
南岸三村
邓家瓦屋大队
新沟大队
卫东村
大坑城
新墩村
卫东一组
汉
高埠头
红星村部
红星村
南
法泗村
下涉湖渔场
区
刘家港
沿河村
庆丰村
三合村
永丰村
斧头湖
N
图 例
现状
旱地
水田
林地
荒草地
居民点
果园
晒谷场
河流水面
坑塘水面
墓葬地
铁路
公路
原有道路
原有水系
村界
乡镇、街乡界
县、区、县级市界
地区、州、地级市界
项目区边界
规划
斗渠
农渠
斗沟
农沟
灌排合一渠
管渠／沟
田间道
生产路
机耕桥
泵站
节制闸
滚水坝
渡槽
倒虹吸

# 项目建后实景图

法泗卫东项目菱米村新建水泥路、修复斗渠

法泗卫东项目菱米村新修生产路、节制闸

法泗卫东项目庆丰村泵站

法泗卫东项目清淤后的塘堰

法泗卫东项目新修农渠、分水口

# JX04

## 江夏区法泗镇
## 基本农田土地整理项目

### 项目基本情况

**立 项 时 间：** 2006 年 4 月

**验 收 时 间：** 2011 年 12 月

**项 目 类 型：** 基本农田整治

**投 资 金 额：** 1365 万元

**资 金 来 源：** 省级新增费

**建 设 规 模：** 11487 亩

**建 设 地 点：** 武汉市江夏区法泗镇

**规划设计单位：** 武汉精诚土地规划设计院

**工程监理单位：** 咸宁市水利水电工程建设监理中心

**工程施工单位：** 武汉市江夏区第一建筑工程公司、湖北中晟建筑工程有限公司、武汉市南江建筑安装工程有限公司

**项目建设成果：**

1. 土地平整工程：平整面积约 112 公顷、土方量约 42 万立方米，土地翻耕约 109 公顷；

2. 农田水利工程: 清淤沟渠 24488 米，新建斗渠 4899 米，修复斗渠 10926 米，新建农渠 25489 米，新建农沟 12348 米，修建泵站 17 座；

3. 田间道路工程：新建田间道 16506 米，修复田间道 3324 米，新修生产路 27887 米，新建机耕桥 1 座，新建人行桥 3 座；

4. 其他工程：植树 14253 株。

# 项目竣工图

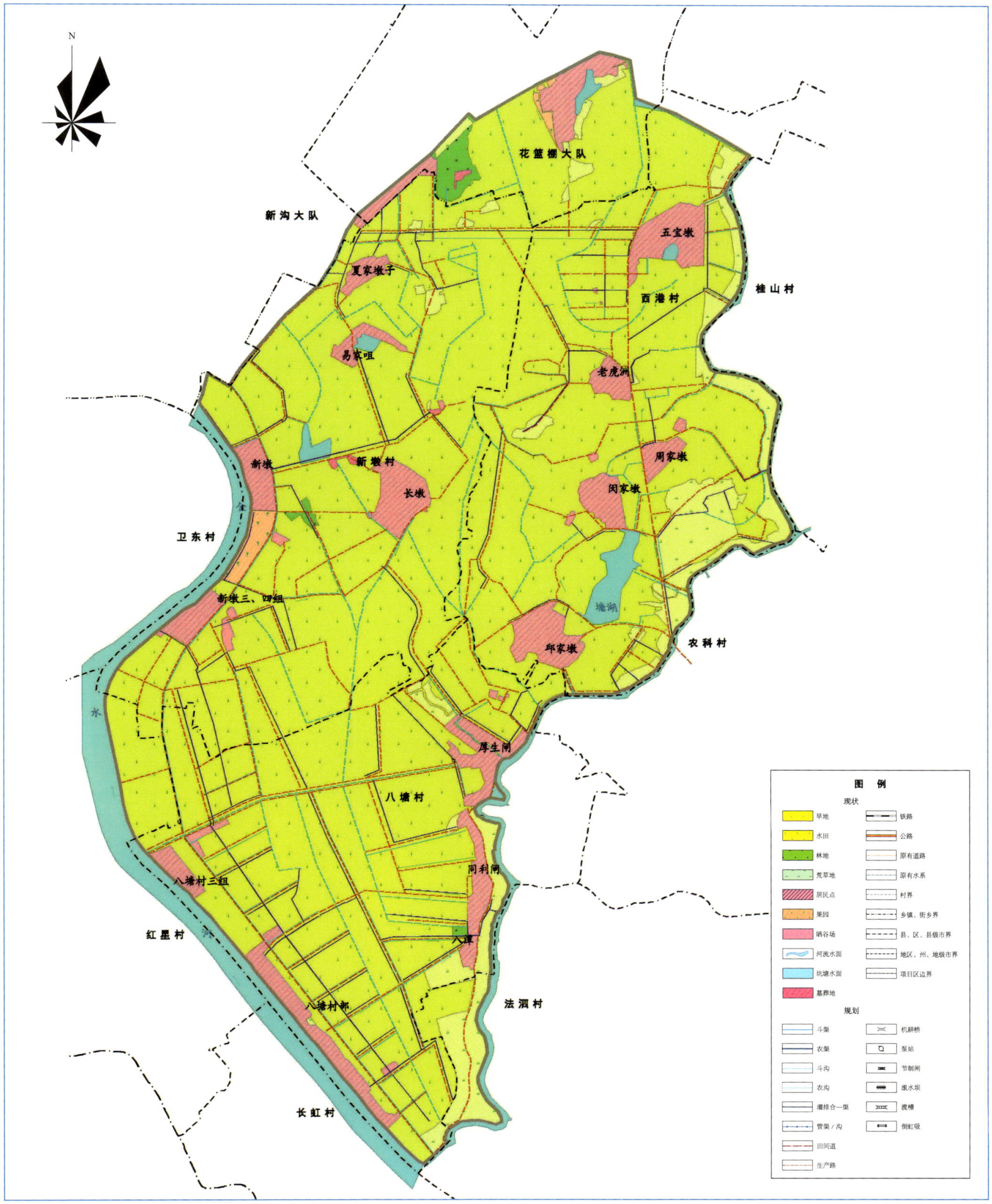
N
花篮棚大队
新沟大队
五宝墩
夏家墩子
西港村
桂山村
易家咀
老虎洲
新墩
新墩村
周家墩
长墩
闵家墩
卫东村
新墩三、四组
塘湖
农科村
印家墩
厚生闸
八塘村
同利闸
八塘村三组
红星村
八塘
法泗村
八塘村部
长虹村
图例
现状
旱地
水田
林地
荒草地
居民点
果园
晒谷场
河流水面
坑塘水面
墓葬地
铁路
公路
原有道路
原有水系
村界
乡镇、街乡界
县、区、县级市界
地区、州、地级市界
项目区边界
规划
斗渠
农渠
斗沟
农沟
灌排合一渠
管渠/沟
田间道
生产路
机耕桥
泵站
节制闸
滚水坝
渡槽
倒虹吸

## 项目建后实景图

法泗基本农田项目新墩村田间道

法泗基本农田项目新墩村节制闸、斗渠

法泗基本农田项目新修农渠

法泗基本农田项目新墩村斗沟

法泗基本农田项目西岗村平整田块上的荷叶

# JX05

## 江夏区郑店街段岭庙基本农田土地整理项目

### 项目基本情况

**立 项 时 间：**2008年5月

**验 收 时 间：**2015年4月

**项 目 类 型：**基本农田整治

**投 资 金 额：**3734万元

**资 金 来 源：**省级新增费

**建 设 规 模：**14976亩

**建 设 地 点：**武汉市江夏区郑店街、乌龙泉街

**规划设计单位：**江苏苏地源土地整理规划设计有限公司

**工程监理单位：**湖北新天地工程建设监理有限公司

**工程施工单位：**武汉市龙泉建筑工程公司，武汉鑫源建筑工程有限公司，湖北中进建设工程有限公司，湖北长欣建筑工程有限公司，湖北顺天建筑工程有限公司，咸宁市宏宇建筑工程有限责任公司，湖北远升建筑工程有限公司，武汉市群兴建筑安装工程有限责任公司

**项目建设成果：**

1. 土地平整工程：平整面积约635公顷、土方量约79万立方米，表土剥离约101万立方米，土地翻耕约506公顷；
2. 农田水利工程：清淤沟渠8792米，新建农渠16770米，修复农渠3057米，新建斗渠2413米，修复斗渠6152米，新建灌排渠18414米，修复灌排渠6929米，清淤坑塘92口（其中硬化12口），修建泵站16座，架设线路8600米，修建抽水平台1座，新建滚水坝5座，新建陡坡及跌水18座，修建水闸3座；
3. 田间道路工程：新建田间道18393米，修复田间道24769米，新修生产路53048米，修复生产路4956米；
4. 其他工程：植树31200株，种植马尼拉草皮1949平方米。

# 项目竣工图

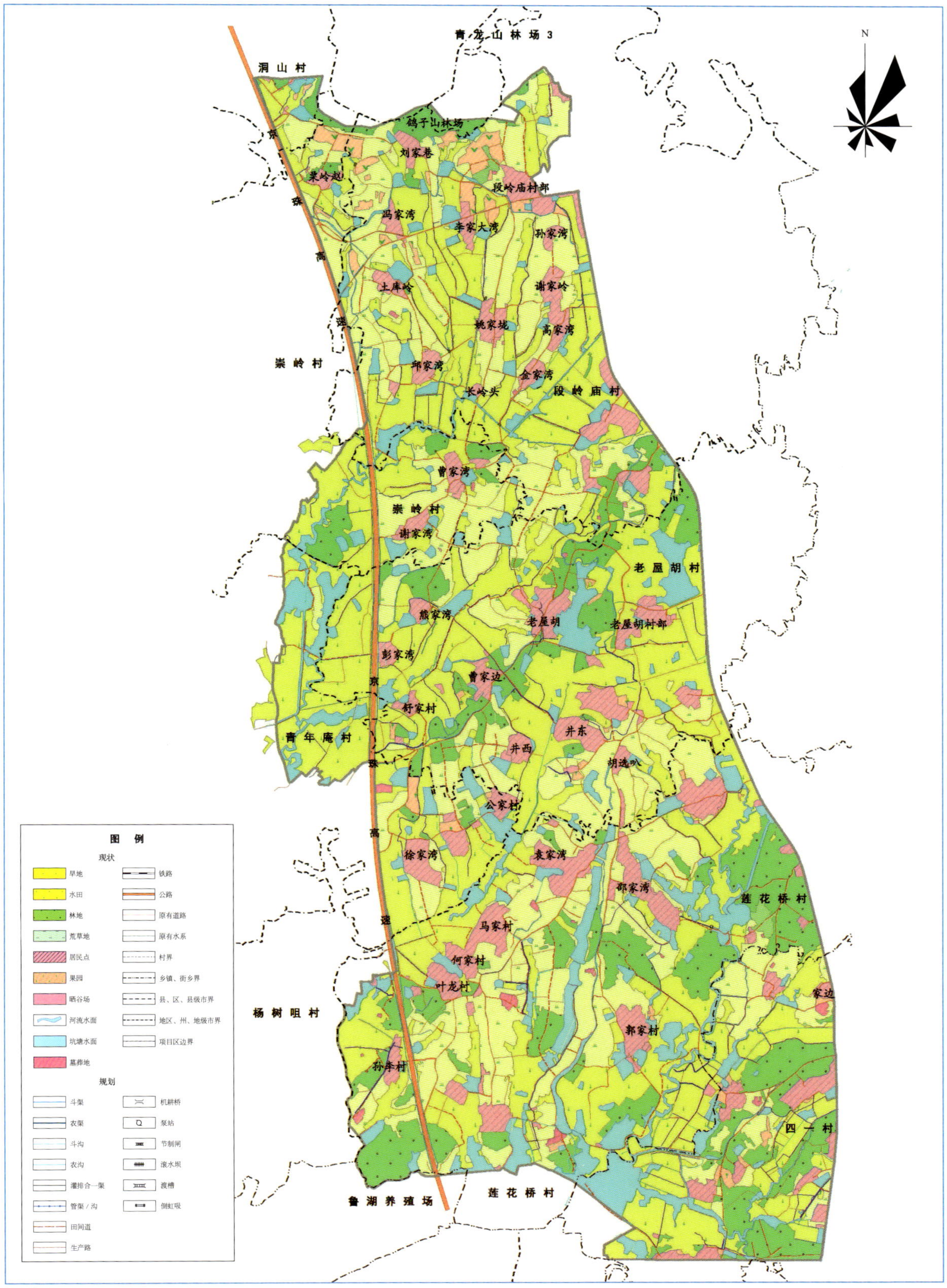
N
青龙山林场3
洞山村
鸽子山林场
刘家巷
段岭庙村部
冯家湾
李家大湾
孙家湾
土库岭
谢家岭
姚家垅
高家湾
崇岭村
邓家湾
金家湾
长岭头
段岭庙村
曾家湾
崇岭村
谢家湾
老屋胡村
熊家湾
老屋胡
老屋胡村部
彭家湾
曹家边
舒家村
青年庵村
井东
井西
胡选
公家村
徐家湾
袁家湾
邵家湾
莲花桥村
马家村
何家村
叶龙村
杨树咀村
郭家村
孙李村
四一村
鲁湖养殖场
莲花桥村
京珠高速
图例
现状
旱地
水田
林地
荒草地
居民点
果园
晒谷场
河流水面
坑塘水面
墓葬地
铁路
公路
原有道路
原有水系
村界
乡镇、街乡界
县、区、县级市界
地区、州、地级市界
项目区边界
规划
斗渠
农渠
斗沟
农沟
灌排合一渠
管渠／沟
田间道
生产路
机耕桥
泵站
节制闸
滚水坝
渡槽
倒虹吸

## 项目建后实景图

郑店段岭庙项目平整田块上种植莲藕

郑店段岭庙项目四一村花园咀泵站

郑店段岭庙项目四一村水泥路、农渠

郑店段岭庙项目四一村沟渠清淤与机耕桥

郑店段岭庙项目泥结石生产路

# JX06

## 江夏区山坡乡
## 元丰低丘岗地改造项目

### 项目基本情况

**立 项 时 间：** 2008 年 7 月

**验 收 时 间：** 2013 年 11 月

**项 目 类 型：** 低丘岗地改造

**投 资 金 额：** 2274 万元

**资 金 来 源：** 省级开垦费

**建 设 规 模：** 11369 亩

**建 设 地 点：** 武汉市江夏区山坡乡

**规划设计单位：** 武汉大学资源与环境科学学院

**工程监理单位：** 湖北清江工程管理咨询有限公司

**工程施工单位：** 武汉新六建筑集团有限公司、武汉建工第三建筑有限公司、武汉市金金盛建设集团有限公司、武汉市龙泉建筑工程公司、湖北天石建筑工程有限公司

**项目建设成果：**

1. 土地平整工程：平整面积约 267 公顷、土方量约 77 万立方米，土地翻耕约 222 亩；

2. 农田水利工程：新修斗渠 1046 米，修复斗渠 2218 米；新修农渠 2889 米，修复农渠 2112 米，新修农沟 3812 米，清淤扩容堰塘 69 口，硬化堰塘 27 口，新修山坪塘 1 口，修建泵房 1 座，架设电力线路 1400 米，新建溢洪坝 2 座；

3. 田间道路工程：新建田间道 8008 米，修复田间道 19967 米，新修生产路 5542 米，修复生产路 586 米；

4. 其他工程：田间道两侧植树 6675 株。

# 项目竣工图

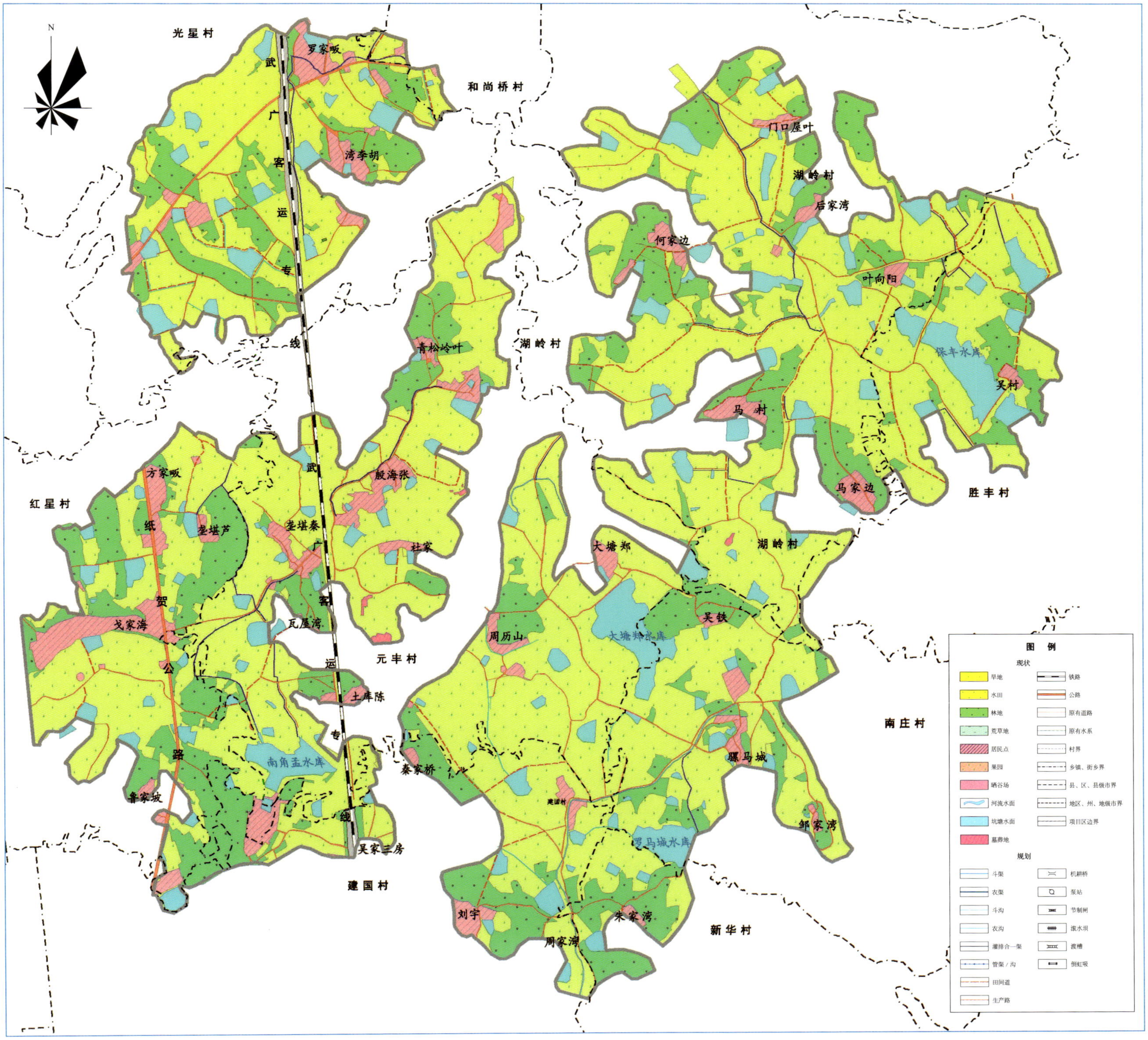
N
光星村
罗家畈
和尚桥村
湾李胡
武
广
客
运
专
线
青松岭叶
湖岭村
门口屋叶
湖岭村
后家湾
何家边
叶向阳
保丰水库
吴村
马村
马家边
胜丰村
红星村
方家畈
纸
贺
公
路
垄堪芦
垄堪秦
殷海张
杜家
戈家海
瓦屋湾
元丰村
土库陈
南角孟水库
鲁家坡
吴家三房
建国村
大塘郑
湖岭村
吴铁
周历山
大塘郑水库
秦家桥
骡马城
南庄村
邹家湾
建国村
罗马城水库
刘宇
朱家湾
周家湾
新华村
图　例
现状
旱地
水田
林地
荒草地
居民点
果园
晒谷场
河流水面
坑塘水面
墓葬地
铁路
公路
原有道路
原有水系
村界
乡镇、街乡界
县、区、县级市界
地区、州、地级市界
项目区边界
规划
斗渠
农渠
斗沟
农沟
灌排合一渠
管渠 / 沟
田间道
生产路
机耕桥
泵站
节制闸
滚水坝
渡槽
倒虹吸

# 项目建后实景图

山坡低丘岗项目土地平整区

山坡低丘岗项目红星村塘清淤护砌

山坡低丘岗项目新修硬化斗沟

山坡低丘岗项目泥结石田间道

山坡低丘岗项目湖岭村新修水泥路

# JX07

## 江夏区 107 国道
## 沿线高产农田建设示范工程项目

### 项目基本情况

**立项时间：**2009 年 9 月　**验收时间：**2015 年 12 月　**项目类型：**示范工程

**投资金额：**12218 万元　**资金来源：**省级新增费　**建设规模：**49981 亩

**建设地点：**武汉市江夏区乌龙泉街、安山镇、郑店街

**规划设计单位：**武汉大学资源与环境科学学院

**工程监理单位：**湖北华泰工程建设监理有限公司

**工程施工单位：**武汉市水利水电工程有限责任公司、湖北省通山县建筑公司、武汉新十建筑集团有限公司、武汉吴南市政建筑工程有限公司、武汉兴宏达建筑工程有限公司、红安县工业建筑安装工程有限责任公司、孝昌双龙建筑工程有限公司、湖北桂乡建筑安装工程有限责任公司、卓峰建设集团有限公司、武汉鸣辰建设集团有限公司、武汉天宇建设有限公司、武汉城安建设有限公司、湖北省通茂建设工程有限公司、湖北志高建设集团有限公司、武汉市群兴建筑安装工程有限责任公司、武汉市振发建筑工程有限公司、武汉文达建筑安装工程有限责任公司、武汉鑫源建筑工程有限公司、湖北富强建设发展有限公司、湖北姜华建筑有限责任公司

**项目建设成果：**

1. 土地平整工程：平整面积约 1811 公顷，表土剥离约 363 万立方米，土地翻耕约 1815 公顷；

2. 农田水利工程：新建斗渠 46505 米，修复斗渠 7902 米，新建农渠 22481 米，新建斗沟 40332 米，修复斗沟 19770 米，新建农沟 26250 米，修建泵站 11 座，清淤坑塘 339 座，硬化坑塘 53 座，修建跌水 50 座，新建溢流坝、滚水坝共 17 座，新建泄洪道 5 座；

3. 田间道路工程：新建田间道 129597 米，修复田间道 34306 米，新修生产路 86872 米，修复生产路 7231 米，新建混凝土硬化道路 66181 米，新建桥梁 74 座；

4. 其他工程：种植红叶石楠 23300 株，种植楠树 17500 株，种植马尼拉草皮 1040 平方米。

# 项目竣工图

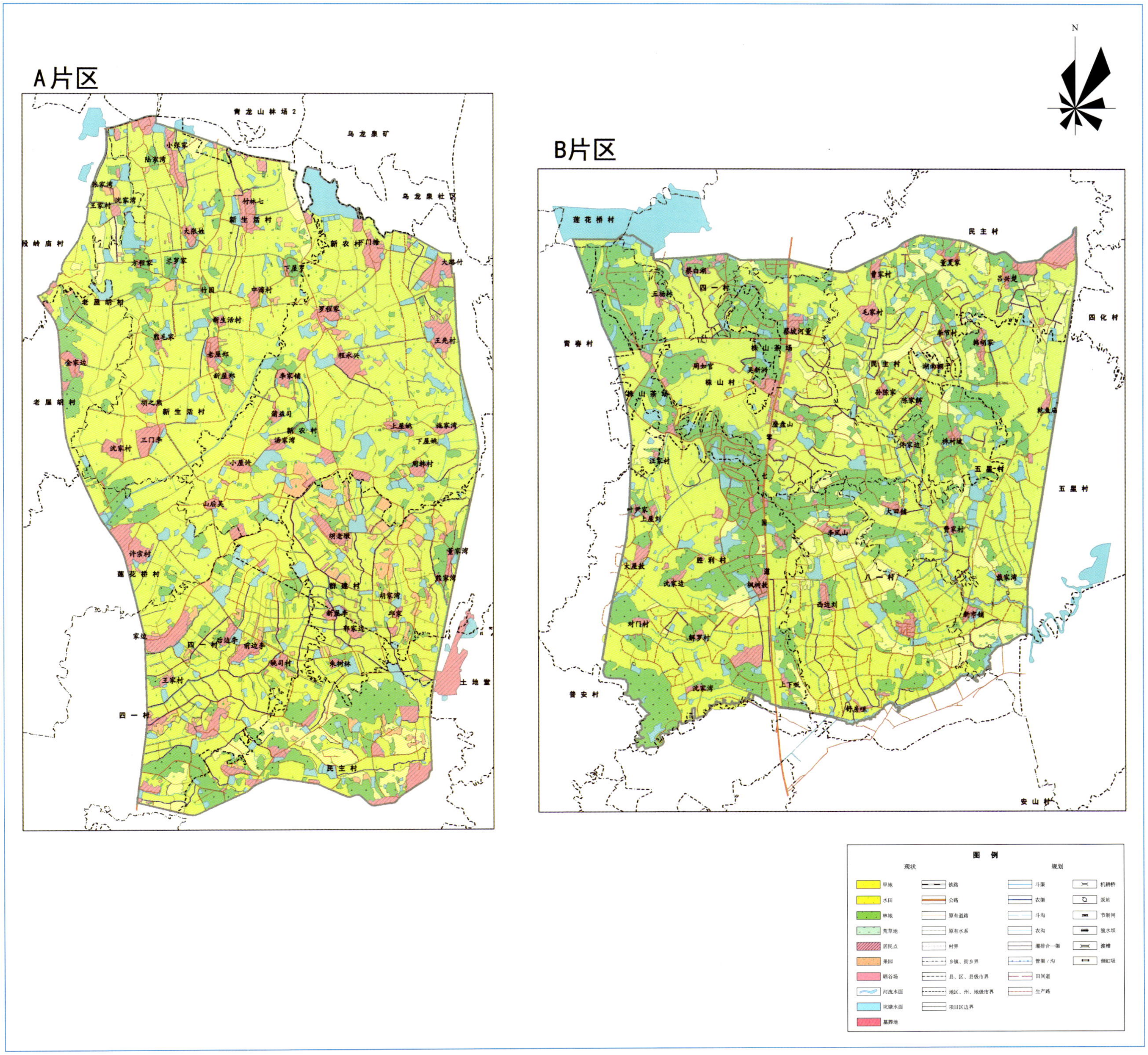

# 项目建后实景图

江夏 107 国道项目村庄整治、塘堰清淤护砌、水泥路、机耕桥

江夏 107 国道项目标识牌与水泥路

江夏 107 国道项目土地平整后配建大棚

江夏 107 国道项目农渠、水泥路、斗沟、拦水坝

江夏 107 国道项目涵闸一体水工建筑

# JX08

## 江夏区金水农场等
## 3个镇（场）移民安置土地整理项目

### 项目基本情况

**立 项 时 间：** 2010年1月

**验 收 时 间：** 2012年1月

**项 目 类 型：** 移民安置工程

**投 资 金 额：** 654万元

**资 金 来 源：** 省级新增费

**建 设 规 模：** 2874亩

**建 设 地 点：** 武汉市江夏区金水农场

**规划设计单位：** 武汉市兴农达土地技术咨询有限公司

**工程监理单位：** 咸宁市长兴水利水电工程监理有限公司

**工程施工单位：** 武汉市龙泉建筑工程公司、湖北天宇建筑有限公司

**项目建设成果：**

1. 土地平整工程：平整面积约119公顷，土方量约16万立方米；

2. 农田水利工程：新建斗渠2541米，修复斗渠1074米，新建农渠5000米，修复农渠2431米，新建斗沟757米，新建农沟7826米，修复农沟8021米，修建管渠244米，新建泵房3座、架设电力线路5800米；

3. 田间道路工程：新修田间道4734米，修复田间道6700米，新修生产路1688米，修复生产路8409米，修建机耕桥6座，人行桥4座。

# 项目竣工图

N
花篮棚片
①
港尖大队
花篮棚大队
西港村
大青片
②
窑沟大队
邓家瓦屋大队
港尖片
③
水产大队
港尖大队
窑沟大队
图 例
现状
旱地
水田
林地
荒草地
居民点
果园
晒谷场
河流水面
坑塘水面
墓葬地
铁路
公路
原有道路
原有水系
村界
乡镇、街乡界
县、区、县级市界
地区、州、地级市界
项目区边界
规划
斗渠
农渠
斗沟
农沟
灌排合一渠
管渠／沟
田间道
生产路
机耕桥
泵站
节制闸
拦水坝
渡槽
倒虹吸

# 项目建后实景图

金水移民项目土地平整区

金水移民项目武当村清淤护砌沟渠、泵站

金水移民项目斗沟、水泥路

金水移民项目武当村新建涵管桥

金水移民项目武当村移民小区村庄整治

# JX09

## 江夏区法泗镇
## 沿河基本农田土地整理项目

### 项目基本情况

**立 项 时 间：**2010 年 8 月

**验 收 时 间：**2015 年 12 月

**项 目 类 型：**基本农田整治

**投 资 金 额：**3628 万元

**资 金 来 源：**省级新增费

**建 设 规 模：**14991 亩

**建 设 地 点：**武汉市江夏区法泗镇

**规划设计单位：**湖北星湖勘测设计咨询有限公司

**工程监理单位：**湖北华泰工程建设监理有限公司

**工程施工单位：**武汉市培源建筑有限公司，鹤峰县水电开发公司，武汉开来建设集团有限公司，随州市兴二建筑工程有限公司，随州市曾都区宏伟建筑工程有限公司，湖北红源市政建设工程有限公司

**项目建设成果：**

1. 土地平整工程：平整田块约 464 公顷，平整土方量约 183 万立方米，废弃坑塘、沟渠填埋土方约 2 万立方米；

2. 农田水利工程：新建斗渠 8076 米，修复斗渠 8128 米，修复斗渠 933 米，修复斗沟 13896 米，新建农渠 11883 米，修复农渠 4483 米，修复农沟 13588 米，新建灌排两用渠 1309 米，新建涵型渠 136 米，清淤沟渠 6858 米，修建泵站 24 座，清淤坑塘 23 座，硬化坑塘 12 座，修建跌水 50 座；

3. 田间道路工程：新建水泥路 14314 米，新建田间道 10010 米，修复田间道 14925 米，新修生产路 35502 米，修复生产路 6330 米；新建晒谷场 11764 平方米；

4. 其他工程：种植树木 6967 株。

# 项目竣工图

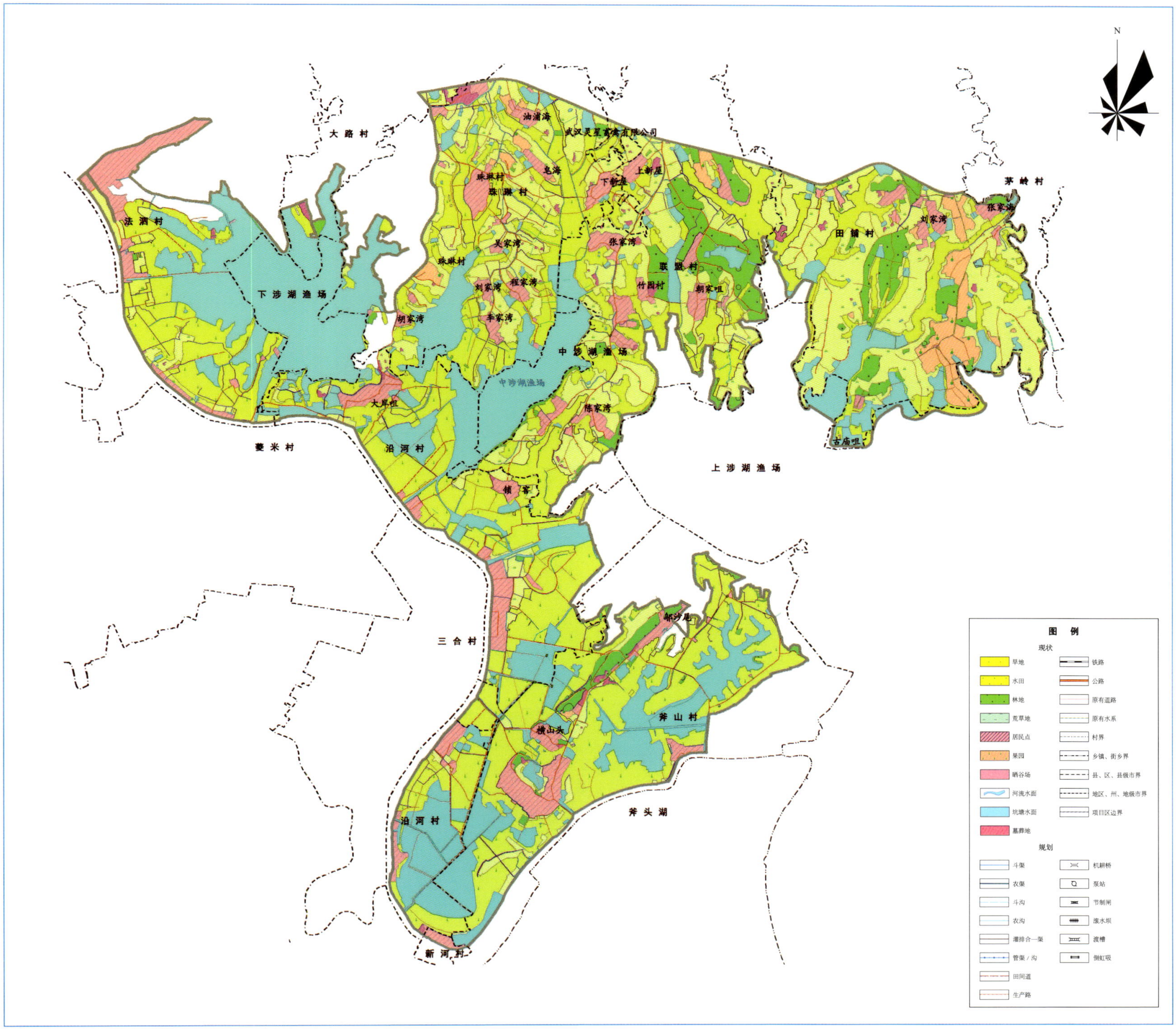

N
大路村
法泗村
下涉湖渔场
中涉湖渔场
珠琳村
联盟村
田铺村
茅岭村
菱米村
沿河村
上涉湖渔场
三合村
斧山村
斧头湖
新河村
图例
现状
旱地
水田
林地
荒草地
居民点
果园
晒谷场
河流水面
坑塘水面
墓葬地
铁路
公路
原有道路
原有水系
村界
乡镇、街乡界
县、区、县级市界
地区、州、地级市界
项目区边界
规划
斗渠
农渠
斗沟
农沟
灌排合一渠
管渠 / 沟
田间道
生产路
机耕桥
泵站
节制闸
滚水坝
渡槽
倒虹吸

# 项目建后实景图

法泗沿河项目水泥路、标识牌

法泗沿河项目珠琳村节制闸

法泗沿河项目沿河村新建泵站

法泗沿河项目沿河村机耕桥

法泗沿河项目珠琳村新建生产路

# JX10

## 江夏区法泗镇
## 新农村试点土地整理项目

### 项目基本情况

**立 项 时 间：** 2011 年 1 月

**验 收 时 间：** 2015 年 12 月

**项 目 类 型：** 新农村试点

**投 资 金 额：** 691 万元

**资 金 来 源：** 省级新增费

**建 设 规 模：** 2857 亩

**建 设 地 点：** 武汉市江夏区法泗街道办事处

**规划设计单位：** 武汉市规划设计研究院

**工程监理单位：** 湖北华泰工程建设监理有限公司

**工程施工单位：** 湖北新九建设工程有限公司

**项目建设成果：**

1. 土地平整工程：平整面积约 123 公顷、土方量约 21 万立方米、土地翻耕约 123 公顷；

2. 农田水利工程：新建农渠 3090 米，新建农沟 3030 米，新建 $\phi$110 PPR 管道 19214 米，清淤坑塘 7 口，硬化坑塘 3 口，新建泵房 2 座，架设电力线路 7390 米；

3. 田间道路工程：新建田间道 4001 米，新建生产路 3940 米；

4. 种植意杨 4249 株。

## 项目竣工图

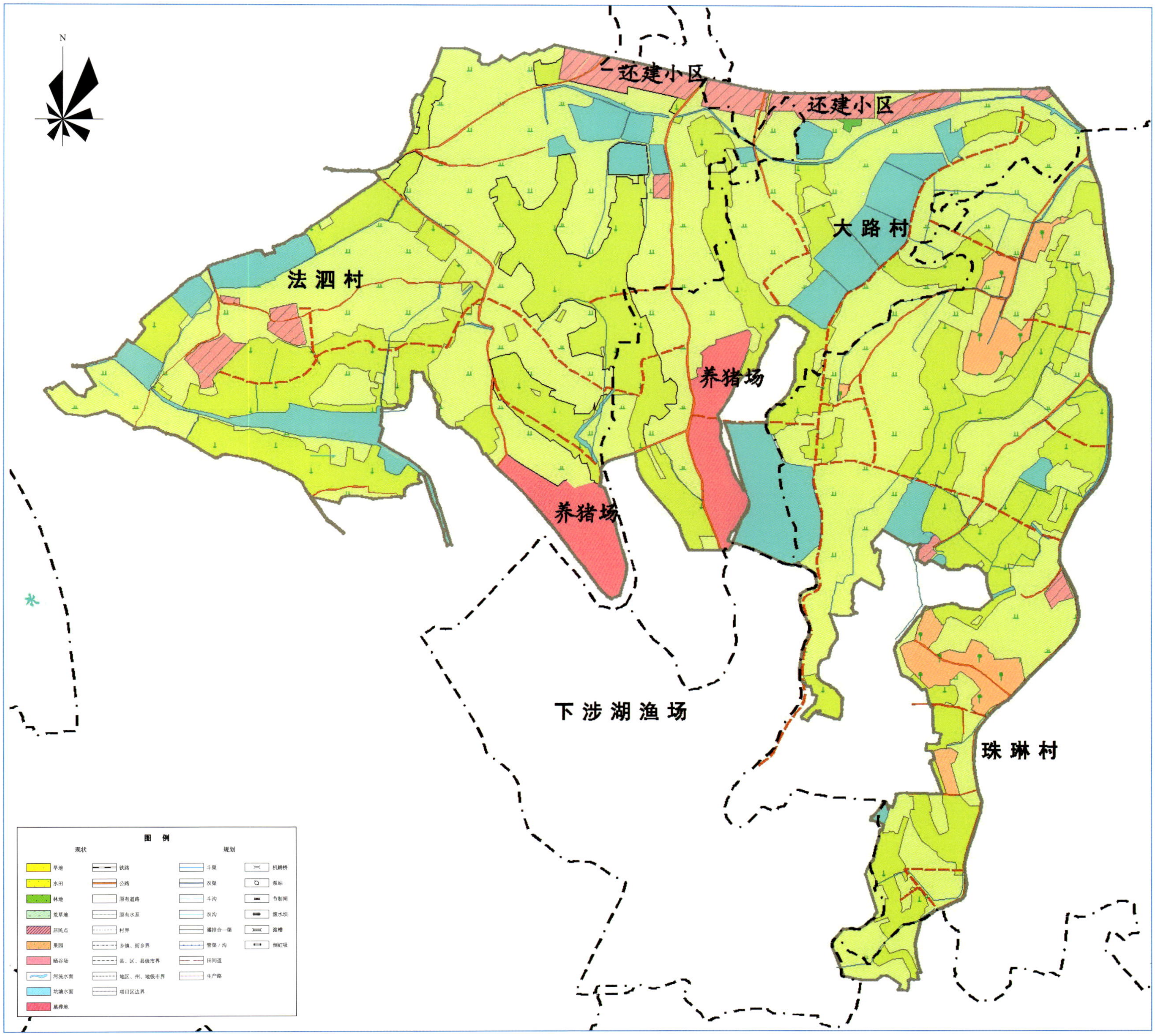
N
还建小区
还建小区
大路村
法泗村
养猪场
养猪场
下涉湖渔场
珠琳村
水
图 例
现状
规划
旱地
水田
林地
荒草地
居民点
果园
晒谷场
河流水面
坑塘水面
墓葬地
铁路
公路
原有道路
原有水系
村界
乡镇、街乡界
县、区、县级市界
地区、州、地级市界
项目区边界
斗渠
农渠
斗沟
农沟
灌排合一渠
管渠／沟
田间道
生产路
机耕桥
泵站
节制闸
滚水坝
渡槽
倒虹吸

# 项目建后实景图

法泗新农村项目水泥路、宣传牌

法泗新农村项目土地平整

法泗新农村项目大路村水泥路

法泗新农村项目大路村泵站

法泗新农村项目新修农渠

# JX11

## 江夏区五里界“四化同步”示范镇 基本农田土地整理项目

### 项目基本情况

**立项时间：** 2014年6月

**验收时间：** 2017年5月

**项目类型：** 基本农田整治

**投资金额：** 4854万元

**资金来源：** 省级新增费

**建设规模：** 19999亩

**建设地点：** 武汉市江夏区五里界街唐涂村、李家店村、孙家店村、群益村和童周岭村

**规划设计单位：** 武汉愿景土地咨询有限公司

**工程监理单位：** 襄阳华罡项目管理有限公司

**工程施工单位：** 湖北森捷建设工程有限公司、湖北海发建设工程有限公司、湖北胜庭建筑工程有限公司、武汉天龙建设集团有限公司、湖北屹峰融创建设工程有限公司、湖北赛格尔市政工程有限公司、湖北森垚建设有限公司、湖北新阳市政工程有限公司

**项目建设成果：**

1. 土地平整工程：土地平整约792公顷、土方量约350万立方米，田埂修筑土方量1.05万立方米；

2. 农田水利工程：新建斗渠6541米、灌排渠3210米、农渠5922米、农沟1919米、斗沟2838米、护路沟1098米，坑塘清淤34.08公顷、坑塘护砌5905米，修建涵管456座、泵站13座、倒虹吸1座；

3. 田间道路工程：新建田间道16207米，修复田间道12093米，新建生产路13820米，修复生产路15580米，新建水泥路25521米，机耕桥15座，下田埠350座，错车道3座；

4. 其他工程：新建晒谷场34座、34883平方米，坑塘整治15口、边坡护砌2080米，新建水泥路5条、1438米，标识牌8座。

## 项目竣工图

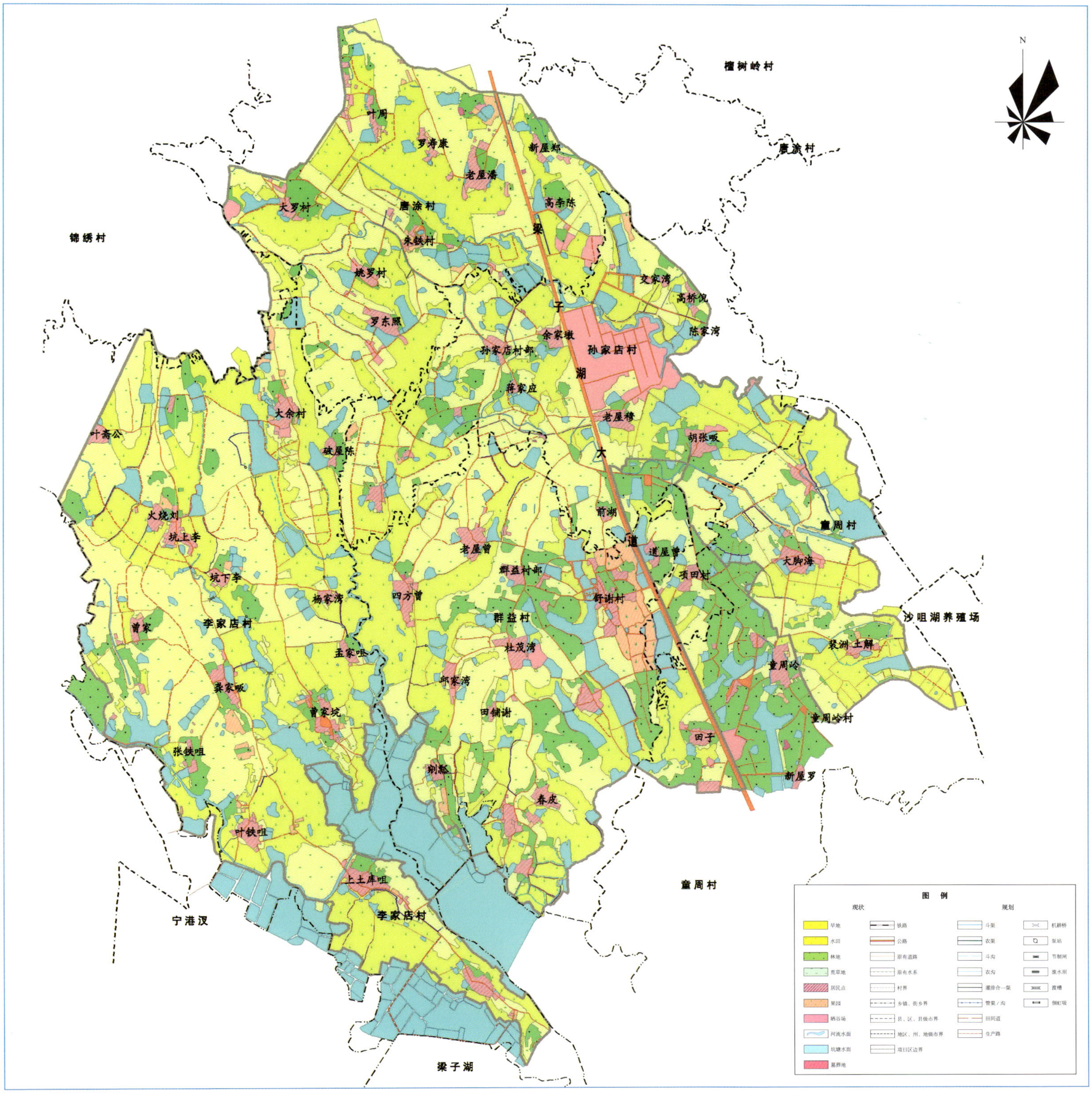

N
檀树岭村
唐涂村
锦绣村
叶周
罗寿康
新屋郑
老屋潘
大罗村
唐涂村
高李陈
朱铁村
梁
姚罗村
交家湾
高桥倪
子
罗东照
余家墩
陈家湾
孙家店村部
孙家店村
湖
蒋家应
大余村
老屋穆
叶高公
胡张畈
破屋陈
大
火烧刘
前湖
坑上李
童周村
道
老屋曾
道屋曾
大胸海
群益村部
项田村
坑下李
四方曾
杨家湾
舒谢村
沙咀湖养殖场
李家店村
群益村
曾家
杜茂湾
裴洲 土解
孟家咀
童周岭
桑家畈
郭家湾
童周岭村
曾家坑
田铺谢
田子
张铁咀
新屋罗
春皮
叶铁咀
上土库咀
童周村
李家店村
宁港汉
梁子湖
图 例
现状
规划
旱地
水田
林地
荒草地
居民点
果园
晒谷场
河流水面
坑塘水面
墓葬地
铁路
公路
原有道路
原有水系
村界
乡镇、街乡界
县、区、县级市界
地区、州、地级市界
项目区边界
斗渠
农渠
斗沟
农沟
灌排合一渠
管渠 / 沟
田间道
生产路
机耕桥
泵站
节制闸
溢水坝
渡槽
倒虹吸

# 项目建后实景图

五里界四化同步项目五里街镇孙家店村新增港护砌

五里界四化同步项目五里街镇群益村新建农渠

五里界四化同步项目五里街镇群益村修复斗沟、水泥路

五里界四化同步项目五里街镇孙家店村修复机耕桥

# JX12

## 江夏区金水果茶所 基本农田土地整理项目

### 项目基本情况

**立项时间：**2014年6月

**验收时间：**2017年5月

**项目类型：**基本农田整治

**投资金额：**1942万元

**资金来源：**省级新增费

**建设规模：**8000亩

**建设地点：**武汉市江夏区金口街湖北省农科院果茶所和畜牧所

**规划设计单位：**湖北胜达飞工程项目管理有限公司

**工程监理单位：**武汉市东盛元建设项目管理有限公司

**工程施工单位：**武汉枫树建筑工程有限公司、武汉金禧建设集团有限公司、湖北禹昌建筑工程有限公司

**项目建设成果：**

1. 土地平整工程：梯田平整约20公顷、土方量35万立方米；

2. 农田水利工程：新建农渠2442米，修复农渠538米，新建斗渠1406米，修复斗渠2020米，修复斗沟216米，新建PE管道3196米，修复矩形渠1360米，修复涵管渠1425米；渠道护坡3704米，坑塘护坡4409米，沟渠清淤2316米，坑塘清淤30座，新修蓄水池5座，新增线路架设1190米，新建节制闸1座，新建泵站5座，涵管桥总计2座，机耕桥总计4座；

3. 田间道路工程：新建水泥路8181米，水泥路错车道11处，新建田间道6416米，修复田间道3569米，新建生产路1622米，修复生产路245米，新建晒谷场1个，面积为800平方米；

4. 农田防护与生态保持工程：植树298株。

# 项目竣工图

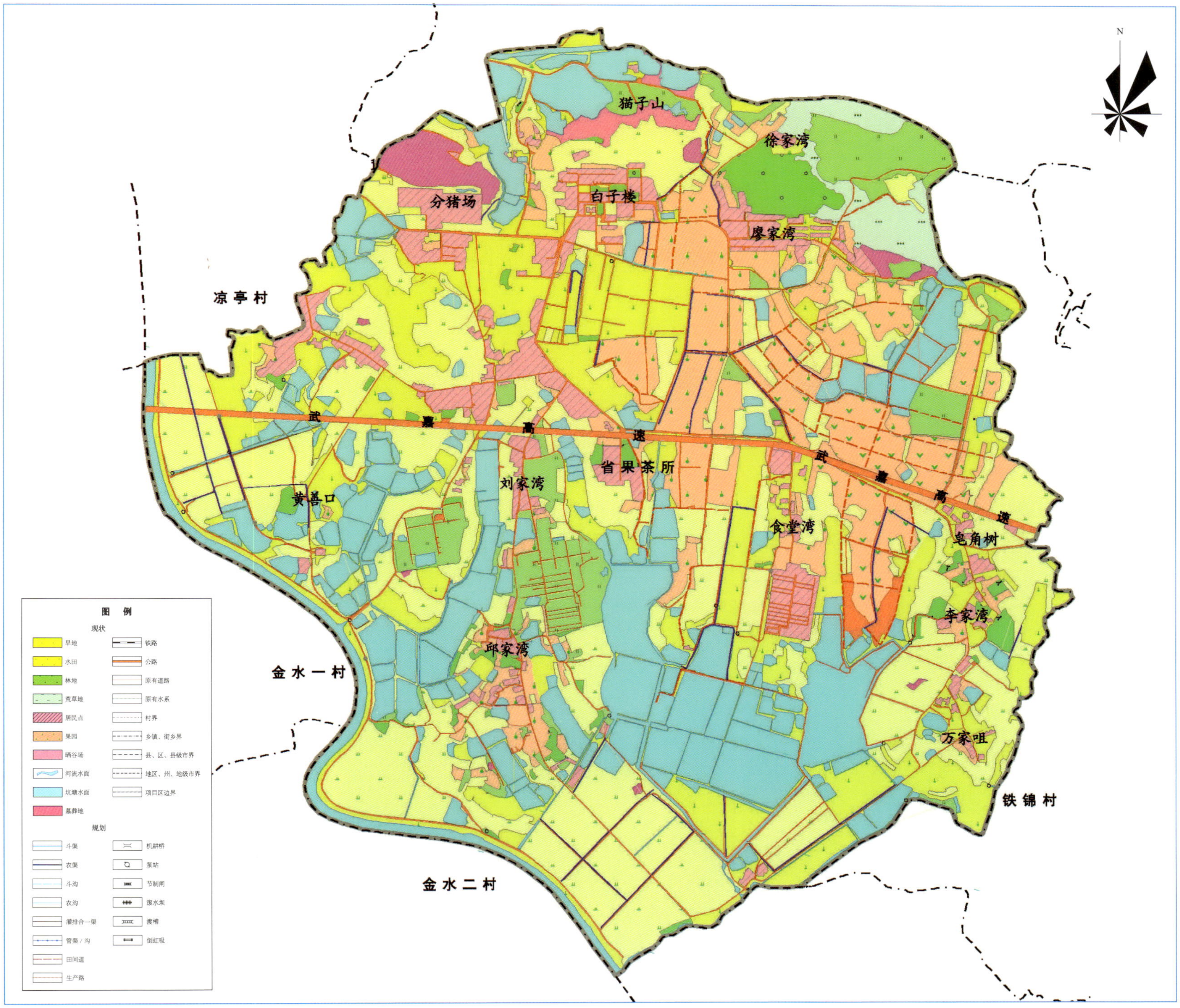
N
猫子山
徐家湾
分猪场
白子楼
廖家湾
凉亭村
武嘉高速
省果茶所
刘家湾
黄善口
食堂湾
皂角树
李家湾
邱家湾
金水一村
万家咀
铁锦村
金水二村
图例
现状
旱地
水田
林地
荒草地
居民点
果园
晒谷场
河流水面
坑塘水面
墓葬地
铁路
公路
原有道路
原有水系
村界
乡镇、街乡界
县、区、县级市界
地区、州、地级市界
项目区边界
规划
斗渠
农渠
斗沟
农沟
灌排合一渠
管渠／沟
田间道
生产路
机耕桥
泵站
节制闸
滚水坝
渡槽
倒虹吸

# 项目建后实景图

金水果茶所项目畜牧所涵管渠

金水果茶所项目畜牧所渠道护坡

金水果茶所项目果茶所渠道护坡

金水果茶所项目果茶所新修水泥路、沟渠六菱块护砌

# JX13

## 江夏区法泗镇石岭 基本农田土地整理项目

### 项目基本情况

**立项时间：**2014 年 7 月

**验收时间：**2017 年 5 月

**项目类型：**基本农田整治

**投资金额：**3166 万元

**资金来源：**省级新增费（切块资金）

**建设规模：**13048 亩

**建设地点：**武汉市江夏区法泗镇石岭村、田铺村、联盟村、珠琳村

**规划设计单位：**武汉大地国源规划设计有限公司

**工程监理单位：**湖北华泰工程建设监理有限公司

**工程施工单位：**武汉枫树建筑工程有限公司、湖北省宏博策工程技术有限公司、金晟建设集团有限公司、武汉市辛安渡市政有限责任公司、武汉市市政建设综合开发公司、湖北兴创世迹建筑工程有限责任公司

**项目建设成果：**

1. 土地平整工程：格田平整约 17 公顷，梯田平整约 175 公顷，总土方量约 97 万立方米；
2. 农田水利工程：新建斗渠 2103 米，修复斗渠 1301 米，新建农渠 9531 米，修复农渠 3898 米，修复斗沟 1351 米，新建农沟 1574 米，护砌沟 1408 米，清淤塘扩建塘共 38 座，修建泵站 4 座；
3. 田间道路工程：修建水泥路 32071 米，新建 3.5 米宽田间道 17383 米，修复 3.5 米宽田间道 3704 米，新建生产路 23558 米，新建机耕桥 3 座，人行桥 1 座；
4. 村庄整治工程：修建晒谷场 18 座，共计 11852 平方米；
5. 防护林工程：种植楠树 5472 株。

# 项目竣工图

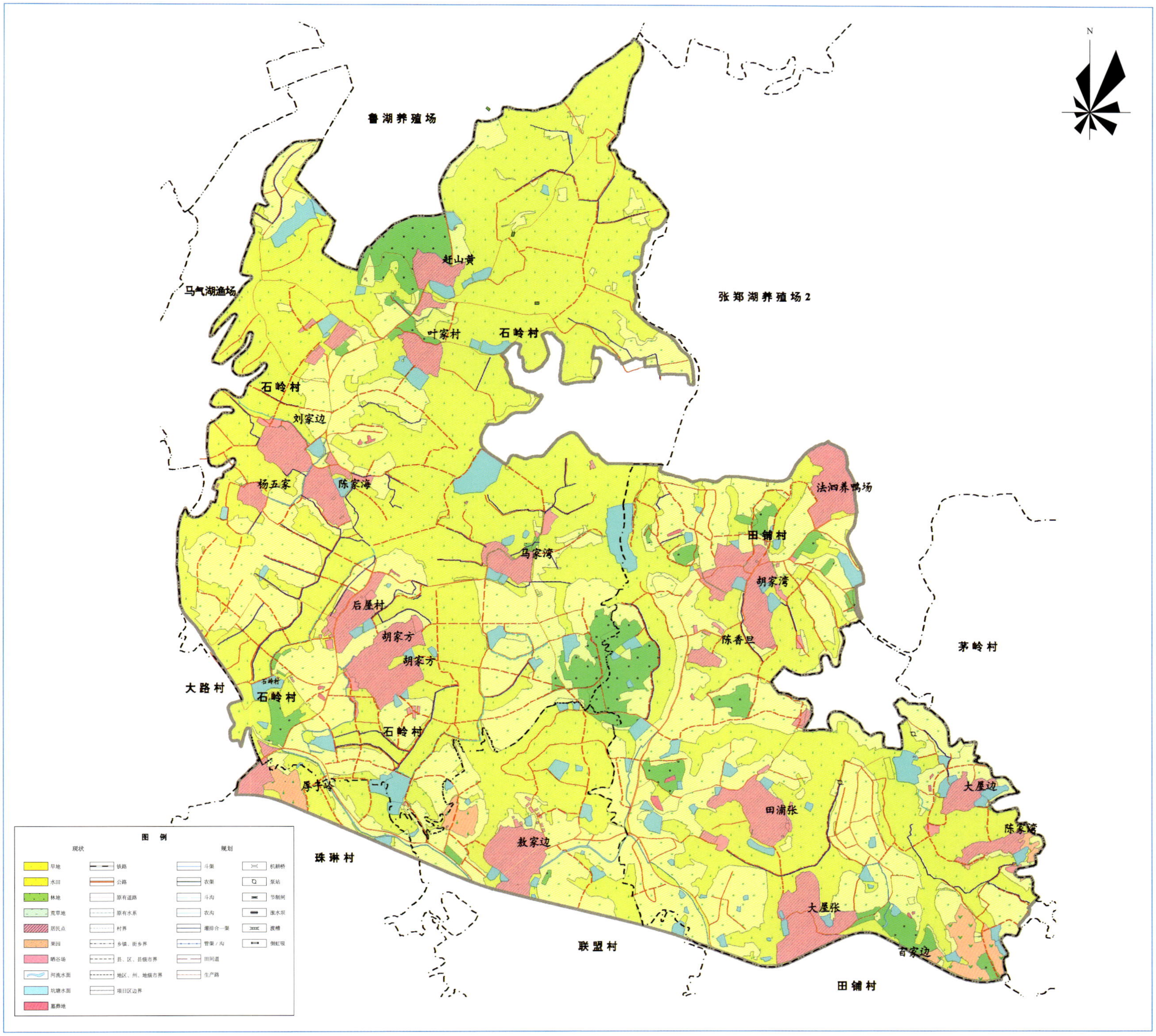
N
鲁湖养殖场
马气湖渔场
赶山黄
叶家村
石岭村
张郑湖养殖场2
石岭村
刘家边
杨五家
陈家海
法泗养鸭场
田铺村
乌家湾
胡家湾
后屋村
胡家方
陈香巴
胡家方
茅岭村
大路村
石岭村
石岭村
石岭村
厚乎岭
大屋边
田浦张
陈家湾
敖家边
珠琳村
大屋张
联盟村
肖家边
田铺村
图 例
现状
规划
旱地
水田
林地
荒草地
居民点
果园
晒谷场
河流水面
坑塘水面
墓葬地
铁路
公路
原有道路
原有水系
村界
乡镇、街乡界
县、区、县级市界
地区、州、地级市界
项目区边界
斗渠
农渠
斗沟
农沟
灌排合一渠
管渠／沟
田间道
生产路
机耕桥
泵站
节制闸
滚水坝
渡槽
倒虹吸

# 项目建后实景图

法泗石岭项目法泗镇石岭村平整田块

法泗石岭项目法泗镇石岭村护砌沟

法泗石岭项目法泗镇石岭村修复农渠

法泗石岭项目法泗镇石岭村新建水泥路

武汉市黄陂区木兰花乡

## 4.6 黄陂区土地整治项目

黄陂区是湖北省粮食主产县之一，位于武汉市北部，是素有九省通衢之称的武汉市的北大门；东与武汉市新洲区、黄冈市红安县接壤，南邻长江、府河与武汉市区相望，西与武汉市东西湖区、孝感市孝南区毗连，北与孝感市孝昌县、大悟县交界。2016 年底区域土地总面积 2256.70 平方公里，其中：农用地 1735.32 平方公里，建设用地 380.67 平方公里，未利用地 140.71 平方公里。截至“十二五”末，全区共立项验收土地整治项目 19 个，建设规模 22.73 万亩，投资金额达 4.66 亿元。通过土地整治，增强了项目区抗旱排涝能力，提升了耕地数量与质量，改善了农业生产条件，提高了农业综合生产能力；通过土地整治，建成了一批“菜篮子工程”和“高产农田示范工程”，改善了农民生产、生活环境，促进了农业产业化发展；通过土地整治，创新了 “新农村试点” “大别山实验区” “革命老区” “小康扶贫”等项目实施模式，为农村脱贫致富、小康社会建设发挥了助推作用。

HP01　黄陂区三里镇土地整理项目
HP02　黄陂区罗汉寺街伏马基本农田土地整理项目
HP03　黄陂区大潭原种场、三里镇童门、武湖农场高车分场基本农田土地整理项目
HP04　黄陂区前川街基本农田土地整理项目
HP05　黄陂区王家河镇基本农田土地整理项目
HP06　黄陂区三里等3个镇基本农田土地整理项目
HP07　黄陂区高产农田建设示范工程项目
HP08　黄陂区六指街新农村试点土地整理项目
HP09　黄陂区移民安置土地整理项目
HP10　黄陂区蔡家榨镇基本农田土地整理项目
HP11　黄陂区祁家湾街新农村建设试点土地整理项目
HP12　黄陂区祁家湾街基本农田土地整理项目
HP13　黄陂区蔡家榨街韩集基本农田土地整理项目
HP14　黄陂区李家集白庙基本农田土地整理项目
HP15　黄陂区姚家集街基本农田土地整理项目
HP16　黄陂区罗汉寺街沈黄基本农田土地整理项目
HP17　黄陂区蔡店街姚山基本农田土地整理项目
HP18　黄陂区王家河街胜天基本农田土地整理项目
HP19　黄陂区三里镇设施蔬菜基地建设土地整理项目

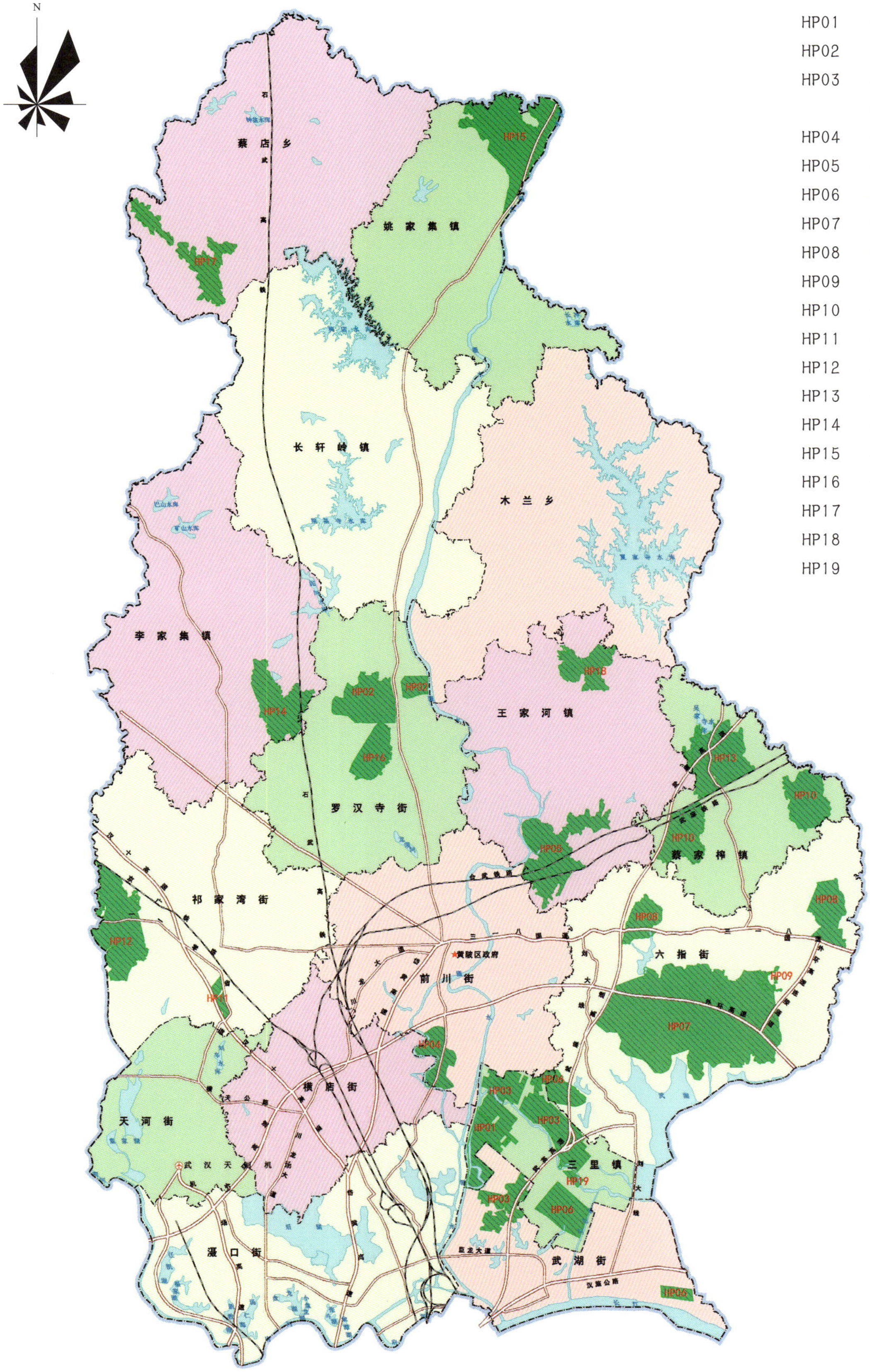

# HP01

## 黄陂区三里镇
## 土地整理项目

### 项目基本情况

**立 项 时 间：** 2002 年 12 月

**验 收 时 间：** 2007 年 8 月

**项 目 类 型：** 基本农田整治

**投 资 金 额：** 257 万元

**资 金 来 源：** 省级新增费

**建 设 规 模：** 3130 亩

**建 设 地 点：** 武汉市黄陂区三里镇沿堤村及河边村

**规划设计单位：** 黄陂区国土资源管理局

**工程监理单位：** 武汉市江河工程监理咨询有限公司

**工程施工单位：** 黄陂区市政有限责任公司、黄陂区三里建筑公司

**项目建设成果：**

1. 土地平整工程：平整面积 23.49 公顷，土方量 2.16 万立方米；
2. 农田水利工程：新挖沟渠 5506 米，疏浚沟渠 8884 米；泵站 3 座，节制闸 10 座，农涵 234 座；
3. 田间道路工程：修建田间道 7900 米，修建生产路 3400 米；机耕桥 2 座，人行桥 12 座；
4. 其他工程：植树 6000 株。

## 项目竣工图

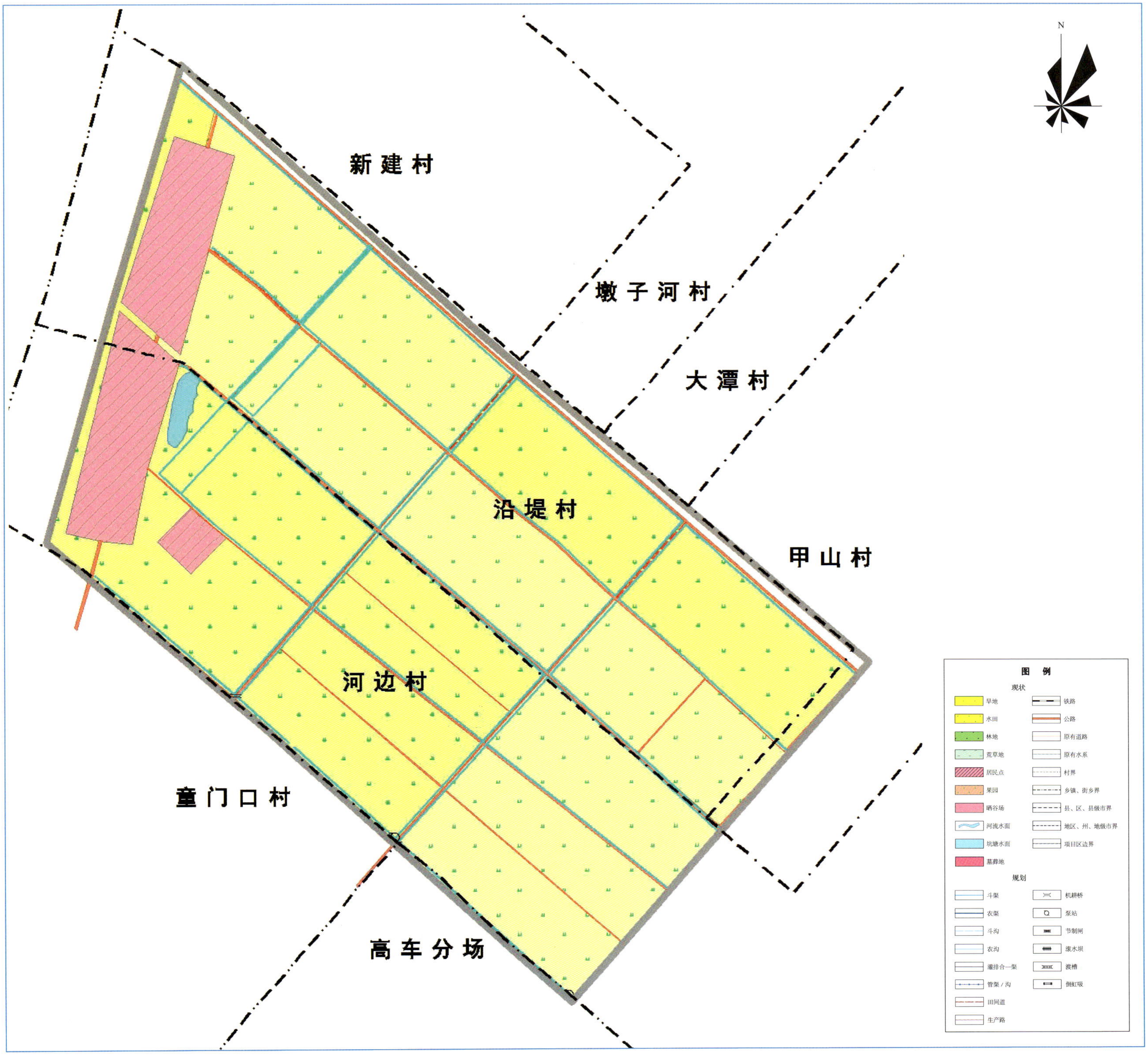
N
新建村
墩子河村
大潭村
沿堤村
甲山村
河边村
童门口村
高车分场
图例
现状
旱地
水田
林地
荒草地
居民点
果园
晒谷场
河流水面
坑塘水面
墓葬地
铁路
公路
原有道路
原有水系
村界
乡镇、街乡界
县、区、县级市界
地区、州、地级市界
项目区边界
规划
斗渠
农渠
斗沟
农沟
灌排合一渠
管渠 / 沟
田间道
生产路
机耕桥
泵站
节制闸
滚水坝
渡槽
倒虹吸

# 项目建后实景图

三里镇项目河也村新建水泥路、土地平整

三里镇项目河也村新建农渠、下田埠

三里镇项目沿堤村新建水泥路

三里镇项目沿堤村新建机耕桥

# HP02

## 黄陂区罗汉寺街
## 伏马基本农田土地整理项目

### 项目基本情况

**立 项 时 间：**2004 年 12 月

**验 收 时 间：**2011 年 12 月

**项 目 类 型：**基本农田整治

**投 资 金 额：**2147 万元

**资 金 来 源：**国家新增费

**建 设 规 模：**11552 亩

**建 设 地 点：**武汉市黄陂区罗汉寺街

**规划设计单位：**武汉永业/赛博能规划勘测有限公司

**工程监理单位：**湖北华茂建设监理有限责任公司

**工程施工单位：**武汉新宇建设集团有限公司、湖北省天昊建设工程有限公司、武汉市安博建筑工程有限公司、湖北金潭建筑工程有限公司、武汉市城安建筑工程有限公司、武汉市盘龙明达建筑有限公司、武汉华源电力建筑工程有限公司、武汉东方建筑集团有限公司

**项目建设成果：**

1. 土地平整工程：平整面积约 211 公顷、土方量约 126 万立方米；

2. 农田水利工程：新建斗渠总长 2842 米；新建灌排合一斗渠总长 299 米；修复斗渠总长 1887 米；修复台渠总长 1668 米；新建农渠总长 17365 米；修复农渠总长 311 米；新建灌排合一农渠总长 5851 米；修复灌排合一农渠总长 1373 米；新建斗沟总长 3067 米；复斗沟总长 422 米；新建农沟总长 10336 米；修复农沟总长 1546 米；修建泵站 19 座，泵站压力管 715 米，跌水 22 座，过路涵管 3094 米，盖板 488 处，分水闸 13 座，节制闸 6 座；

3. 田间道路工程：新建田间道 5339 米；修复田间道 6161 米；新建 2 米宽生产路 24854 米；修复 2 米宽生产路 4946 米；新建 1 米宽生产路 6819 米；机耕桥 5 座、人行桥 3 座。

## 项目竣工图

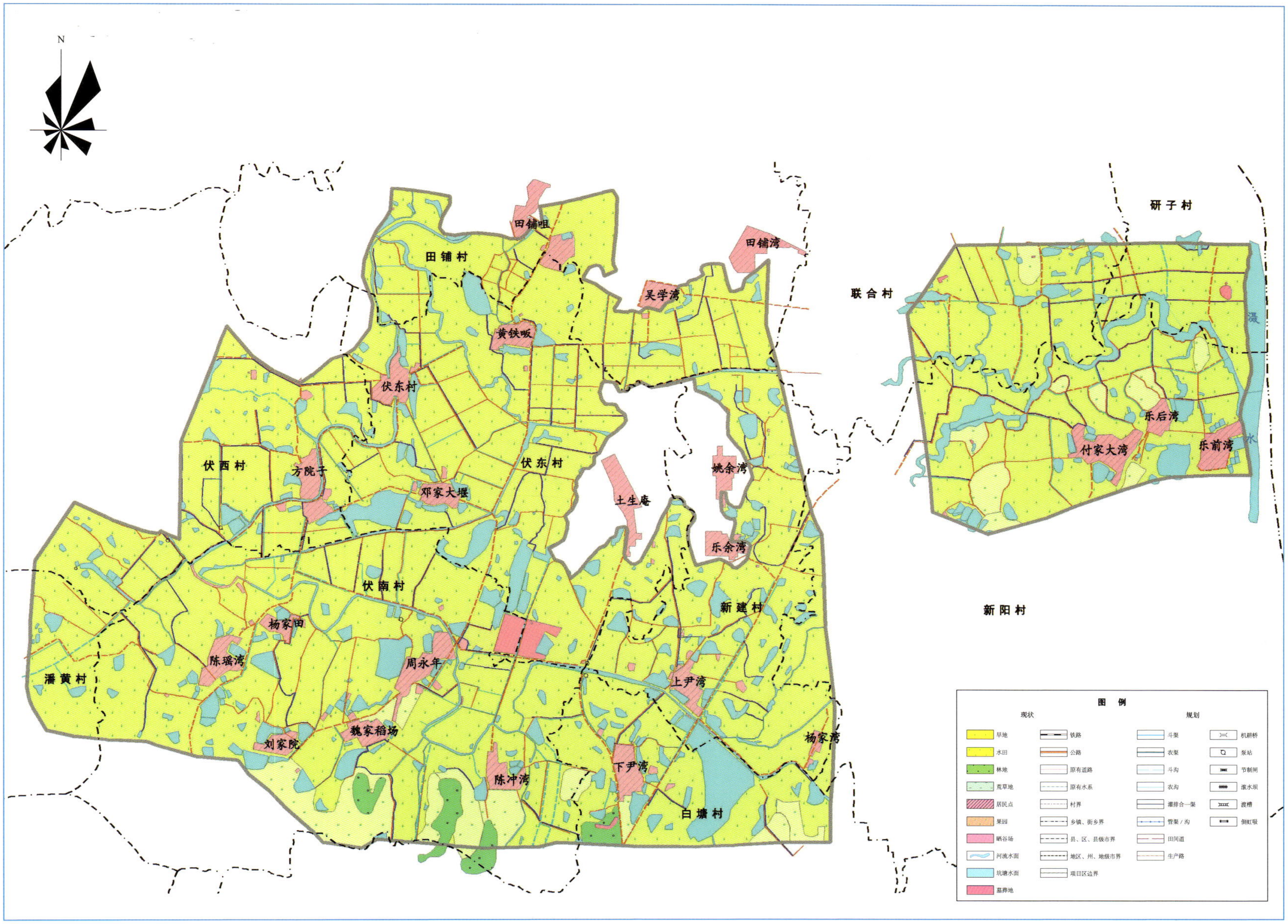
N
研子村
田铺咀
田铺湾
田铺村
吴学湾
联合村
黄铁畈
伏东村
伏西村
方院子
伏东村
邓家大堰
土生庵
姚余湾
乐余湾
乐后湾
付家大湾
乐前湾
伏南村
新建村
新阳村
杨家田
陈瑶湾
周永年
潘黄村
上尹湾
魏家稻场
刘家院
杨家湾
陈冲湾
下尹湾
白塘村
图例
现状
规划
旱地
水田
林地
荒草地
居民点
果园
晒谷场
河流水面
坑塘水面
墓葬地
铁路
公路
原有道路
原有水系
村界
乡镇、街乡界
县、区、县级市界
地区、州、地级市界
项目区边界
斗渠
农渠
斗沟
农沟
灌排合一渠
管渠 / 沟
田间道
生产路
机耕桥
泵站
节制闸
滚水坝
渡槽
倒虹吸

# 项目建后实景图

罗汉寺伏马项目新建村坑塘护砌

罗汉寺伏马项目伏南村新建农渠

罗汉寺伏马项目新阳村新建泵站

罗汉寺伏马项目水泥田间道

# HP03

## 黄陂区大潭原种场、三里镇童门、武湖农场高车分场基本农田土地整理项目

### 项目基本情况

**立 项 时 间：** 2004年12月　**验 收 时 间：** 2011年12月　**项 目 类 型：** 基本农田整治

**投 资 金 额：** 3190万元　**资 金 来 源：** 国家新增费　**建 设 规 模：** 27875亩

**建 设 地 点：** 武汉市黄陂区大潭原种场、三里镇童门、武湖农场高车分场

**规划设计单位：** 武汉永业赛博能规划勘测有限公司

**工程监理单位：** 湖北汉川环宇建设工程监理有限责任公司

**工程施工单位：** 武汉华源电力建筑工程有限公司、武汉中生建工集团有限公司、湖北省天昊建设工程有限公司、武汉市城安建筑有限公司、武汉第一建工集团有限公司、武汉市十建集团有限公司、武汉傅友建设集团有限公司、武汉市黄陂区水利建筑安装工程公司、武汉市武湖建筑工程公司、湖北工程建设总承包有限公司、武汉市黄陂区三里建筑公司、武汉亨发建筑安装工程有限公司、武汉市金盛建筑装饰工程有限公司、钟祥市第一建筑工程有限公司

**项目建设成果：**

1. 土地平整工程：平整面积约103公顷、土方量约12万立方米，废坑塘填埋约13万平方米；

2. 农田水利工程：新建斗渠21135米，新建农渠52029米，修复斗渠9258米，新建斗沟14122米，修复斗沟24921米，新建农沟29594米，砖砌农渠1502米，U形渠530米，新建泵站35座，修复泵站1座，泵房1座，分水闸、节制闸219处，铸铁涵闸12座，农涵7804.2米，盖板459块；

3. 田间道路工程：修复田间路14984米，新建生产路54465米，新建田间路49949米，土机耕路810米，机耕桥16座，人行桥47座。

# 项目竣工图

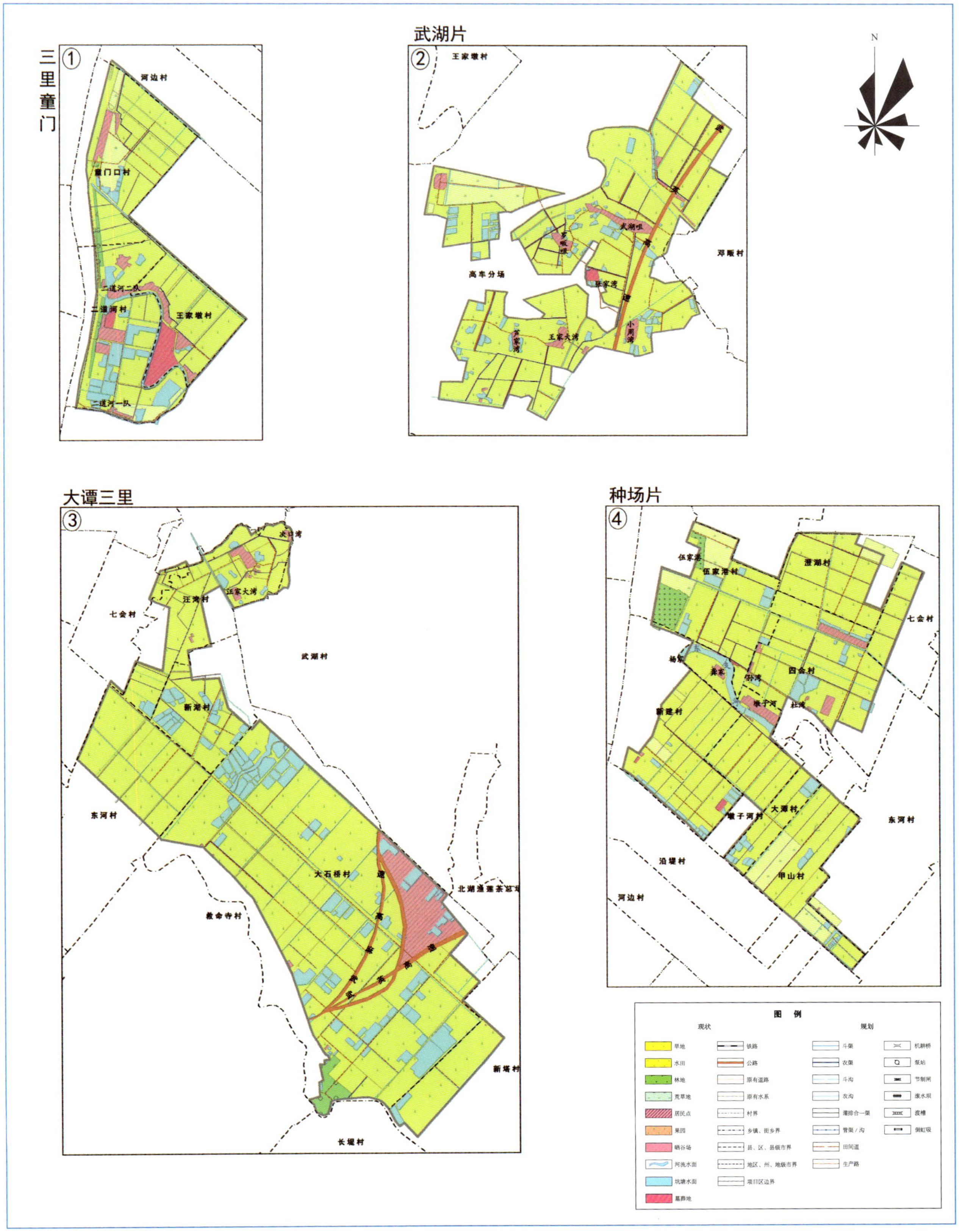
三里童门
①
河边村
童门口村
二道河二队
二道河村
王家墩村
二道河一队
武湖片
②
王家墩村
邓畈村
高车分场
张家湾
王家大湾
大谭三里
③
七会村
汪湾村
汪家大湾
武湖村
新湖村
东河村
大石桥村
救命寺村
新塔村
长堤村
种场片
④
伍家湾
澄湖村
七会村
四合村
新建村
大湖村
东河村
沿堤村
河边村
甲山村
N
图 例
现状
规划
旱地
水田
林地
荒草地
居民点
果园
晒谷场
河流水面
坑塘水面
墓葬地
铁路
公路
原有道路
原有水系
村界
乡镇、街乡界
县、区、县级市界
地区、州、地级市界
项目区边界
斗渠
农渠
斗沟
农沟
灌排合一渠
田间道
生产路
机耕桥
泵站
节制闸
渡槽
倒虹吸

# 项目建后实景图

大潭原种场项目土地平整

大潭原种场项目澄湖村新建水泥路、过路涵

大潭原种场项目机耕桥

大潭原种场项目大潭村新建节制闸、斗沟护砌

大潭原种场项目七会村坑塘清淤护砌

# HP04

## 黄陂区前川街
## 基本农田土地整理项目

### 项目基本情况

**立 项 时 间：**2005 年 4 月

**验 收 时 间：**2011 年 12 月

**项 目 类 型：**基本农田整治

**投 资 金 额：**624 万元

**资 金 来 源：**省级新增费

**建 设 规 模：**5197 亩

**建 设 地 点：**武汉市黄陂区前川街

**规划设计单位：**武汉永业赛博能信息科技有限公司

**工程监理单位：**湖北汉川环宇建设工程监理有限责任公司

**工程施工单位：**武汉市第五建工集团有限公司、武汉市第三建工集团有限公司

**项目建设成果：**

1. 土地平整工程：平整面积约 19 公顷、土方量约 5 万立方米；

2. 农田水利工程：修复斗渠 1259 米，修复农渠 1147 米，修复农沟 281 米，新建规划斗渠 6571 米，规划斗沟 2345 米，规划农沟 10199 米，规划农渠 10410 米，修复斗沟 1247 米，农涵 1244 米，节制闸、分水闸 156 个，泵站 6 座，出水池 2 个，盖板 595 块；

3. 田间道路工程：修复田间道 5118 米，新建田间道 6778 米，修建生产路 5064 米，人行桥 2 座。

## 项目竣工图

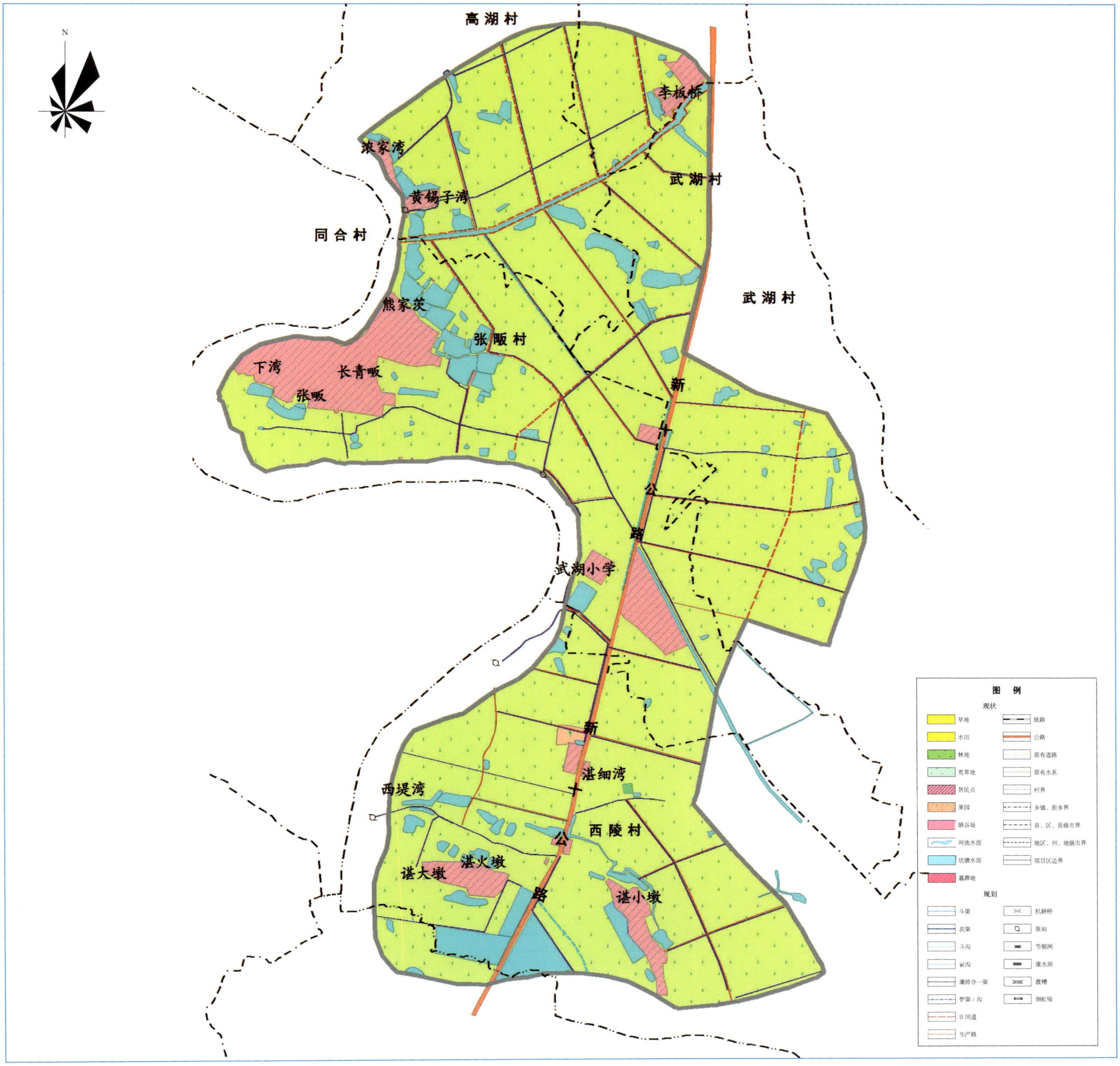
N
高湖村
李板桥
涨家湾
黄锡子湾
同合村
武湖村
武湖村
熊家茨
张畈村
下湾
长青畈
张畈
新
十
公
路
武湖小学
新
湛细湾
十
公
路
西堤湾
西陵村
谌火墩
谌大墩
谌小墩
图 例
现状
旱地
水田
林地
荒草地
居民点
果园
晒谷场
河流水面
坑塘水面
墓葬地
铁路
公路
原有道路
原有水系
村界
乡镇、街乡界
县、区、县级市界
地区、州、地级市界
项目区边界
规划
斗渠
农渠
斗沟
农沟
灌排合一渠
管渠 / 沟
田间道
生产路
机耕桥
泵站
节制闸
滚水坝
渡槽
倒虹吸

# 项目建后实景图

前川街项目平整格田、毛沟

前川街项目沙畈村水泥路、硬化农沟、土地平整

前川街项目当家塘坑塘清淤护砌

前川街项目高湖村新建农沟、水泥田间道

前川街项目高湖村泥结石生产路

# HP05

## 黄陂区王家河镇 基本农田土地整理项目

### 项目基本情况

**立项时间：**2006年1月

**验收时间：**2012年12月

**项目类型：**基本农田整治

**投资金额：**2128万元

**资金来源：**国家新增费

**建设规模：**13790亩

**建设地点：**武汉市黄陂区王家河镇

**规划设计单位：**武汉永业赛博能规划勘测有限公司

**工程监理单位：**荆门华禹工程咨询有限公司

**工程施工单位：**湖北禹龙水利水电工程有限公司、湖北水总水利水电建设股份有限公司

**项目建设成果：**

1. 土地平整工程：平整面积约558公顷、土方量约280万立方米，坑塘填埋约4万立方米；

2. 农田水利工程：新建斗渠2592米，新建农渠12194米，修复农渠2077米，修复斗沟3120米，新建斗沟2199米，修复台渠943米，修复排灌台渠14562米，新增农沟18557米，修复农沟982米，节制闸、分水闸9座，泵站13座，农涵4294米，倒虹吸12处；

3. 田间道路工程：新建田间路11771米，新建生产路34142米，机耕桥7座，人行桥24座，过路盖板615处。

# 项目竣工图

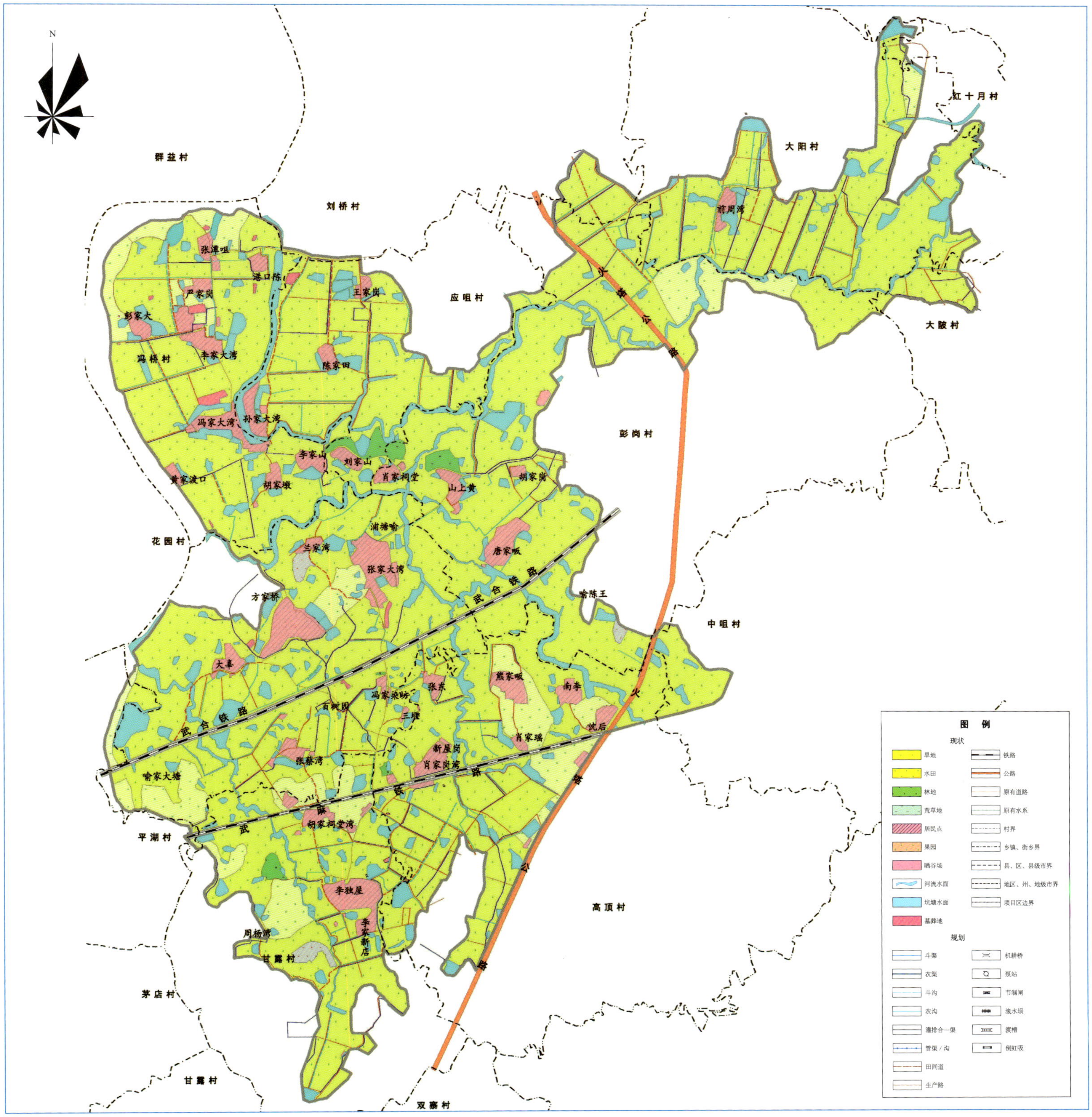
N
群益村
刘桥村
应咀村
大阳村
红十月村
大陂村
彭岗村
花园村
中咀村
平湖村
高顶村
茅店村
甘露村
双寨村
张潭咀
港口陈
严家岗
王家岗
彭家大
冯桥村
李家大湾
陈家田
冯家大湾
孙家大湾
李家山
刘家山
黄家渡口
胡家墩
肖家祠堂
山上黄
胡家岗
前周湾
浦塘喻
兰家湾
唐家畈
张家大湾
方家桥
喻陈王
武合铁路
大垄
熊家畈
张东
冯家染坊
南李
百树园
三堰
沈后
新屋岗
肖家瑶
张蔡湾
肖家岗湾
喻家大塘
武麻铁路
胡家祠堂湾
李独屋
周杨湾
李家新店
甘露村
图例
现状
旱地
水田
林地
荒草地
居民点
果园
晒谷场
河流水面
坑塘水面
墓葬地
铁路
公路
原有道路
原有水系
村界
乡镇、街乡界
县、区、县级市界
地区、州、地级市界
项目区边界
规划
斗渠
农渠
斗沟
农沟
灌排合一渠
管渠 / 沟
田间道
生产路
机耕桥
泵站
节制闸
滚水坝
渡槽
倒虹吸

# 项目建后实景图

王家河基本农田项目新建斗沟、水泥田间道

王家河基本农田项目泥结石田间道

王家河基本农田项目新修农渠

王家河基本农田项目清河村硬化田间道和农沟

# HP06

## 黄陂区三里等 3 个镇 基本农田土地整理项目

### 项目基本情况

**立 项 时 间：**2008 年 5 月

**验 收 时 间：**2015 年 12 月

**项 目 类 型：**基本农田整治

**投 资 金 额：**1802 万元

**资 金 来 源：**省级新增费

**建 设 规 模：**12628 亩

**建 设 地 点：**武汉市黄陂区三里镇、六指镇

**规划设计单位：**武汉大学资源与环境科学学院

**工程监理单位：**襄樊市大正工程建设监理有限责任公司

**工程施工单位：**武汉市第五建工集团有限公司、武汉中生建工集团有限公司、武汉市黄陂区水利建筑安装工程公司、武汉市双凤亭建筑安装有限公司、湖北新六建集团有限公司

**项目建设成果：**

1. 农田水利工程：平整面积约 83 公顷、土方量约 50 万立方米，废坑填埋约 3 万平方米；

2. 农田水利工程：新修农渠 19671 米，新修斗渠 897 米，新修农沟 14637 米，硬化沟 49 米，农沟清淤 28485 米，泵站 4 座，拦水坝 1 座，农涵 1348 米，倒虹吸 12 处；

3. 田间道路工程：修复田间道 1446 米，新建田间道 16442 米，新修生产路 19803 米，新建水泥路 15034 米，机耕桥 8 座，下田坡道 202 处；

4. 其他工程：植树 550 株，硬化晒场 2234 平方米。

# 项目竣工图

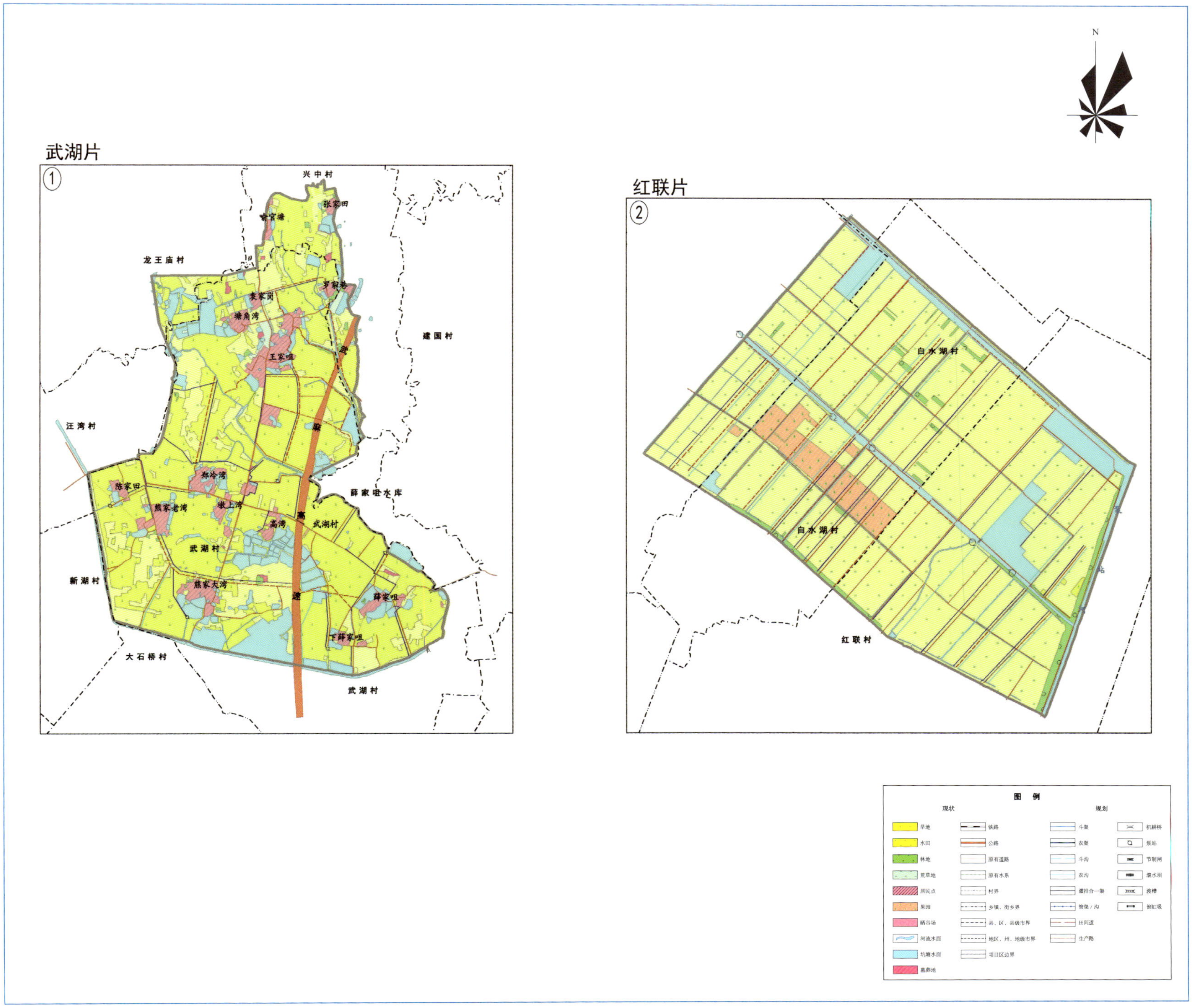
N
武湖片
①
兴中村
张家田
喻家墙
龙王庙村
罗家巷
袁家岗
墙角湾
王家咀
建国村
汪湾村
郑冷湾
陈家田
熊家老湾
墩上湾
薛家咀水库
高湾
武湖村
高
速
新湖村
熊家大湾
薛家咀
下薛家咀
大石桥村
武湖村
红联片
②
白水湖村
白水湖村
红联村
图 例
现状
规划
旱地
水田
林地
荒草地
居民点
果园
晒谷场
河流水面
坑塘水面
墓葬地
铁路
公路
原有道路
原有水系
村界
乡镇、街乡界
县、区、县级市界
地区、州、地级市界
项目区边界
斗渠
农渠
斗沟
农沟
灌排合一渠
管渠 / 沟
田间道
生产路
机耕桥
泵站
节制闸
滚水坝
渡槽
倒虹吸

# 项目建后实景图

三里等三镇基本农田项目武湖村新建水泥路

三里等三镇基本农田项目邓畈村新建晒场

三里等三镇基本农田项目武湖村新建农沟

三里等三镇基本农田项目武湖村组新建泵站

三里等三镇基本农田项目邓畈村河道护砌

# HP07

## 黄陂区
## 高产农田建设示范工程项目

### 项目基本情况

**立项时间：**2008年6月　**验收时间：**2013年12月　**项目类型：**示范工程

**投资金额：**11583万元　**资金来源：**省级新增费　**建设规模：**50000亩

**建设地点：**武汉市黄陂区绕城公路两侧

**规划设计单位：**湖北永业行房地产评估咨询有限公司

**工程监理单位：**襄阳华罡项目管理有限公司

**工程施工单位：**宜昌市方源水利水电工程有限公司、湖北新六建设集团有限公司、荆门市金茂住宅建设有限公司、湖北江城建筑安装工程有限公司、湖北中民建筑工程有限公司、随州市兴二建筑工程有限公司、湖北三江航天建筑工程有限公司、武汉市黄陂区水利建筑安装工程公司、湖北新地建设有限公司、宜昌楚天建筑工程有限公司、随州市兴一建筑有限公司、荆门市建筑工程总公司、武汉市盘龙明达建筑有限公司、宜昌新奥建筑有限责任公司、武汉第五建工集团有限公司

**项目建设成果：**

1. 土地平整工程：平整面积约1263公顷、土方量约596万立方米，坑塘填埋约29万立方米；
2. 农田水利工程：新建斗渠25340米，新建农渠32686米，新建农沟50117米，修复农渠1432米，修复斗渠5888米，灌排合一渠1614米，新建农沟49233米，修复农沟10239米，修复斗沟3345米，新建台渠1137米，修复台渠3964米，新建排水沟233米，农沟32496米，新建泵站24座，修复泵站1座，分水闸、节制闸417座，坑塘清淤268万立方米，倒虹吸104米，溢流坝4座；
3. 田间道路工程：新建田间道11948米，修复田间道28947米，新建生产路77529米，修复生产路5517米，新建水泥路28503米，8米宽道路13271米，8米路拓宽11120米；公路桥8座，机耕桥4座，人行桥53座，管涵桥2座；
4. 其他工程：新修晒场9396平方米。

# 项目竣工图

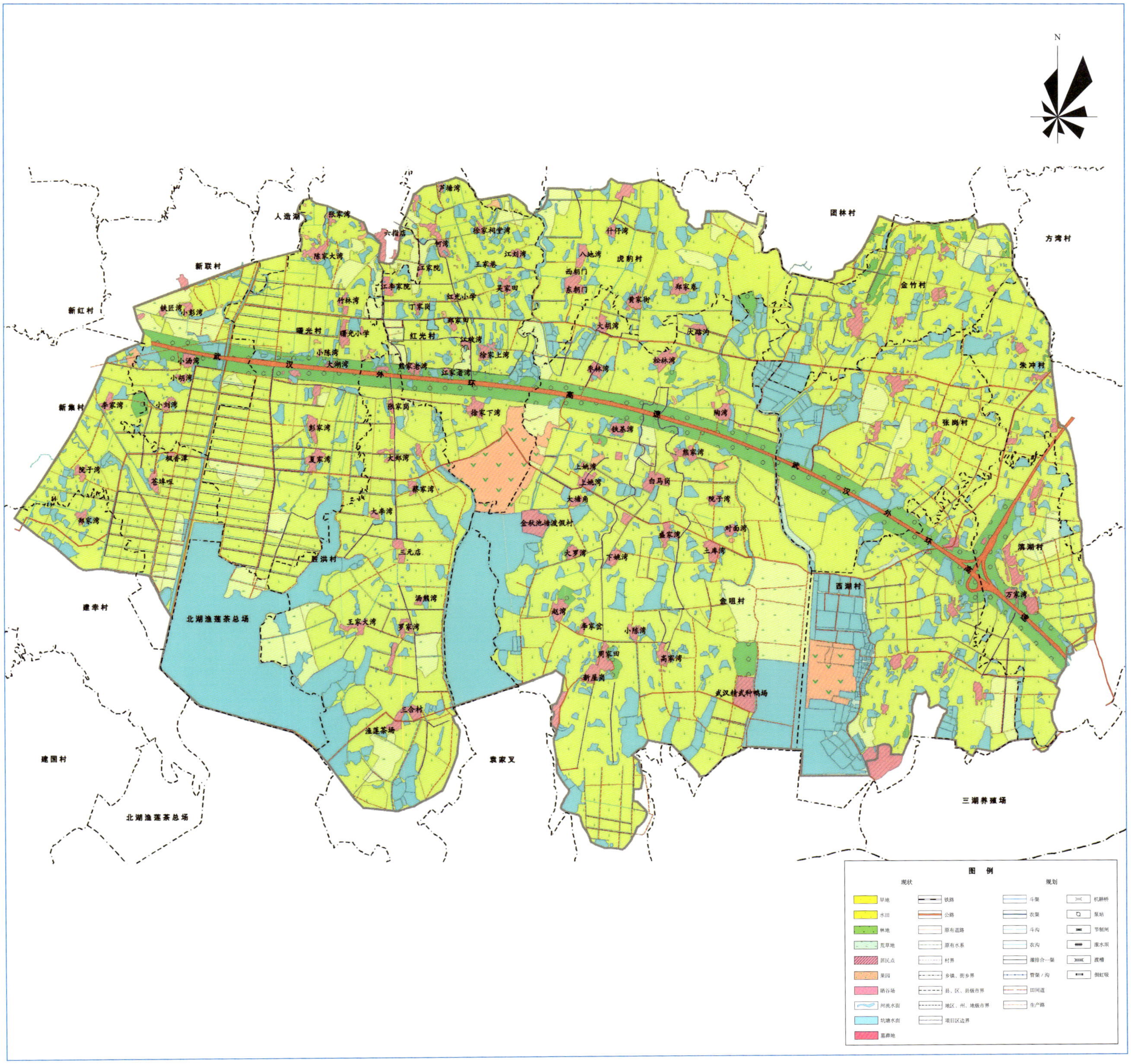
N
新联村
新红村
新集村
建幸村
建国村
北湖渔莲茶总场
北湖渔莲茶总场
袁家叉
团林村
方湾村
三湖养殖场
金竹村
张冲村
张岗村
滠湖村
万家湾
西湖村
金咀村
武汉精武种鸭场
三合村
渔莲茶场
武汉外环高速
图例
现状
规划
旱地
水田
林地
荒草地
居民点
果园
晒谷场
河流水面
坑塘水面
墓葬地
铁路
公路
原有道路
原有水系
村界
乡镇、街乡界
县、区、县级市界
地区、州、地级市界
项目区边界
斗渠
农渠
斗沟
农沟
灌排合一渠
管渠 / 沟
田间道
生产路
机耕桥
泵站
节制闸
滚水坝
渡槽
倒虹吸

# 项目建后实景图

高产示范项目土地平整区农户劳作

高产示范项目红光村新建水泥路

高产示范项目新修泵站

高产示范项目红光村二组新建农渠

高产示范项目新联村新建 8 米 2 跨机耕桥

# HP08

## 黄陂区六指街
## 新农村试点土地整理项目

### 项目基本情况

**立 项 时 间：**2009 年 12 月

**验 收 时 间：**2015 年 12 月

**项 目 类 型：**新农村试点

**投 资 金 额：**2476 万元

**资 金 来 源：**省级新增费

**建 设 规 模：**9993 亩

**建 设 地 点：**武汉市黄陂区六指街新

**规划设计单位：**武汉中盛地产评估咨询公司

**工程监理单位：**襄阳华罡项目管理有限公司

**工程施工单位：**湖北新阳市政工程有限公司、武汉天然建工集团有限公司、武汉九州兴建设有限公司、湖北禹宏工程建设有限公司、武汉群鑫市政工程有限公司、湖北欣海建设工程有限公司

**项目建设成果：**

1. 土地平整工程：田块平整约 28 公顷、土方量约 202 万立方米，坑塘填埋约 7 万立方米；

2. 农田水利工程：新建农渠 2561 米，修复农渠 1305 米，新建斗渠 4015 米，新建农沟 19884 米，修复斗沟 1429 米，泵站 3 座，溢流坝 1 座；农涵 2579 米；

3. 田间道路工程：新建田间道 18005 米，修复田间道 1414 米，新建生产路 9519 米，修复生产路 680 米，水泥路 5450 米，错车道 11 处，机耕桥 6 座，人行桥 1 座；

4. 其他工程：种植防护林 3795 株，新修晒场 12334 平方米，厕所 2 座，文化设施 2 处。

# 项目竣工图

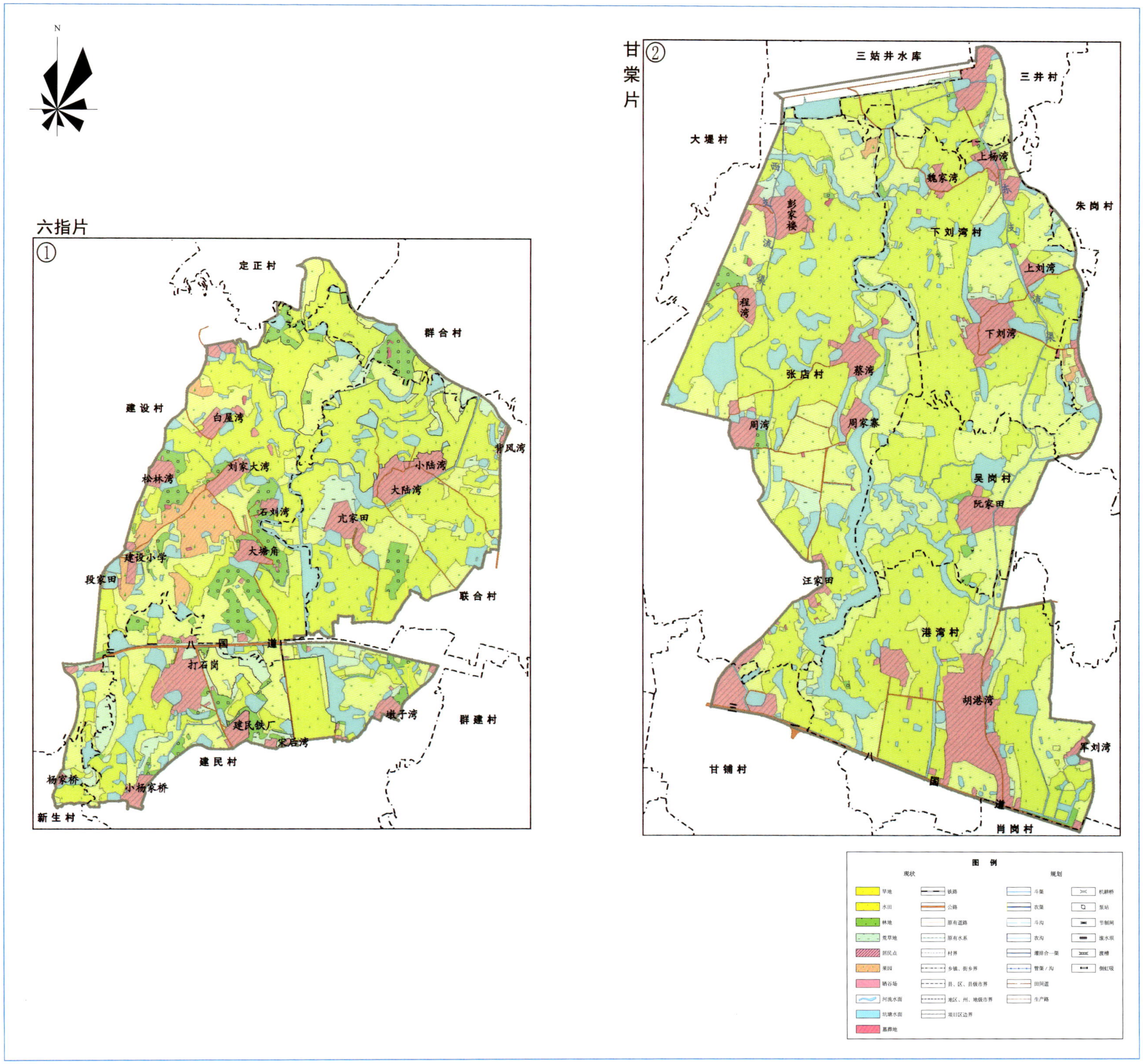
N
六指片
①
定正村
群合村
建设村
白屋湾
背风湾
刘家大湾
小陆湾
桧林湾
大陆湾
石刘湾
亢家田
大塘角
建设小学
段家田
联合村
三一八国道
打石岗
嵌子湾
群建村
建民铁厂
宋后湾
建民村
杨家桥
小杨家桥
新生村
甘棠片
②
三姑井水库
三井村
大堤村
上杨湾
魏家湾
彭家楼
朱岗村
下刘湾村
上刘湾
程湾
下刘湾
张店村
蔡湾
周湾
周家寨
吴岗村
阮家田
汪家田
港湾村
胡港湾
军刘湾
甘铺村
肖岗村
图例
现状
规划
旱地
水田
林地
荒草地
居民点
果园
晒谷场
河流水面
坑塘水面
墓葬地
铁路
公路
原有道路
原有水系
村界
乡镇、街乡界
县、区、县级市界
地区、州、地级市界
项目区边界
斗渠
农渠
斗沟
农沟
灌排合一渠
管渠／沟
田间道
生产路
机耕桥
泵站
节制闸
溢水坝
渡槽
倒虹吸

# 项目建后实景图

六指新农村项目水泥路、土地平整

六指新农村项目标识牌与水泥路

六指新农村项目吴岗村新建机耕桥

六指新农村项目张店村新建沟渠

六指新农村项目张店村河道护砌

# HP09

## 黄陂区
## 移民安置土地整理项目

### 项目基本情况

**立项时间：**2010年2月

**验收时间：**2012年9月

**项目类型：**移民安置工程

**投资金额：**522万元

**资金来源：**省级新增费

**建设规模：**1810亩

**建设地点：**武汉市黄陂区六指街、三里镇和大潭原种场

**规划设计单位：**湖北中盛地产评估咨询有限公司

**工程监理单位：**襄樊市华罡工程建设监理有限公司

**工程施工单位：**武汉市日月星建筑工程公司、武汉市武湖工程建筑有限公司、武汉市安凤亭建筑安装有限公司

**项目建设成果：**

1. 土地平整工程：平整面积约64公顷、土方量约39万立方米，坑塘填埋约5万立方米，土地翻耕约11公顷；

2. 农田水利工程：新建斗渠1449米，新建农渠319377米，修复斗渠411米，坑塘清淤25066立方米，坑塘护砌24152平方米；

3. 田间道路工程：新建田间道5150米，修复田间道4154米，新建生产路947米，新建水泥路1083米；农涵188米，泵站1座；

4. 其他工程：植树3388株。

# 项目竣工图

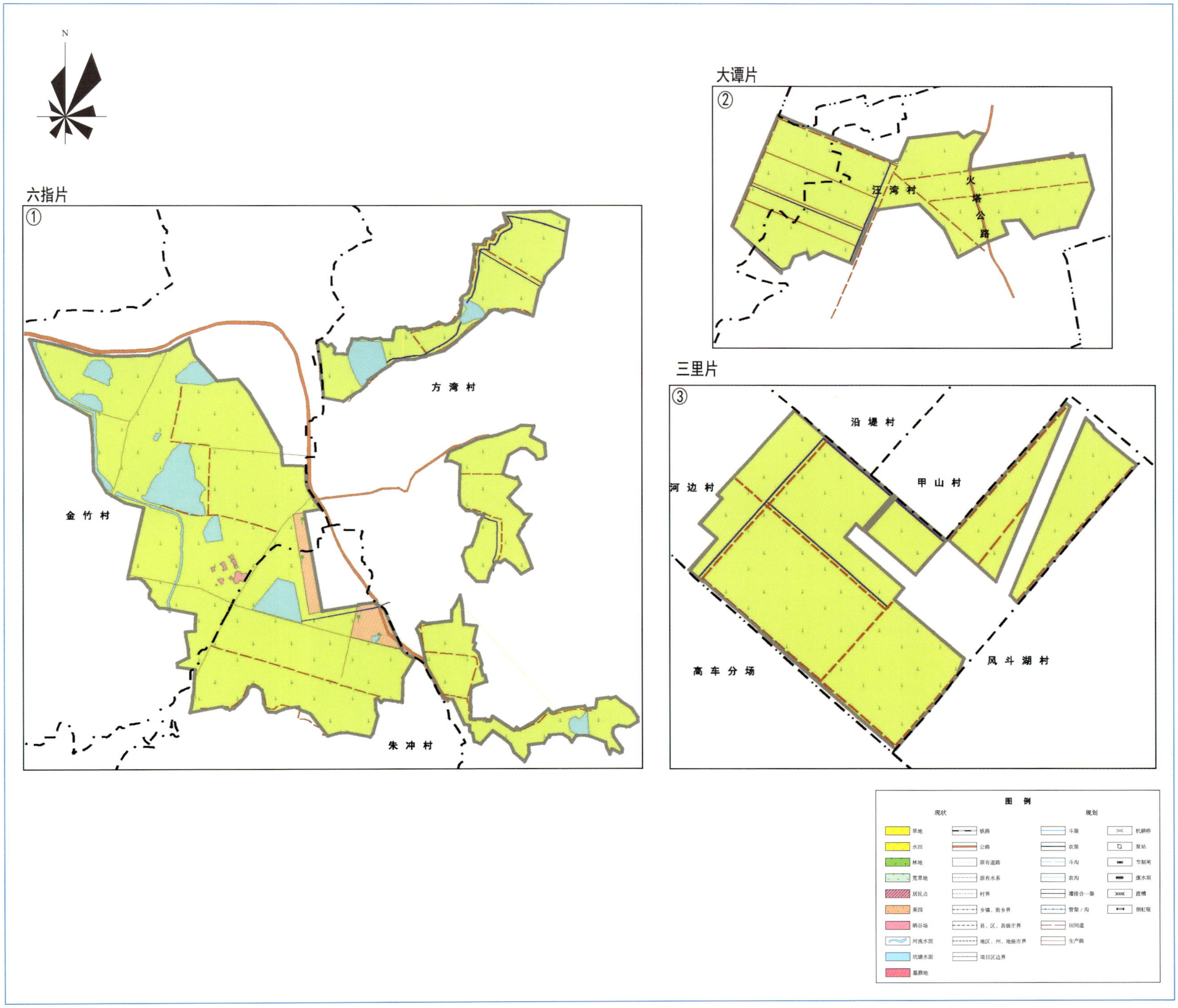
N
六指片
①
方湾村
金竹村
朱冲村
大谭片
②
汪湾村
火塔公路
三里片
③
沿堤村
河边村
甲山村
高车分场
风斗湖村
图例
现状
规划
旱地
水田
林地
荒草地
居民点
果园
晒谷场
河流水面
坑塘水面
墓葬地
铁路
公路
原有道路
原有水系
村界
乡镇、街乡界
县、区、县级市界
地区、州、地级市界
项目区边界
斗渠
农渠
斗沟
农沟
灌排合一渠
管渠 / 沟
田间道
生产路
机耕桥
泵站
节制闸
滚水坝
渡槽
倒虹吸

# 项目建后实景图

黄陂移民安置项目村庄整治

黄陂移民安置项目农民种植浇水

黄陂移民安置项目新博村新建水泥路

黄陂移民安置项目土地平整、新建农沟、生产路

黄陂移民安置项目新博村新建斗沟

# HP10

## 黄陂区蔡家榨镇
## 基本农田土地整理项目

### 项目基本情况

**立项时间：**2011年12月

**验收时间：**2016年10月

**项目类型：**基本农田整治

**投资金额：**3654万元

**资金来源：**省级新增费

**建设规模：**14964亩

**建设地点：**武汉市黄陂区蔡家榨

**规划设计单位：**武汉联众拓普土地利用科技有限公司

**工程监理单位：**襄阳华罡项目管理有限公司

**工程施工单位：**湖北全州扬子江建设工程有限公司；武汉市政特种集团有限公司；武汉市傅友建设集团有限公司；湖北麻一建设有限公司

**项目建设成果：**

1. 土地平整工程：平整面积约235公顷、土方量约112万立方米，土地翻耕约6公顷，坑塘填埋约1万立方米；

2. 农田水利工程：清淤坑塘53万平方米，坑塘护砌8663米，新建坑塘泄洪口2处，新建斗渠1657米，修复斗渠913米，修复灌排渠7815米，新建灌排斗渠6305米，新建T形渠61米，新建农渠76788米，修复农渠3712米，修复斗沟693米，新建农沟11816米，沟渠清淤2264米，新建涵管1243座，新建溢流坝3座，新建分水口449座，新建人行桥81处，新建泵站13座，新建跌水24处；

3. 田间道路工程：新建田间道15201米，修复田间道7956米，新建生产路26227米，修复生产路7006米，新建水泥路6398米，修复水泥路5325米，新建机耕桥（漫水桥）7座，新建下田涵138处；

4. 其他工程：新建晒场21963平方米。

# 项目竣工图

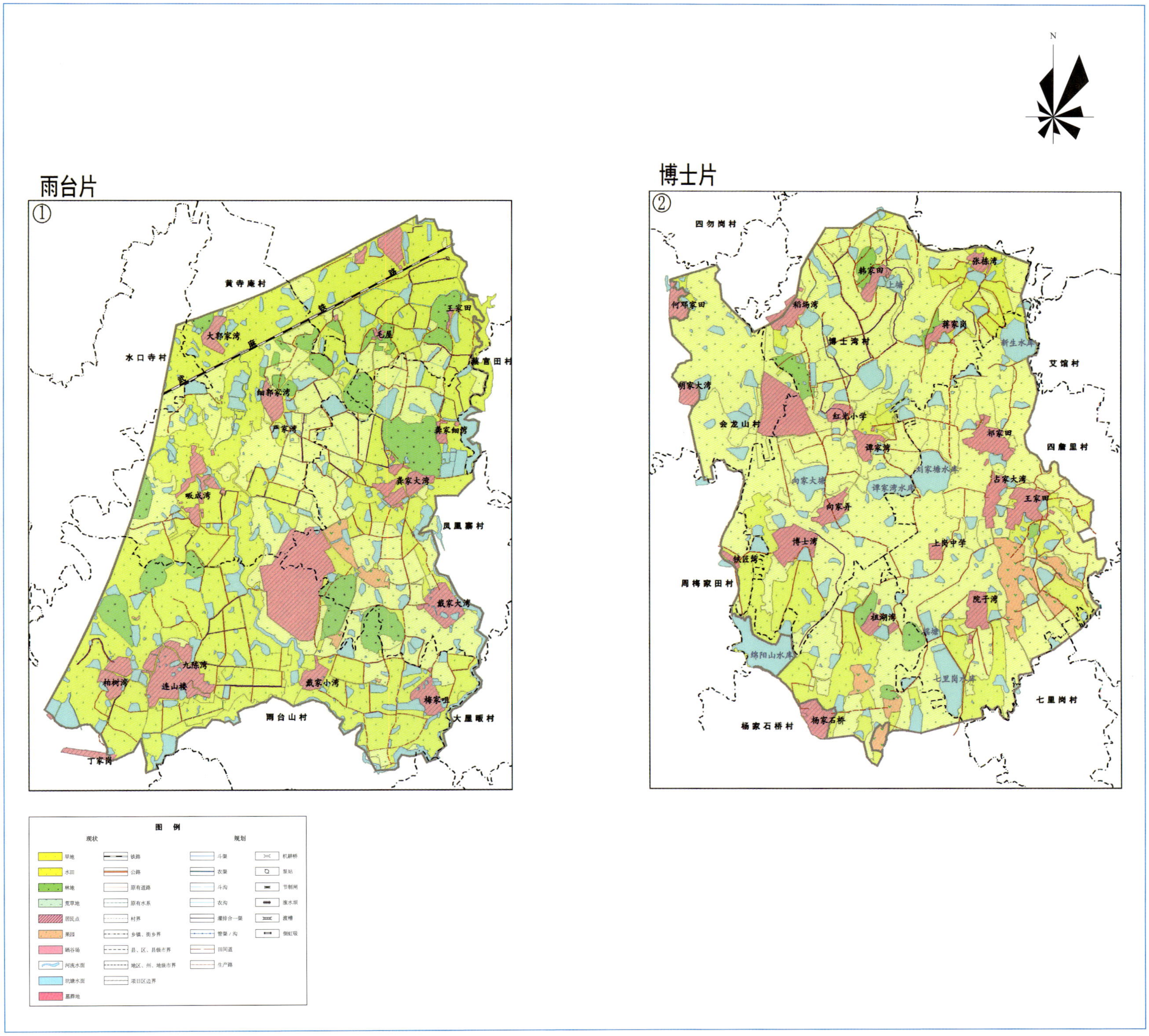
N
雨台片
①
黄寺庵村
水口寺村
大郭家湾
王家田
毛屋
蔡官田村
细郭家湾
严家湾
龚家细湾
龚家大湾
畈底湾
凤凰寨村
戴家大湾
九陈湾
柏树湾
连山楼
戴家小湾
梅家咀
雨台山村
大星畈村
丁家岗
博士片
②
四勿岗村
韩家田
张铎湾
何邓家田
稻场湾
蒋家岗
博士湾村
新生水库
艾馆村
胡家大湾
会龙山村
红光小学
祁家田
谭家湾
四房里村
向家大塘
刘家塘水库
占家大湾
谭家湾水库
向家弄
王家田
博士湾
上岗中学
铁匠垴
周梅家田村
院子湾
祖湖湾
细阳山水库
七里岗水库
七里岗村
杨家石桥村
杨家石桥
图 例
现状
规划

# 项目建后实景图

蔡家榨基本农田项目雨台村生产路、土地平整

蔡家榨基本农田项目凤凰寨村标识牌与新建水

蔡家榨基本农田项目新建泵站

蔡家榨基本农田项目凤凰寨村新建晒场

蔡家榨基本农田项目凤凰寨村机耕桥

蔡家榨基本农田项目土地平整后农民翻耕土地

# HP11

## 黄陂区祁家湾街
## 新农村建设试点土地整理项目

### 项目基本情况

**立 项 时 间：**2012 年 12 月

**验 收 时 间：**2016 年 11 月

**项 目 类 型：**新农村试点

**投 资 金 额：**396 万元

**资 金 来 源：**省级新增费

**建 设 规 模：**1635 亩

**建 设 地 点：**武汉市黄陂区祁家湾街

**规划设计单位：**湖北盛丰和勘测设计有限公司

**工程监理单位：**湖北楚元工程建设咨询有限公司

**工程施工单位：**武汉邦晟建筑工程有限公司

**项目建设成果：**

1. 土地平整工程：平整面积约 55 公顷、土方量约 13 万立方米，坑塘填埋约 2 万立方米；
2. 农田水利工程：坑塘清淤土方 6 万立方米，坑塘护砌 819 米，新建斗渠 293 米，新建农渠 225 米，新建斗沟 503 米，修复斗沟 820 米，修复斗沟护砌 661 米，新建农沟 282 米，新建涵管 88 座，新建分水闸 18 座，新建泵站 3 座；
3. 田间道路工程：新建田间道 452 米，修复田间道 265 米，新建水泥路 3120 米，新建机耕桥（涵桥）3 座；
4. 其他工程：新建晒谷场 1295 平方米。

# 项目竣工图

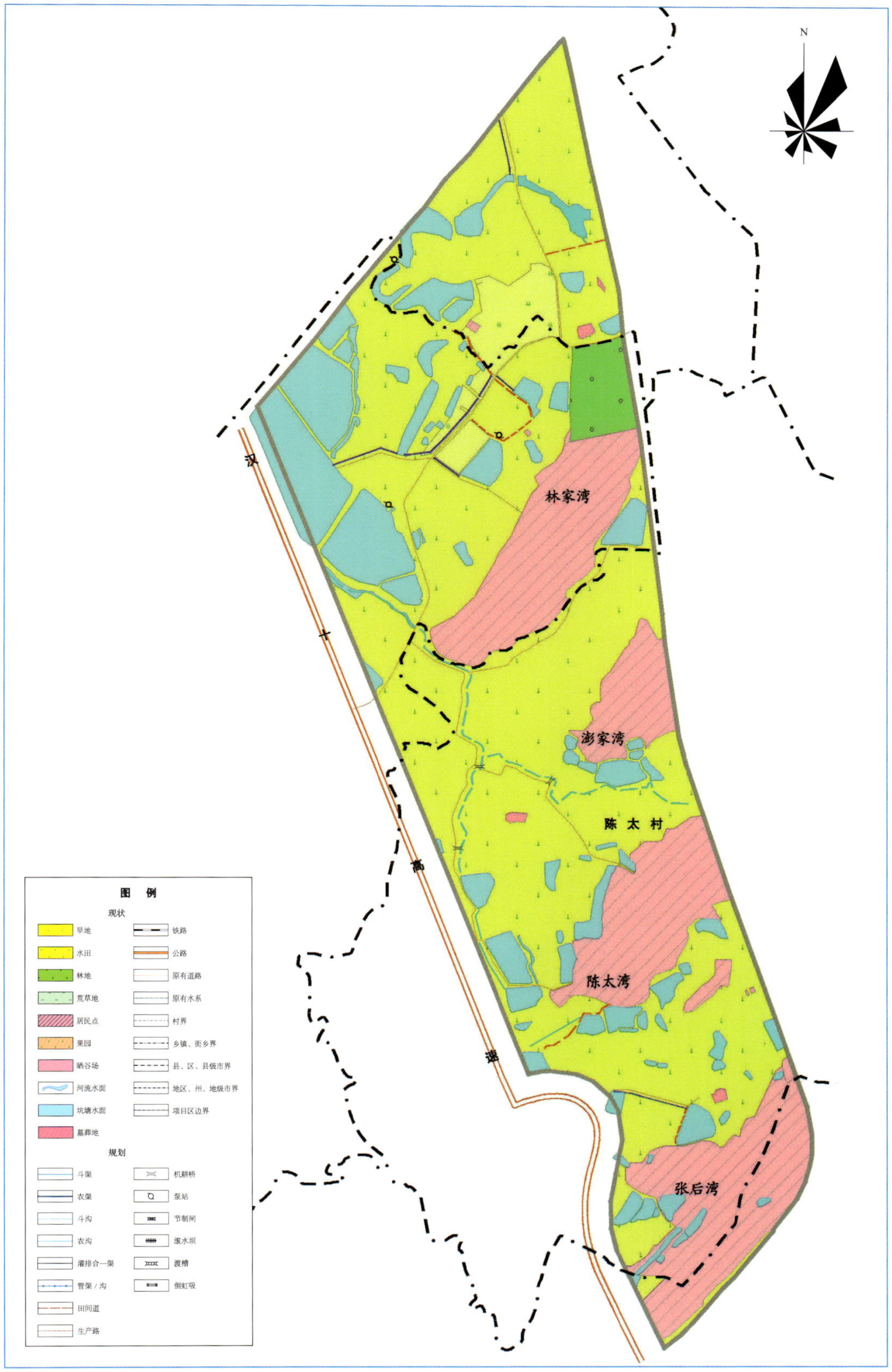
N
林家湾
澎家湾
陈 太 村
陈太湾
张后湾
汉
十
高
速
图 例
现状
旱地
水田
林地
荒草地
居民点
果园
晒谷场
河流水面
坑塘水面
墓葬地
铁路
公路
原有道路
原有水系
村界
乡镇、街乡界
县、区、县级市界
地区、州、地级市界
项目区边界
规划
斗渠
农渠
斗沟
农沟
灌排合一渠
管渠 / 沟
田间道
生产路
机耕桥
泵站
节制闸
滚水坝
渡槽
倒虹吸

# 项目建后实景图

祁家湾新农村项目陈太村村庄整治

祁家湾新农村项目水泥田间道、标识牌

祁家湾新农村项目李桥村田块平整

祁家湾新农村项目陈太村新建机耕桥

祁家湾新农村项目李桥村新建泵站

# HP12

## 黄陂区祁家湾街
## 基本农田土地整理项目

### 项目基本情况

**立 项 时 间：**2012年12月

**验 收 时 间：**2016年11月

**项 目 类 型：**基本农田整治

**投 资 金 额：**3340万元

**资 金 来 源：**省级新增费

**建 设 规 模：**13861.60亩

**建 设 地 点：**武汉市黄陂区祁家湾街

**规划设计单位：**武汉永业赛博能规划勘测有限公司

**工程监理单位：**湖北楚元工程建设咨询有限公司

**工程施工单位：**武汉第七建设集团有限公司、武汉鑫源建筑工程有限公司、武汉雅阁市政建设工程有限公司、武汉浩坤建设工程有限公司、武汉中生建工集团有限公司、湖北赛格尔市政工程有限公司

**项目建设成果：**

1. 土地平整工程：平整面积约412公顷、土方量约136万立方米；

2. 农田水利工程：坑塘清淤土方约51万立方米，坑塘护砌3386米，新建斗渠3920米，修复斗渠2579米，新建农渠28088米，修复农渠352米，修复引水渠915米，新建斗沟11298米，修复斗沟539米，新建农沟31229米，新建溢流坝1座，新建渠涵1126座，新建倒虹吸1座，新建节制闸2座，新建机耕桥（漫水桥）3座，新建人行桥（人行盖板）84处，新建泵站6座；

3. 田间道路工程：新建生产路26963米，修复生产路2869米，新建田间道13270米，修复田间道2580米，新建水泥路27927米，新建下田埠60处；

4. 其他工程：新建晒场19617平方米。

# 项目竣工图

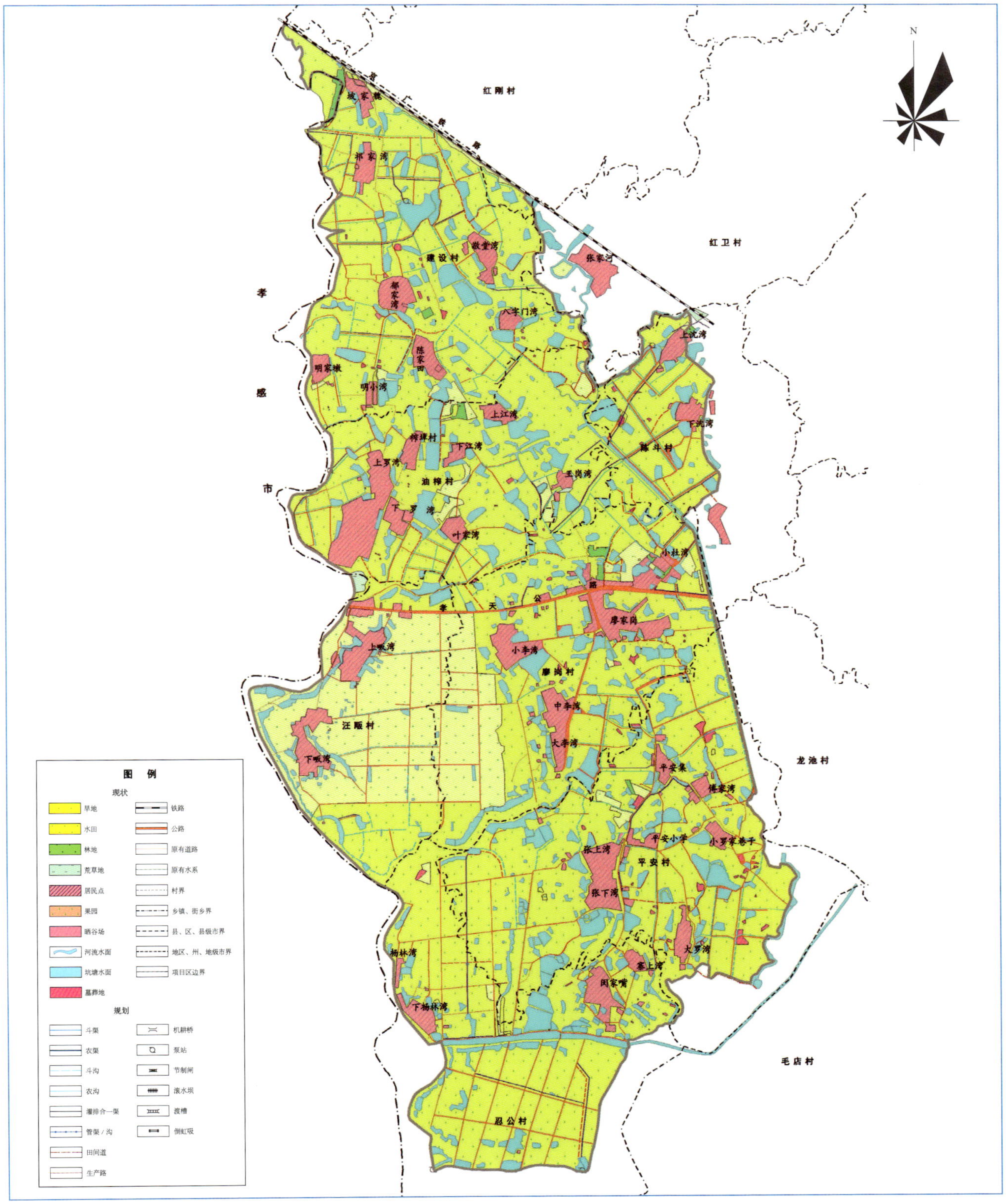

N
红刚村
红卫村
龙池村
毛店村
孝
感
市
建设村
油榨村
陈斗村
汪顺村
廖岗村
平安村
恩公村
图例
现状
旱地
水田
林地
荒草地
居民点
果园
晒谷场
河流水面
坑塘水面
墓葬地
铁路
公路
原有道路
原有水系
村界
乡镇、街乡界
县、区、县级市界
地区、州、地级市界
项目区边界
规划
斗渠
农渠
斗沟
农沟
灌排合一渠
管渠／沟
田间道
生产路
机耕桥
泵站
节制闸
滚水坝
渡槽
倒虹吸

# 项目建后实景图

祁家湾基本农田项目陈斗村水泥路、沟渠清淤

祁家湾基本农田项目陈斗村塘清淤护砌

祁家湾基本农田项目新建泵站

祁家湾基本农田项目陈斗村新建机耕桥

祁家湾基本农田项目陈斗村平整田块

# HP13

## 黄陂区蔡家榨街
## 韩集基本农田土地整理项目

### 项目基本情况

**立 项 时 间：** 2012年12月

**验 收 时 间：** 2016年7月

**项 目 类 型：** 基本农田整治

**投 资 金 额：** 3173万元

**资 金 来 源：** 省级新增费

**建 设 规 模：** 14608.05亩

**建 设 地 点：** 武汉市黄陂区蔡家榨街韩集、铁淋寨等10个行政村

**规划设计单位：** 武汉市规划研究院

**工程监理单位：** 襄阳华罡项目管理有限公司

**工程施工单位：** 武汉市宏业建设工程有限公司、武汉市硚口区市政工程总公司、武汉市培源建筑有限公司、武汉荣城建设集团有限公司、武汉九州兴建设集团有限公司、武汉古田建筑工程有限责任公司

**项目建设成果：**

1. 土地平整工程：平整面积约215公顷、土方量约91万立方米，土地翻耕约7公顷，田埂修筑约42234米，坑塘填埋约2万立方米；

2. 农田水利工程：坑塘清淤315816平方米，沟渠清淤12958米，新建斗渠3859米，修复斗渠4393米，新建农渠5647米，修复农渠1723米，修复斗沟1951米，新建农沟321米，修复农沟3962米，盖板沟734米，泵站9座，溢流坝2座，农涵4394米；

3. 田间道路工程：新建生产路23637米，修复生产路15352米，新建水泥路12679米，新建机耕桥10座，人行桥7座，新建机耕桥1座，修复机耕桥2座；

4. 其他工程：修建晒场27007平方米。

# 项目竣工图

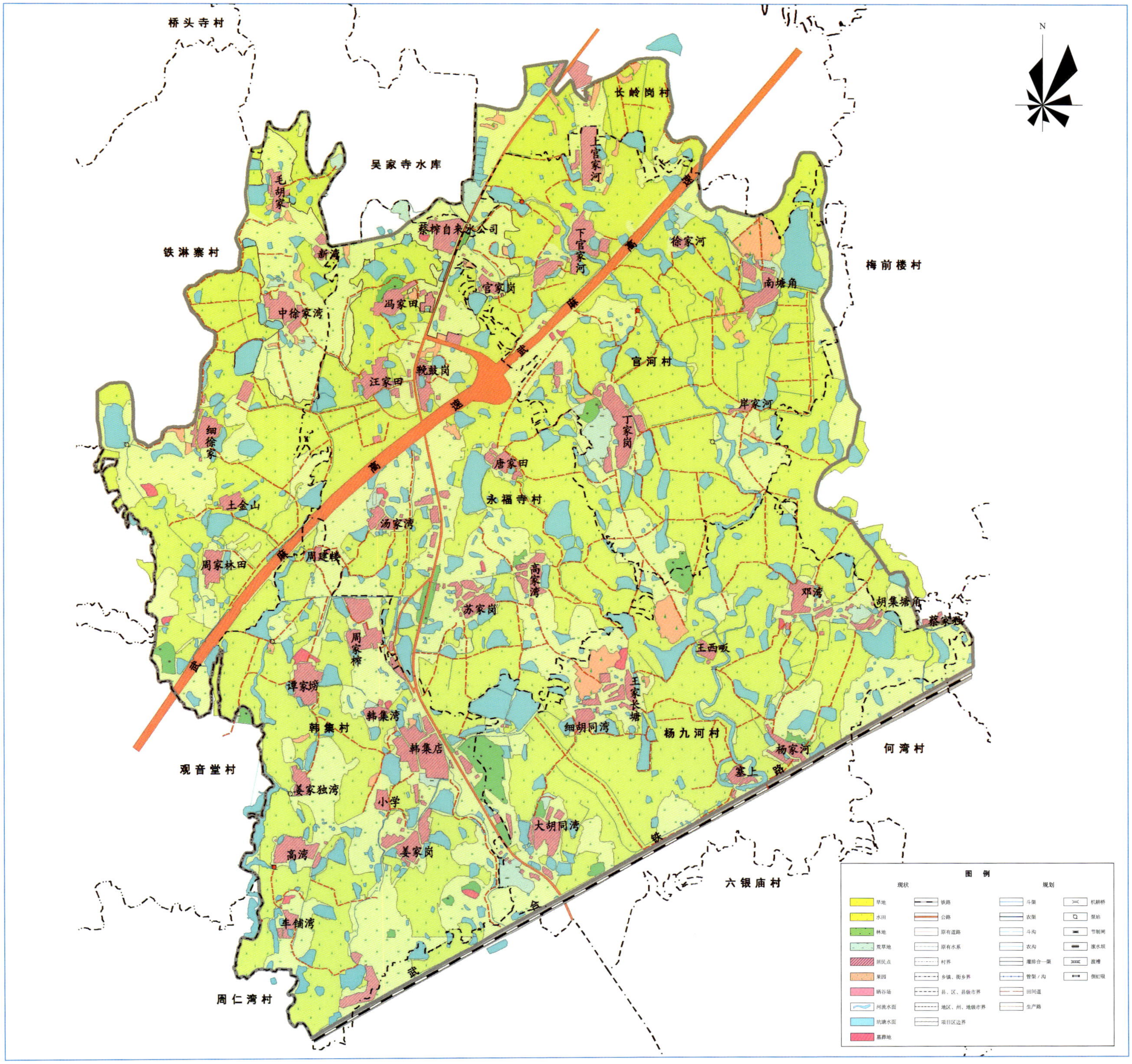
N
桥头寺村
吴家寺水库
铁淋寨村
毛胡家
新湾
蔡榨自来水公司
长岭岗村
上官家河
下官家河
徐家河
梅前楼村
南塘角
官家岗
冯家田
中徐家湾
汪家田
鞍鼓岗
官河村
岸家河
细徐家
丁家岗
唐家田
永福寺村
土金山
汤家湾
周家林田
周建楼
高家湾
苏家岗
邓湾
胡集塘角
蔡家戴
王西畈
周家榨
谭家塝
王家长塘
韩集湾
韩集村
细胡同湾
杨九河村
韩集店
杨家河
何湾村
塞上
观音堂村
姜家独湾
小学
大胡同湾
高湾
姜家岗
六银庙村
车铺湾
周仁湾村
武汉高速
图例
现状
规划
旱地
水田
林地
荒草地
居民点
果园
晒谷场
河流水面
坑塘水面
墓葬地
铁路
公路
原有道路
原有水系
村界
乡镇、街乡界
县、区、县级市界
地区、州、地级市界
项目区边界
斗渠
农渠
斗沟
农沟
灌排合一渠
管渠 / 沟
田间道
生产路
机耕桥
泵站
节制闸
滚水坝
渡槽
倒虹吸

# 项目建后实景图

蔡家榨韩集项目标识标牌与生产路

蔡家榨韩集项目官河村土地平整

蔡家榨韩集项目永福村沟渠护砌

蔡家榨韩集项目官河村新建机耕桥

蔡家榨韩集项目永福村坑塘清淤护砌

蔡家榨韩集项目永福村新建水泥路

# HP14

## 黄陂区李家集
## 白庙基本农田土地整理项目

### 项目基本情况

**立 项 时 间：** 2014 年 6 月

**验 收 时 间：** 2017 年 6 月

**项 目 类 型：** 基本农田整治

**投 资 金 额：** 2381 万元

**资 金 来 源：** 省级新增费

**建 设 规 模：** 9998 亩

**建 设 地 点：** 武汉市黄陂区李家集街

**规划设计单位：** 武汉市规划研究院

**工程监理单位：** 湖北路达胜工程技术咨询有限公司

**工程施工单位：** 武汉中生建工集团有限公司、武汉青开建设有限公司、湖北鼎新建设集团有限公司、湖北半球建设工程有限公司

**项目建设成果：**

1. 土地平整工程：梯田平整面积约 31 公顷，格田平整面积约 56 公顷，平整土方约 22 万立方米；

2. 农田水利工程：坑塘清淤 81 口、清淤面积约 25 公顷；坑塘护砌 38 口、总长 3871 米；坑塘踏步 76 座，坑塘溢流口 13 座；新修、修复斗渠 9582 米；新修、修复农渠 22853 米；修复灌排合一渠 558 米；修建矩形暗渠 1729 米；新修、修复斗沟 1533 米；新修、修复农沟 12086 米；新建土沟 2167 米；各类涵管 650 座，坑塘输水管 11 座，坑塘进出水管 170 座；下田埠 406 座，节制闸共 19 座，分水闸共 187 座，新修泵站共 9 座，抽水平台共 5 座，新增过沟渠盖板 601 座，新增 PE 压力管 383 米；

3. 田间道路工程：新修、修复水泥路 14675 米，新修、修复田间道 10306 米，新修、修复生产路 23182 米，修建机耕桥 4 米跨共 6 座、6 米跨共 3 座；

4. 其他工程：植树共 5277 株，晒谷场共 42 处、总面积 19673 平方米，新建厕所 1 座。

## 项目竣工图

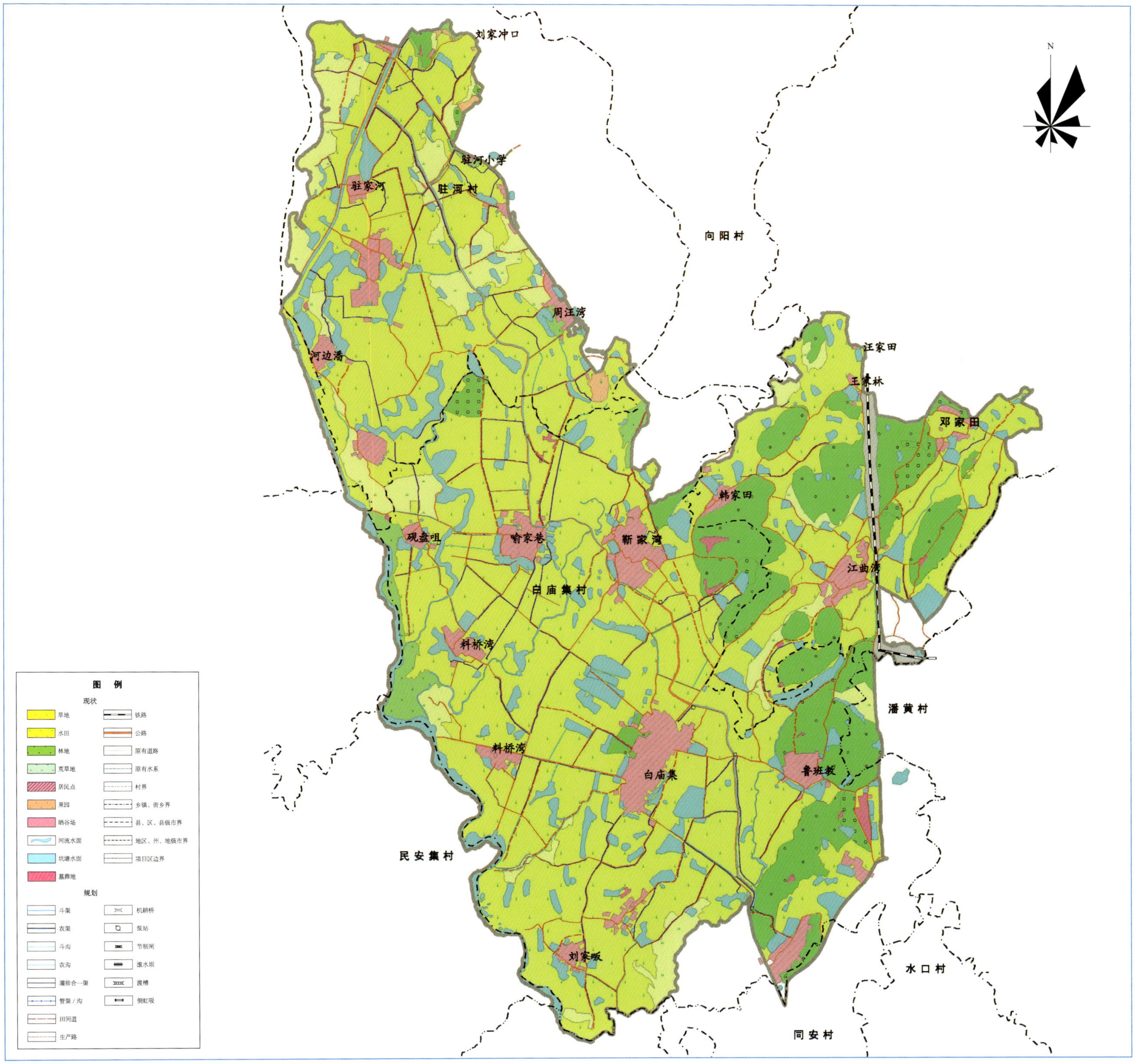
N
刘家冲口
驻河小学
驻家河
驻河村
向阳村
周汪湾
河边潘
汪家田
王家林
邓家田
韩家田
砚盘咀
喻家巷
靳家湾
江曲湾
白庙集村
料桥湾
潘黄村
料桥湾
白庙集
鲁班救
民安集村
刘家畈
水口村
同安村
图例
现状
旱地
水田
林地
荒草地
居民点
果园
晒谷场
河流水面
坑塘水面
墓葬地
铁路
公路
原有道路
原有水系
村界
乡镇、街乡界
县、区、县级市界
地区、州、地级市界
项目区边界
规划
斗渠
农渠
斗沟
农沟
灌排合一渠
管渠/沟
田间道
生产路
机耕桥
泵站
节制闸
滚水坝
渡槽
倒虹吸

# 项目建后实景图

李家集白庙项目白庙村土地平整

李家集白庙项目白庙村矩形暗渠

李家集白庙项目白庙村坑塘清淤

李家集白庙项目驻家河村新修水泥路

# HP15

## 黄陂区姚家集街
## 基本农田土地整理项目

### 项目基本情况

**立 项 时 间：**2014 年 6 月

**验 收 时 间：**2017 年 7 月

**项 目 类 型：**基本农田整治

**投 资 金 额：**4759 万元

**资 金 来 源：**省级新增费

**建 设 规 模：**20000 亩

**建 设 地 点：**武汉市黄陂区姚家集街

**规划设计单位：**武汉永业赛博能规划勘测有限公司

**工程监理单位：**湖北广域建设管理有限公司

**工程施工单位：**湖北元邦建筑工程有限公司、咸宁市宁安建筑工程公司、宜昌富江建设工程有限公司、湖北中八建设工程有限公司、湖北咸通建筑工程有限公司、麻城市第四建设工程有限公司、湖北中鑫城建设工程有限公司

**项目建设成果：**

1. 土地平整工程：梯田平整约 280 公顷、格田平整约 196 公顷、荒草地平整约 4 公顷，平整土方量约 93 万立方米；

2. 农田水利工程：新建农渠 11215 米，修复农渠 391 米，新建斗沟 1558 米，新建农沟 1250 米，修复斗沟 3762 米，坑塘清淤 207 口，坑塘护砌 79 口，坑塘填埋 26 口，沟渠清淤 1914 米，沟渠护砌 3196 米，修复斗沟 5189 米，新建机耕桥 10 座、溢流坝 4 座、涵管桥 4 座、漫水桥 2 座、人行桥 1 座、箱涵 3 座，泵站 4 座、抽水平台 8 处；

3. 田间道路工程：新建水泥路 34851 米，新建生产路 31018 米，修复生产路 1210 米，新建田间道 9352 米，修复田间道 1624 米；

4. 其他工程：警示桩 7684 根，植树 5728 株，晒谷场 40 处、总面积 23616 平方米。

## 项目竣工图

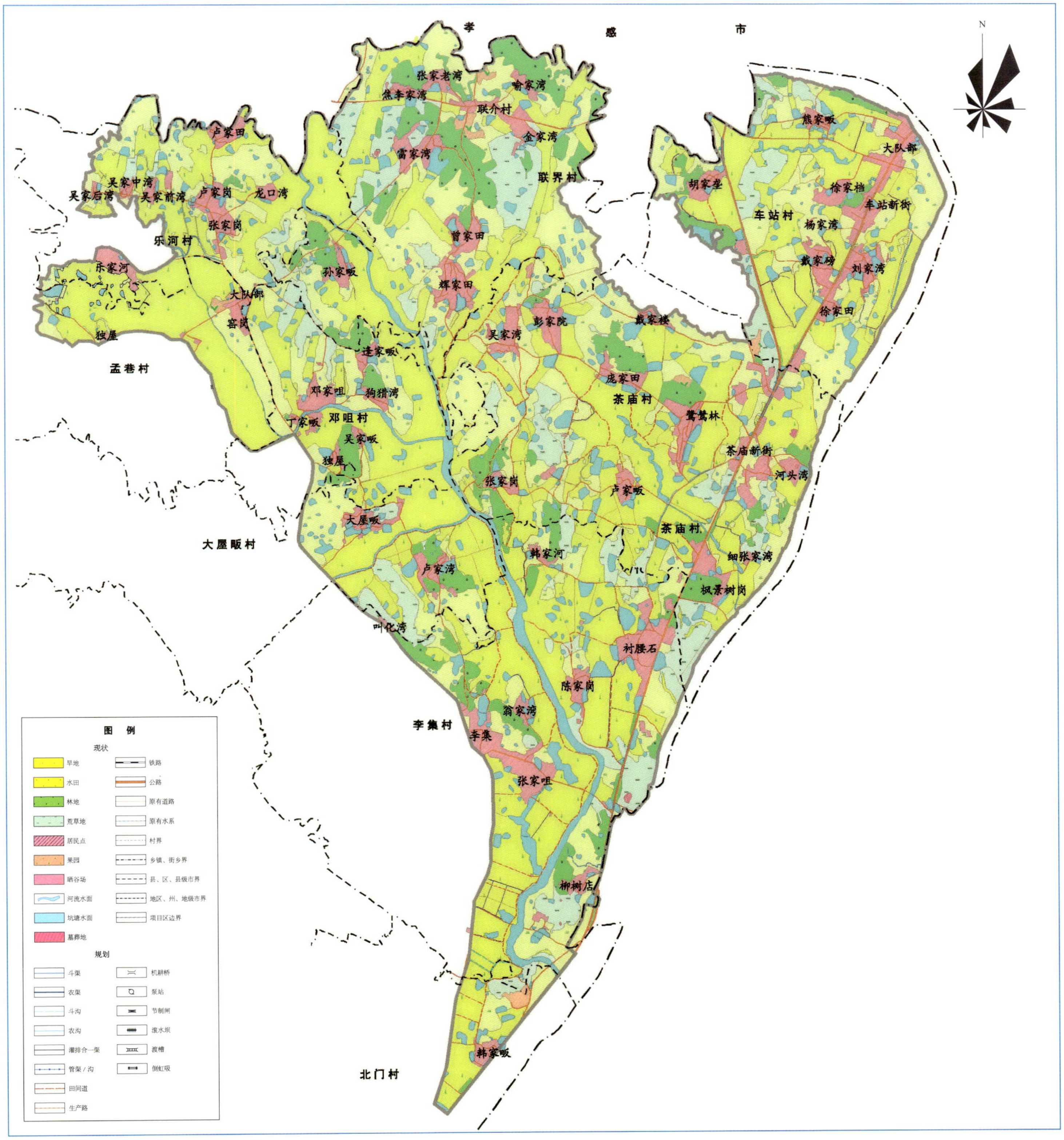
孝
感
市
N
张家老湾
喻家湾
联介村
卢家田
金家湾
雷家湾
联界村
熊家畈
大队部
胡家垄
徐家档
车站新街
车站村
杨家湾
吴家中湾
吴家后湾
吴家前湾
卢家岗
龙口湾
张家岗
乐河村
曾家田
戴家榜
刘家湾
乐家河
孙家畈
辉家田
大队部
窑岗
徐家田
独屋
彭家院
戴家楼
吴家湾
孟巷村
逢家畈
庞家田
茶庙村
邓家咀
狗猎湾
鹭鸶林
丁家畈
邓咀村
吴家畈
茶庙新街
独屋
张家岗
卢家畈
河头湾
大屋畈
茶庙村
大屋畈村
韩家河
细张家湾
卢家湾
枫景树岗
叫化湾
村腰石
陈家岗
翁家湾
李集村
李集
张家咀
柳树店
韩家畈
北门村
图 例
现状
旱地
水田
林地
荒草地
居民点
果园
晒谷场
河流水面
坑塘水面
墓葬地
铁路
公路
原有道路
原有水系
村界
乡镇、街乡界
县、区、县级市界
地区、州、地级市界
项目区边界
规划
斗渠
农渠
斗沟
农沟
灌排合一渠
管渠 / 沟
田间道
生产路
机耕桥
泵站
节制闸
滚水坝
渡槽
倒虹吸

# 项目建后实景图

姚家集基本农田项目大屋畈村土地平整

姚家集基本农田项目李集村新修坑塘护砌

姚家集基本农田项目茶庙村新修坑塘护砌

姚家集基本农田项目乐河村新建水泥路

# HP16

# 黄陂区罗汉寺街
## 沈黄基本农田土地整理项目

### 项目基本情况

**立项时间：** 2014年6月

**验收时间：** 2017年7月

**项目类型：** 基本农田整治

**投资金额：** 1189万元

**资金来源：** 省级新增费

**建设规模：** 5000亩

**建设地点：** 武汉市黄陂区罗汉寺街

**规划设计单位：** 武汉天圆地方土地勘测设计咨询有限公司

**工程监理单位：** 武汉南亚建设监理有限公司

**工程施工单位：** 中仁建设集团有限公司、湖北华铭伟业建设工程有限公司

**项目建设成果：**

1. 土地平整工程：平整面积约71公顷、土方量约17万立方米；
2. 农田水利工程：坑塘清淤土方量约3万立方米，坑塘护砌1447米，沟渠护砌2002米，修复斗渠499米，新建农渠3804米，修复农渠1402米，修复斗沟655米，新建农沟3445米，修复农沟1041米，新建溢流坝3座，新建渠涵50座，新建分水口135座，新建机耕桥4座，新建人行桥2处，新建泵站2座；
3. 田间道路工程：新建生产路2372米，修复生产路3315米，新建田间道3934米，新增新建田间道5305米，修复田间道7239米，新建水泥路1590米，修复水泥路3417米，新建下田埠92处；
4. 其他工程：新建晒谷场7处4113平方米。

## 项目竣工图

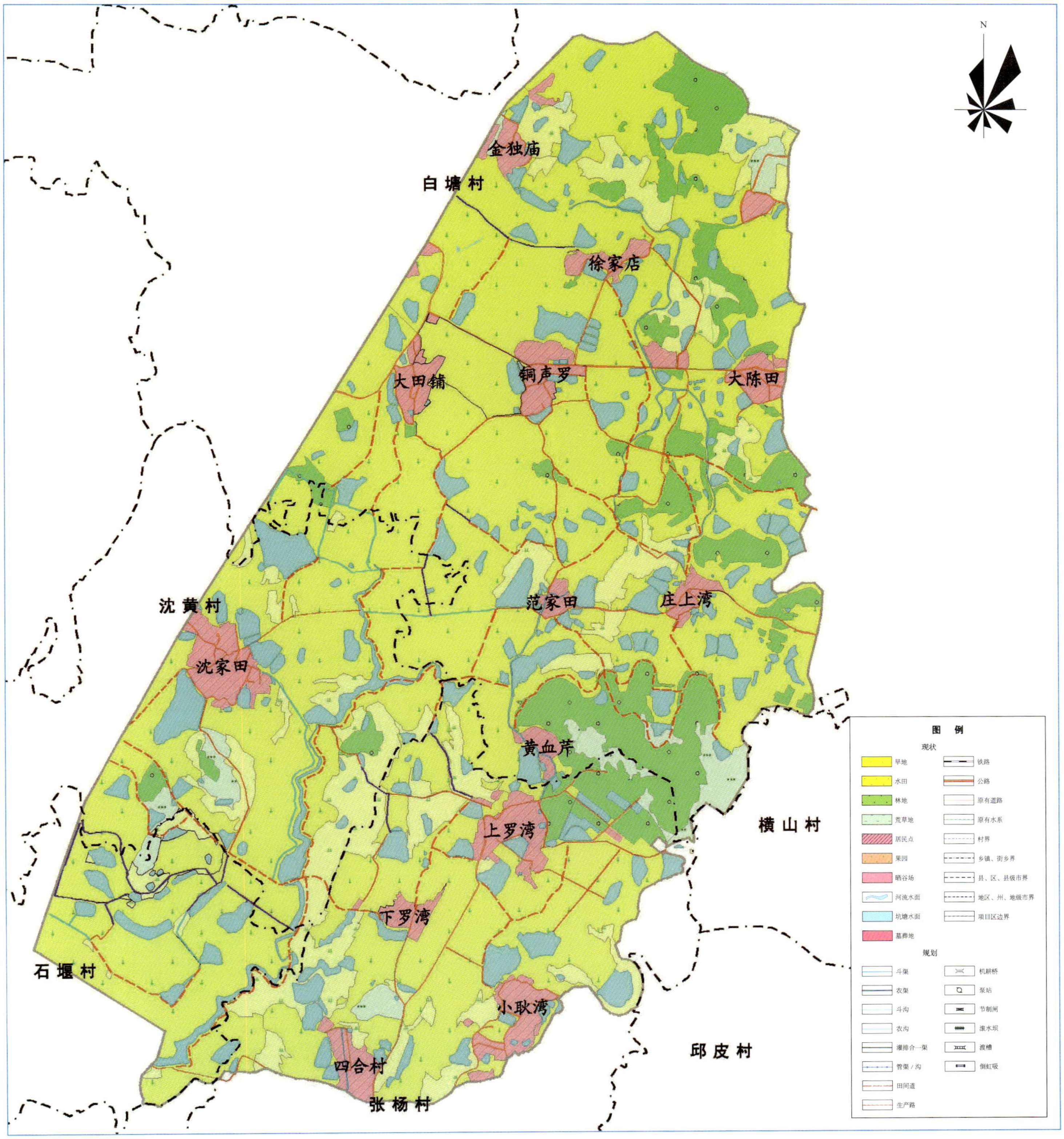
N
金独庙
白塘村
徐家店
大田铺
铜声罗
大陈田
沈黄村
范家田
庄上湾
沈家田
黄血芹
横山村
上罗湾
下罗湾
石堰村
小耿湾
邱皮村
四合村
张杨村
图例
现状
旱地
水田
林地
荒草地
居民点
果园
晒谷场
河流水面
坑塘水面
墓葬地
铁路
公路
原有道路
原有水系
村界
乡镇、街乡界
县、区、县级市界
地区、州、地级市界
项目区边界
规划
斗渠
农渠
斗沟
农沟
灌排合一渠
管渠 / 沟
田间道
生产路
机耕桥
泵站
节制闸
滚水坝
渡槽
倒虹吸

# 项目建后实景图

罗汉寺沈黄项目沈黄村平整田块

罗汉寺沈黄项目沈黄村新修农渠

罗汉寺沈黄项目沈黄村坑塘护坡

罗汉寺沈黄项目沈黄村水泥路

# HP17

## 黄陂区蔡店街
## 姚山基本农田土地整理项目

### 项目基本情况

**立 项 时 间：**2014 年 7 月

**验 收 时 间：**2017 年 6 月

**项 目 类 型：**基本农田整治

**投 资 金 额：**1373 万元

**资 金 来 源：**省级新增费

**建 设 规 模：**5751.96 亩

**建 设 地 点：**武汉市黄陂区蔡店街

**规划设计单位：**湖北天尚土地勘测规划设计有限公司

**工程监理单位：**湖北路达胜工程技术咨询有限公司

**工程施工单位：**湖北锦天禹建设工程有限公司、武汉九州兴建设集团有限公司

**项目建设成果：**

1. 土地平整工程：田块平整面积约 5 公顷、土方量约 6 万立方米；

2. 农田水利工程：坑塘护砌 2 处长 135 米，修建各类沟渠 6654 米，修建各类涵管 151 座，新建节制闸分水闸 2 座，新建泵站 1 座，渡槽 1 座，新建拦水坝 14 座，新建坑塘加固 1 处；

3. 田间道路工程：改建 3 米宽混凝土田间道 1681 米；新建 3.5 米宽混凝土田间道 5475 米；新修、修复 4 米宽水泥路 732 米；改建 3.5 米宽田间道 1846 米；新建 3.5 米宽田间道 3419 米，新建 3 米宽生产路 263 米，错车道 7 座，新建机耕桥 5 座，新建漫水桥 2 座；道路浆砌石挡土墙 35 米；

4. 其他工程：河道护砌 3583 米，河道清淤 42898 平方米；晒谷场硬化 8 处、总面积 4392 平方米；道路绿化 879 株。

# 项目竣工图

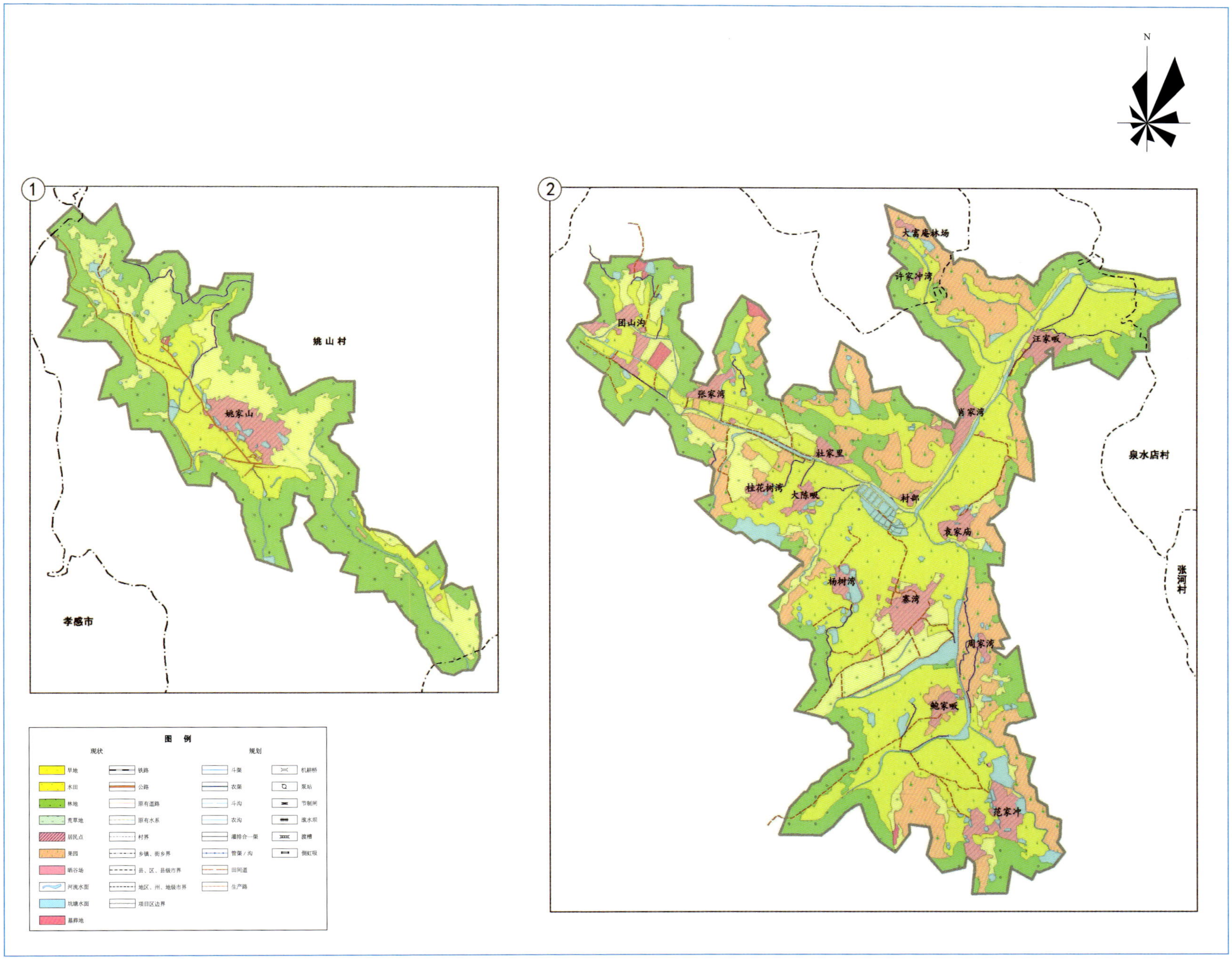
N
①
姚山村
姚家山
孝感市
②
大富庵林场
许家冲湾
团山沟
汪家畈
张家湾
肖家湾
杜家里
泉水店村
桂花树湾
大陈畈
村部
袁家庙
张河村
杨树湾
寨湾
周家湾
鲍家畈
范家冲
图例
现状
旱地
水田
林地
荒草地
居民点
果园
晒谷场
河流水面
坑塘水面
墓葬地
铁路
公路
原有道路
原有水系
村界
乡镇、街乡界
县、区、县级市界
地区、州、地级市界
项目区边界
规划
斗渠
农渠
斗沟
农沟
灌排合一渠
管渠／沟
田间道
生产路
机耕桥
泵站
节制闸
滚水坝
渡槽
倒虹吸

# 项目建后实景图

蔡店姚山项目源泉村修复农沟

蔡店姚山项目源泉村护岸

蔡店姚山项目源泉村新建拦水坝

蔡店姚山项目源泉村新建水泥路

蔡店姚山项目源泉村新建机耕桥

# HP18

## 黄陂区王家河街
## 胜天基本农田土地整理项目

### 项目基本情况

**立 项 时 间：**2014 年 7 月

**验 收 时 间：**2017 年 7 月

**项 目 类 型：**基本农田整治

**投 资 金 额：**1217 万元

**资 金 来 源：**省级新增费

**建 设 规 模：**5000 亩

**建 设 地 点：**武汉市黄陂区王家河街

**规划设计单位：**武汉天圆地方土地勘测设计咨询有限公司

**工程监理单位：**武汉南亚建设监理有限公司

**工程施工单位：**武汉第七建设集团有限公司、湖北华铭伟业武汉枫树建筑工程有限公司

**项目建设成果：**

1. 土地平整工程：平整面积约 25 公顷；

2. 农田水利工程：坑塘清淤土方量约 2 万立方米，坑塘护砌 1386 米，沟渠护砌 351 米，修复斗渠 535 米，新建农渠 2647 米，修复农渠 1739 米，修复斗沟 787 米，新建农沟 619 米，新建渠涵 280 座，新建分水口 175 座，新建机耕桥 5 座，新建泵站 2 座；

3. 田间道路工程：新建生产路 1486 米，新建田间道 1499 米，修复田间道 4549 米，新建水泥路 2001 米，修复水泥路 2402 米，社区道路 859 米，新建下田埠 120 处；

4. 其他工程：新建晒谷场 9 处 5519 平方米，社区排水暗沟 241 米。

# 项目竣工图

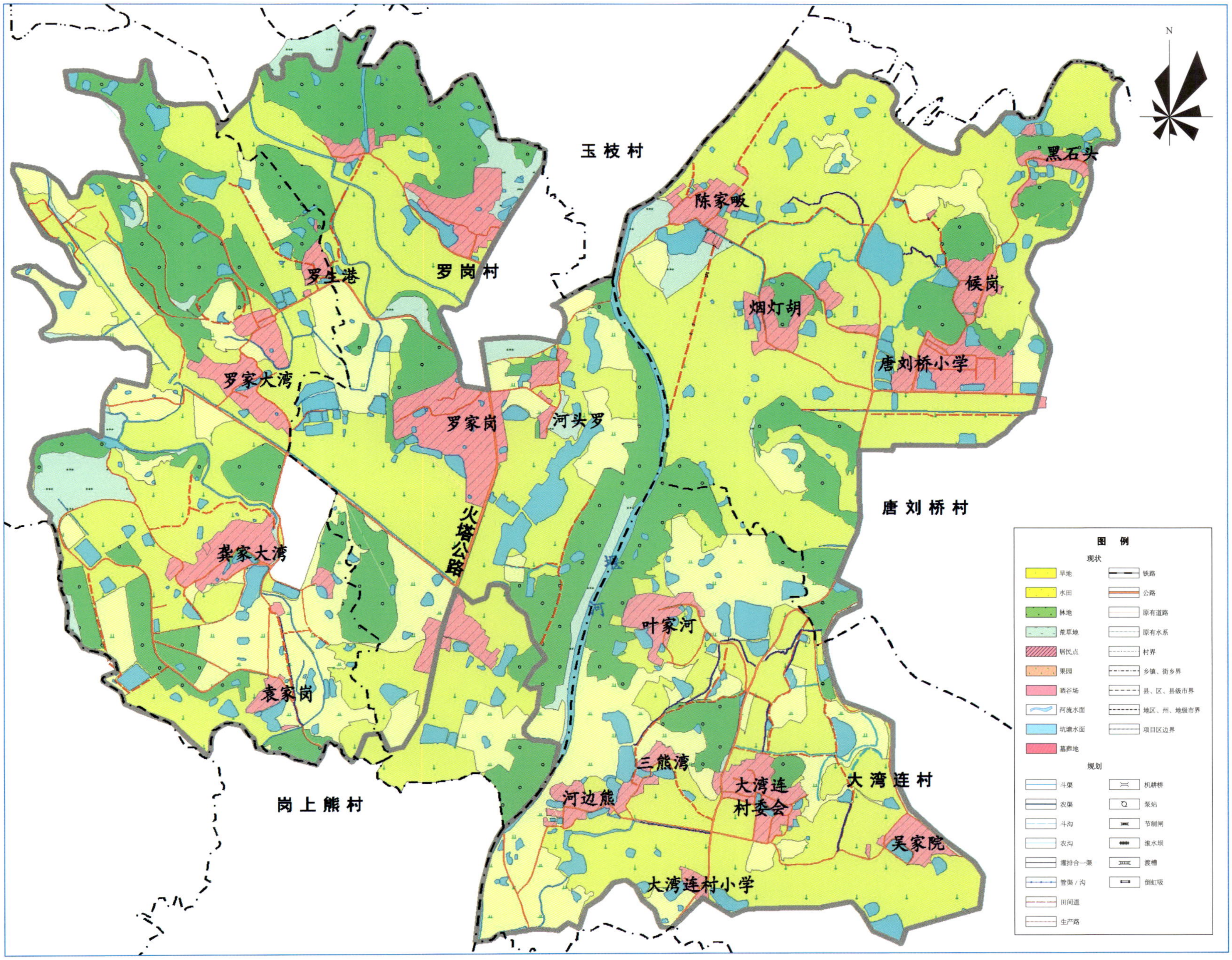
N
玉枝村
罗岗村
罗生港
罗家大湾
罗家岗
河头罗
火塔公路
龚家大湾
袁家岗
岗上熊村
陈家畈
黑石头
候岗
烟灯胡
唐刘桥小学
唐刘桥村
叶家河
三熊湾
河边熊
大湾连村委会
大湾连村
吴家院
大湾连村小学
图 例
现状
旱地
水田
林地
荒草地
居民点
果园
晒谷场
河流水面
坑塘水面
墓葬地
铁路
公路
原有道路
原有水系
村界
乡镇、街乡界
县、区、县级市界
地区、州、地级市界
项目区边界
规划
斗渠
农渠
斗沟
农沟
灌排合一渠
管渠 / 沟
田间道
生产路
机耕桥
泵站
节制闸
滚水坝
渡槽
倒虹吸

# 项目建后实景图

王家河胜天项目胜天村土地平整、新修农渠

王家河胜天项目胜天村新修水泥路

王家河胜天项目胜天村新修生产路

王家河胜天项目胜天村新修晒场

# HP19

## 黄陂区三里镇
## 设施蔬菜基地建设土地整理项目

### 项目基本情况

**立 项 时 间：** 2014 年 7 月

**验 收 时 间：** 2015 年 8 月

**项 目 类 型：** 蔬菜基地

**投 资 金 额：** 56 万元

**资 金 来 源：** 省级新增费（切块资金）

**建 设 规 模：** 557 亩

**建 设 地 点：** 武汉市黄陂区三里镇长堤村

**规划设计单位：** 武汉盛丰和勘测设计有限公司

**工程监理单位：** 湖北江河盛大工程监理有限公司

**工程施工单位：** 武汉和兴祥建筑工程有限公司

**项目建设成果：**

1. 农田水利工程：新建斗渠 363 米，新建管涵 23 座；

2. 田间道路工程：新建水泥路 1297 米，新建下田道 3 处。

# 项目竣工图

N
长 堤 村
图 例
现状
规划
旱地
水田
林地
荒草地
居民点
果园
晒谷场
河流水面
坑塘水面
墓葬地
铁路
公路
原有道路
原有水系
村界
乡镇、街乡界
县、区、县级市界
地区、州、地级市界
项目区边界
斗渠
农渠
斗沟
农沟
灌排合一渠
管渠 / 沟
田间道
生产路
机耕桥
泵站
节制闸
滚水坝
渡槽
倒虹吸

# 项目建后实景图

三里镇蔬菜基地项目修建水泥路

三里镇蔬菜基地项目修建过路涵（桥）

三里镇蔬菜基地项目田间道

三里镇蔬菜基地项目硬化农渠

三里镇蔬菜基地项目土地平整、新修农沟

## 4.7 新洲区土地整治项目

新洲区是湖北省粮食主产县之一，位于武汉市东部，东北与黄冈的团风县、麻城市、红安县接壤，西与黄陂区毗连，南与洪山区和鄂州市华容区隔江相望。2016 年底区域土地总面积 1463.43 平方公里，其中：农用地 1080.33 平方公里，建设用地 217.95 平方公里，未利用地 165.15 平方公里。截至“十二五”末，全区共立项验收土地整治项目 20 个，建设规模 22.62 万亩，投资金额达 4.12 亿元。土地整治项目的实施，改善了农业生产基础设施条件，项目区机械化水平达到 60% 以上；土地整治项目的实施，推动了农用地向种田能手、大户或专业合作社流转进程，实现了耕地数量与质量双增双保，提高了农业产出效率；土地整治项目的实施，探索了土地整治与精准扶贫等工作的统筹整合模式，为“大别山实验区”“革命老区”“三万扶贫”“菜篮子工程”等工作提供了有效保障。

武汉市新洲区报恩寺

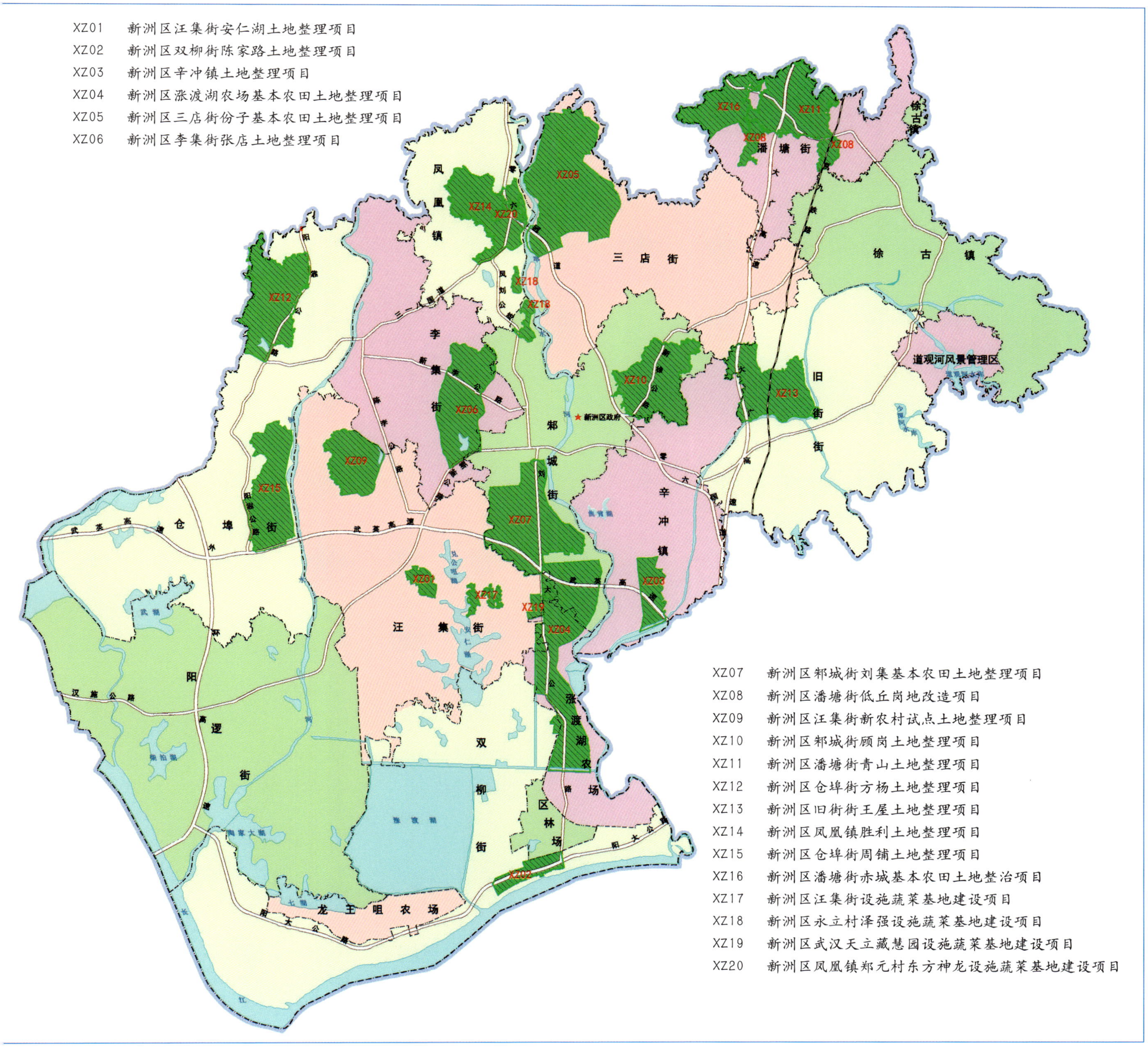
XZ01 新洲区汪集街安仁湖土地整理项目
XZ02 新洲区双柳街陈家路土地整理项目
XZ03 新洲区辛冲镇土地整理项目
XZ04 新洲区涨渡湖农场基本农田土地整理项目
XZ05 新洲区三店街份子基本农田土地整理项目
XZ06 新洲区李集街张店土地整理项目
XZ07 新洲区邾城街刘集基本农田土地整理项目
XZ08 新洲区潘塘街低丘岗地改造项目
XZ09 新洲区汪集街新农村试点土地整理项目
XZ10 新洲区邾城街顾岗土地整理项目
XZ11 新洲区潘塘街青山土地整理项目
XZ12 新洲区仓埠街方杨土地整理项目
XZ13 新洲区旧街街王屋土地整理项目
XZ14 新洲区凤凰镇胜利土地整理项目
XZ15 新洲区仓埠街周铺土地整理项目
XZ16 新洲区潘塘街赤城基本农田土地整治项目
XZ17 新洲区汪集街设施蔬菜基地建设项目
XZ18 新洲区永立村泽强设施蔬菜基地建设项目
XZ19 新洲区武汉天立藏慧园设施蔬菜基地建设项目
XZ20 新洲区凤凰镇郑元村东方神龙设施蔬菜基地建设项目
凤凰镇
三店街
潘塘街
徐古镇
李集街
邾城街
新洲区政府
旧街街
道观河风景管理区
辛冲镇
仓埠街
汪集街
阳逻街
双柳街
涨渡湖农场
区林场
龙王咀农场
武英高速

# XZ01

## 新洲区汪集街
## 安仁湖土地整理项目

### 项目基本情况

**立 项 时 间：**2002 年 12 月

**验 收 时 间：**2007 年 6 月

**项 目 类 型：**基本农田整治

**投 资 金 额：**201 万元

**资 金 来 源：**省级新增费

**建 设 规 模：**2291 亩

**建 设 地 点：**武汉市新洲区汪集街

**规划设计单位：**武汉市新洲区土地勘测规划队

**工程监理单位：**武汉市新洲东方建设工程监理有限公司

**工程施工单位：**武汉市新洲区第七建筑工程公司

**项目建设成果：**

1. 土地平整工程：平整面积约 7 公顷、土方量约 2 万立方米；

2. 农田水利工程：新建灌溉渠 5327 米，新开排水港 4763 米；

3. 田间道路工程：新建田间道 6664 米。

# 项目竣工图

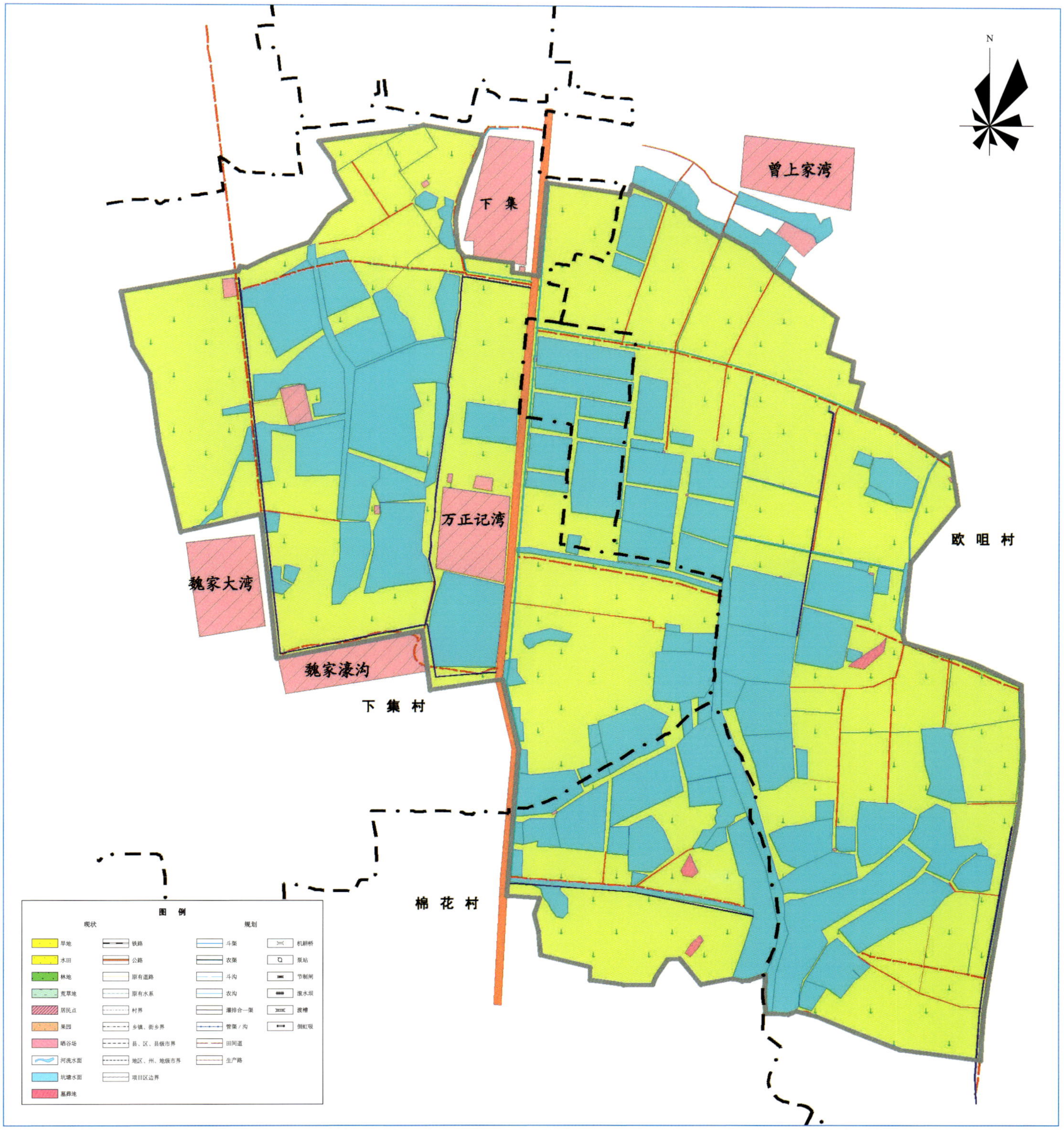
N
下 集
曾上家湾
万正记湾
魏家大湾
魏家濠沟
下 集 村
欧 咀 村
棉 花 村
图 例
现状
规划
旱地
水田
林地
荒草地
居民点
果园
晒谷场
河流水面
坑塘水面
墓葬地
铁路
公路
原有道路
原有水系
村界
乡镇、街乡界
县、区、县级市界
地区、州、地级市界
项目区边界
斗渠
农渠
斗沟
农沟
灌排合一渠
管渠 / 沟
田间道
生产路
机耕桥
泵站
节制闸
滚水坝
渡槽
倒虹吸

# 项目建后实景图

安仁湖项目安仁湖村输水管道及土地平整区

安仁湖项目安仁湖村新建农沟

安仁湖项目土地平整区种植的棉花

安仁湖项目安仁湖村新建田间道

安仁湖项目安仁湖村塘堰清淤

# XZ02
## 新洲区双柳街
## 陈家路土地整理项目

### 项目基本情况

**立 项 时 间：**2003 年 11 月

**验 收 时 间：**2008 年 1 月

**项 目 类 型：**基本农田整治

**投 资 金 额：**100 万元

**资 金 来 源：**省级新增费

**建 设 规 模：**3326 亩

**建 设 地 点：**武汉市新洲区双柳街

**规划设计单位：**武汉市新洲区土地勘测规划队

**工程监理单位：**湖北楚元工程建设咨询有限公司

**工程施工单位：**武汉市新洲区第七建筑工程公司

**项目建设成果：**

1. 农田水利工程：新修 U 形渠 7700 米，新修涵管 408 米；

2. 田间道路工程：平整道路 36575 平方米，新修混凝土道路 4000 米。

## 项目竣工图

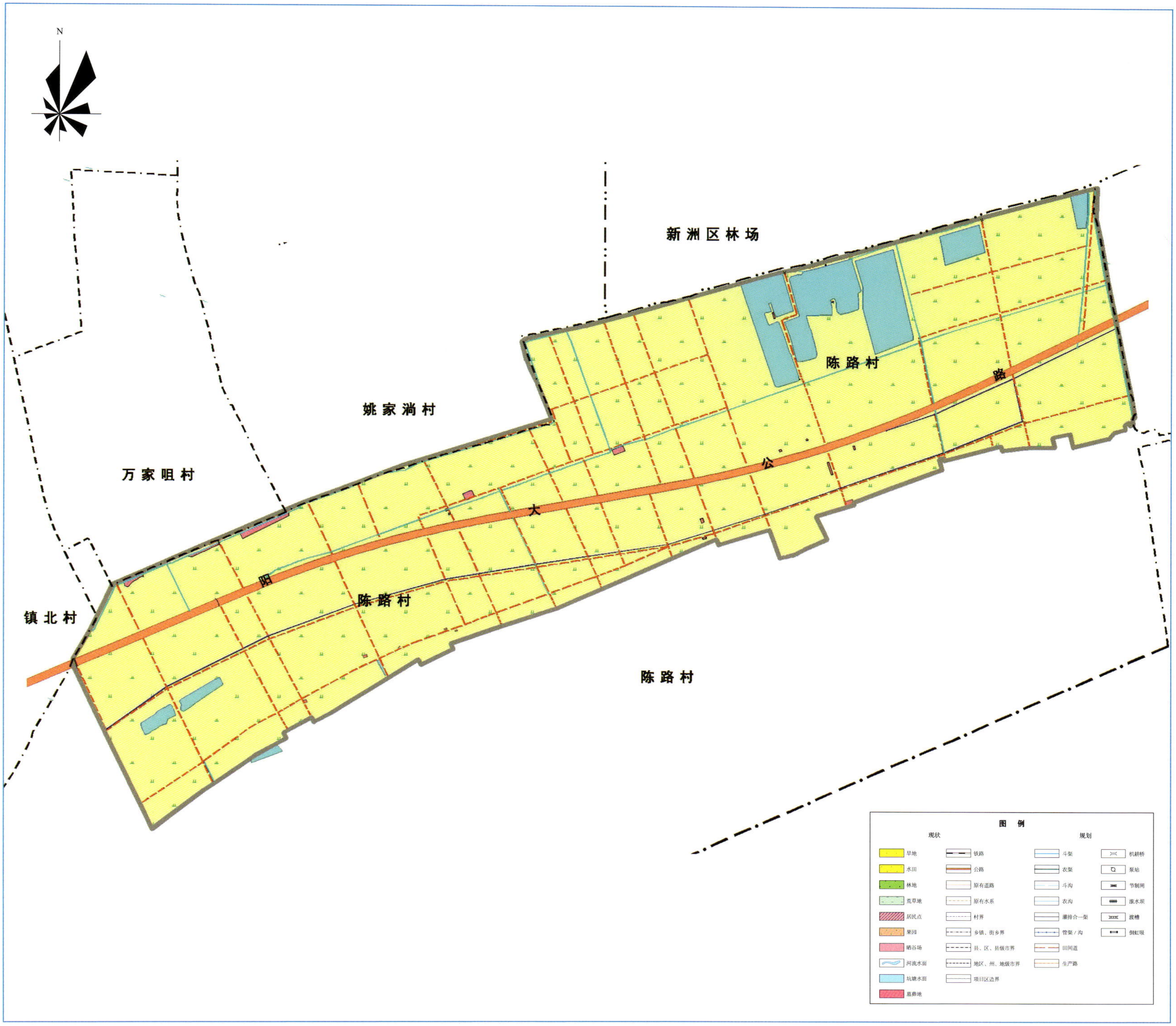
N
新洲区林场
姚家淌村
万家咀村
镇北村
陈路村
阳大公路
陈路村
陈路村
图 例
现状
规划
旱地
水田
林地
荒草地
居民点
果园
晒谷场
河流水面
坑塘水面
墓葬地
铁路
公路
原有道路
原有水系
村界
乡镇、街乡界
县、区、县级市界
地区、州、地级市界
项目区边界
斗渠
农渠
斗沟
农沟
灌排合一渠
管渠 / 沟
田间道
生产路
机耕桥
泵站
节制闸
滚水坝
渡槽
倒虹吸

# 项目建后实景图

双柳街陈家路项目水泥路

双柳街陈家路项目陈家路村土地平整

双柳街陈家路项目硬化沟渠、防护林、水泥路

双柳街陈家路项目陈家路村格田毛沟

双柳街陈家路项目硬化沟渠

# XZ03

## 新洲区辛冲镇土地整理项目

### 项目基本情况

**立 项 时 间：**2004年3月

**验 收 时 间：**2011年9月

**项 目 类 型：**基本农田整治

**投 资 金 额：**707万元

**资 金 来 源：**国家新增费

**建 设 规 模：**5827亩

**建 设 地 点：**武汉市新洲区辛冲镇

**规划设计单位：**华中农业大学

**工程监理单位：**湖北建盛工程项目管理有限公司

**工程施工单位：**武汉阳逻建筑集团有限公司、武汉市新洲振发建筑工程公司、武汉新八建筑集团有限公司、福州建工（集团）总公司武汉分公司

**项目建设成果：**

1. 土地平整工程：平整土方量约3万立方米；

2. 农田水利工程：新修斗渠1501米，新修农渠2649米，新修排水主沟3075米；

3. 田间道路工程：新修水泥路4428米，新修田间道7316米；

4. 其他工程：植树12028株。

# 项目竣工图

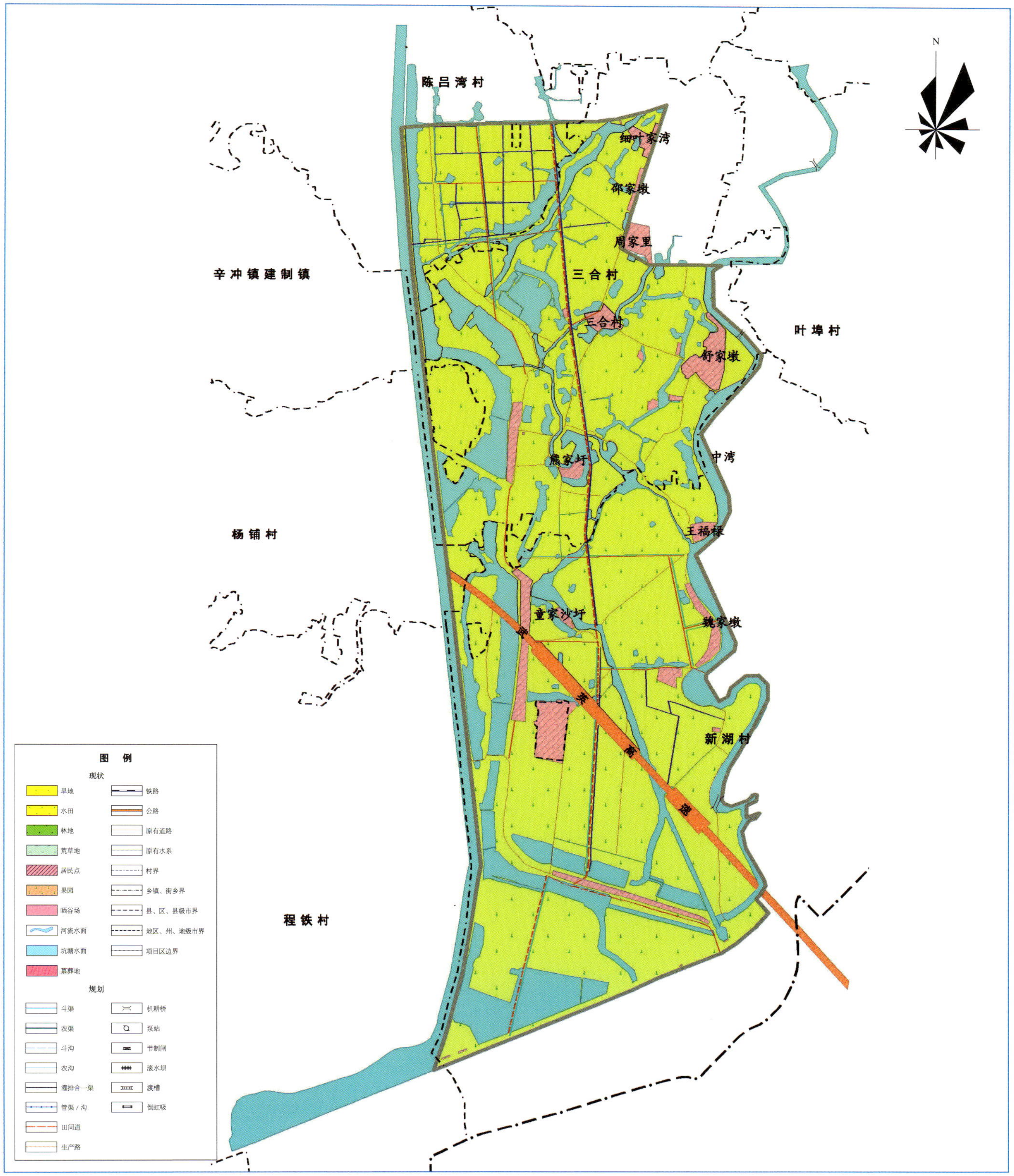
N
陈吕湾村
细叶家湾
邵家墩
周家里
三合村
辛冲镇建制镇
三合村
叶埠村
舒家墩
熊家圩
中湾
杨铺村
王福禄
童家沙圩
魏家墩
新湖村
程铁村
图 例
现状
旱地
水田
林地
荒草地
居民点
果园
晒谷场
河流水面
坑塘水面
墓葬地
铁路
公路
原有道路
原有水系
村界
乡镇、街乡界
县、区、县级市界
地区、州、地级市界
项目区边界
规划
斗渠
农渠
斗沟
农沟
灌排合一渠
管渠 / 沟
田间道
生产路
机耕桥
泵站
节制闸
滚水坝
渡槽
倒虹吸

# 项目建后实景图

新洲辛冲镇项目土地平整

新洲辛冲镇项目修复排水泵站

新洲辛冲镇项目沟渠硬化

新洲辛冲镇项目新建节制闸

新洲辛冲镇项目硬化田间道

# XZ04
## 新洲区涨渡湖农场
## 基本农田土地整理项目

### 项目基本情况

**立 项 时 间：**2004 年 12 月

**验 收 时 间：**2013 年 12 月

**项 目 类 型：**基本农田整治

**投 资 金 额：**3569 万元

**资 金 来 源：**国家新增费

**建 设 规 模：**28737 亩

**建 设 地 点：**武汉市新洲区涨渡湖农场

**规划设计单位：**华中农业大学

**工程监理单位：**北京双诚建设监理公司

**工程施工单位：**新十建筑集团有限公司、南通建设工程有限公司、江苏华江建筑工程有限公司、武汉第五建工集团有限公司、武汉新房建工集团有限公司、武汉水利水电工程有限责任公司、武汉鸣辰建设工程有限责任公司、武汉东西湖勘测水工建筑公司和湖北新阳市政工程有限公司

**项目建设成果：**

1. 土地平整工程：平整面积约 17 公顷、土方量约 3 万立方米；
2. 农田水利工程：新修斗渠 11919 米，新修农渠 39460 米，清淤农沟农渠 133919 米；
3. 田间道路工程：新修田间道 41415 米；新修生产路 89513 米；
4. 其他工程：种植意杨 9097 株。

# 项目竣工图

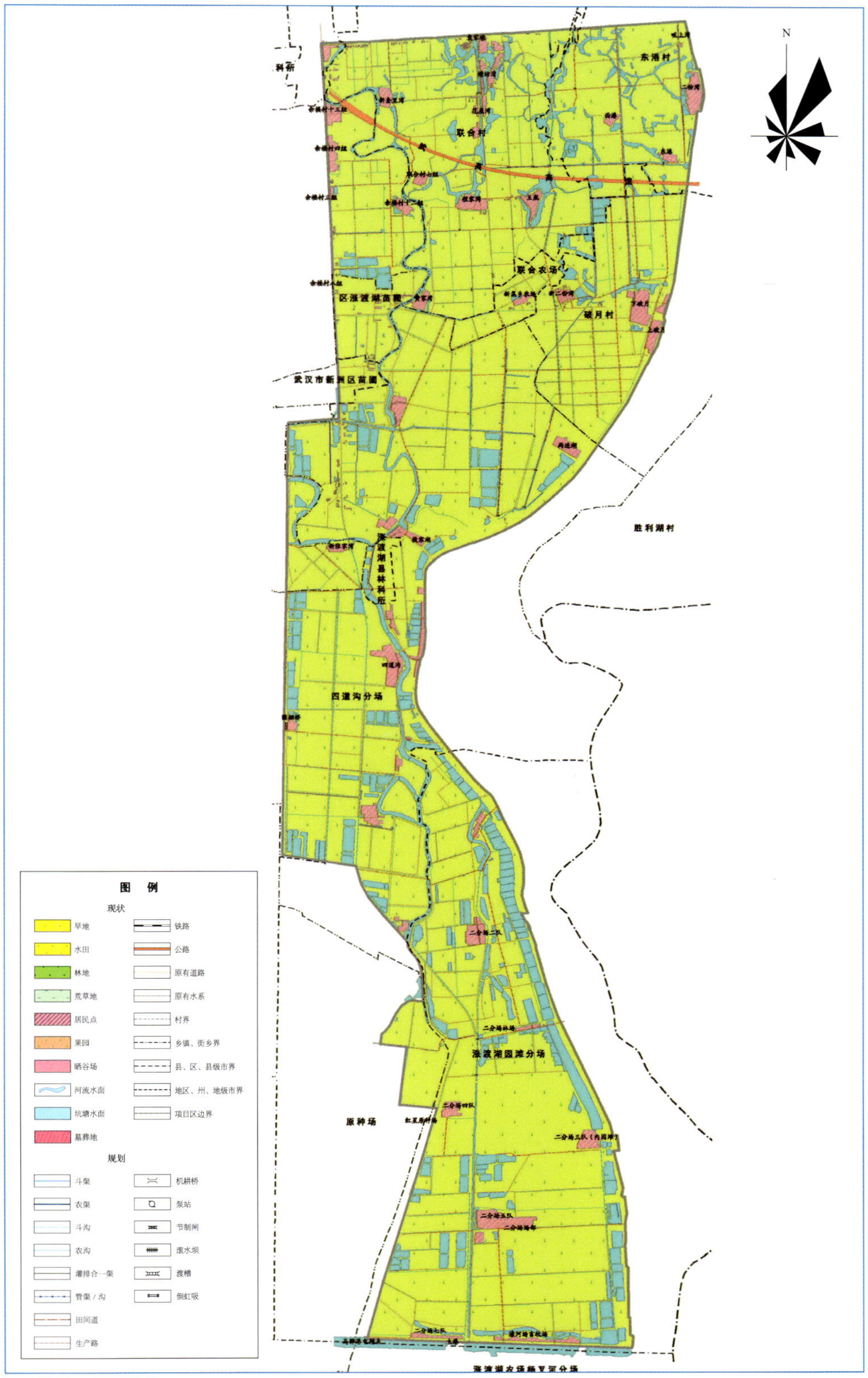
N
科新
东港村
联合村
联合农场
区涨渡湖苗圃
破月村
武汉市新洲区苗圃
胜利湖村
涨渡湖县林科所
四道沟分场
涨渡湖园滩分场
原种场
图 例
现状
旱地
水田
林地
荒草地
居民点
果园
晒谷场
河流水面
坑塘水面
墓葬地
铁路
公路
原有道路
原有水系
村界
乡镇、街乡界
县、区、县级市界
地区、州、地级市界
项目区边界
规划
斗渠
农渠
斗沟
农沟
灌排合一渠
管渠 / 沟
田间道
生产路
机耕桥
泵站
节制闸
滚水坝
渡槽
倒虹吸

# 项目建后实景图

涨渡湖农场项目濠河护岸与新修机耕桥

涨渡湖农场项目四道沟斗沟护砌与新建泵站

涨渡湖农场项目二道沟新建管渠与土地平整

涨渡湖农场项目水泥田间道

涨渡湖农场项目泥结石田间道

# XZ05

## 新洲区三店街份子基本农田土地整理项目

### 项目基本情况

**立 项 时 间：**2006 年 1 月

**验 收 时 间：**2013 年 12 月

**项 目 类 型：**基本农田整治

**投 资 金 额：**3706 万元

**资 金 来 源：**国家新增费

**建 设 规 模：**29793 亩

**建 设 地 点：**武汉市新洲区三店街街道办事处

**规划设计单位：**武汉精诚土地规划设计院

**工程监理单位：**襄樊市华罡工程建设监理有限公司

**工程施工单位：**武汉市西城建筑工程公司、武汉黄陂区双凤建筑安装公司、湖北瑞兴建设工程有限公司、武汉日月星建筑工程公司、武汉新工建设工程有限公司、武汉第五建工集团有限公司、湖北良信建筑安装有限公司、武汉鼎吉建筑工程有限公司

**项目建设成果：**

1. 土地平整工程：平整土方量约 13 万立方米，修筑田埂约 1 万立方米；

2. 农田水利工程：新建斗渠 15270 米，新修农渠 37938 米，新修斗沟 22893 米，新修农沟 66728 米；

3. 田间道路工程：新建田间道 46351 米，新建生产路 50276 米；

4. 其他工程：种植防护林 32056 株。

# 项目竣工图

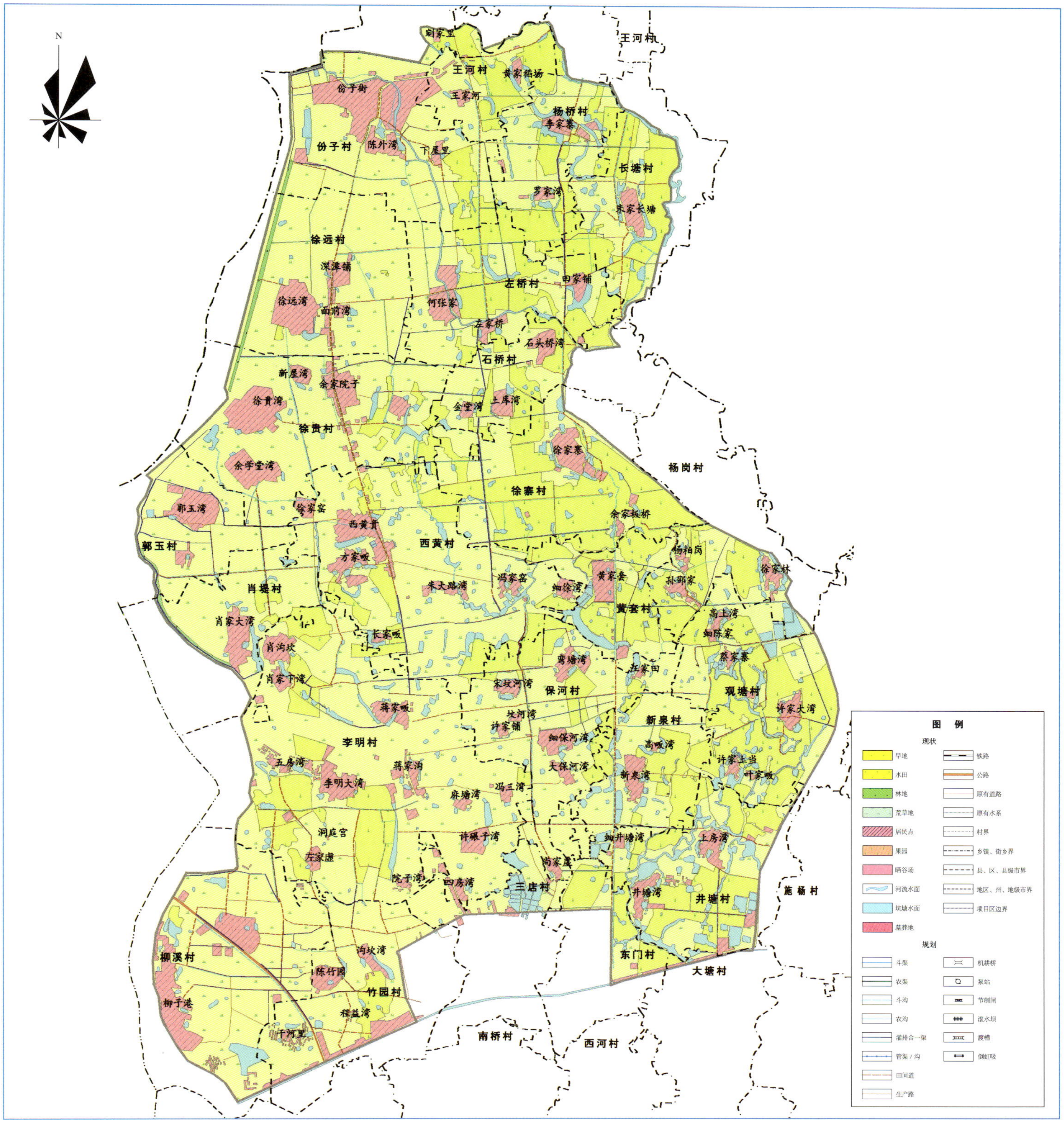
N
王河村
份子村
长塘村
徐远村
左桥村
石桥村
徐贵村
杨岗村
徐寨村
郭玉村
西黄村
肖堤村
黄套村
保河村
观塘村
新泉村
李明村
三店村
井塘村
施杨村
柳溪村
东门村
竹园村
大塘村
南桥村
西河村
图例
现状
旱地
水田
林地
荒草地
居民点
果园
晒谷场
河流水面
坑塘水面
墓葬地
铁路
公路
原有道路
原有水系
村界
乡镇、街乡界
县、区、县级市界
地区、州、地级市界
项目区边界
规划
斗渠
农渠
斗沟
农沟
灌排合一渠
管渠 / 沟
田间道
生产路
机耕桥
泵站
节制闸
滚水坝
渡槽
倒虹吸

# 项目建后实景图

三店份子项目格田平整

三店份子项目硬化斗沟与田间道

三店份子项目塘堰清淤

三店份子项目黄套村新建机耕桥与水泥路

三店份子项目河村沟渠护砌、节制闸

三店份子项目新泉村台渠

# XZ06

## 新洲区李集街 张店土地整理项目

### 项目基本情况

**立 项 时 间：**2006 年 8 月

**验 收 时 间：**2015 年 12 月

**项 目 类 型：**基本农田整治

**投 资 金 额：**2766 万元

**资 金 来 源：**省级新增费

**建 设 规 模：**14800 亩

**建 设 地 点：**武汉市新洲区李集街道办事处

**规划设计单位：**武汉精诚土地规划设计院

**工程监理单位：**襄阳华罡项目管理有限公司

**工程施工单位：**武汉市亨发建筑安装工程有限公司、武汉常阳（集团）建筑工程有限公司、武汉振发建筑工程有限公司、湖北天石建筑工程有限公司、武汉市新洲区第三建筑安装有限公司、湖北中浩建筑有限责任公司、武汉市新洲区水工建筑工程公司

**项目建设成果：**

1. 土地平整工程：平整面积约 33 公顷、土方量约 7 万立方米；

2. 农田水利工程：农渠 20848 米，斗渠 2574 米，斗沟 5208 米，水渠 2822 米，浮尾渠 9495 米，斗灌排 4977 米，农灌排 4168 米，泵站 46 座，泵站出水池 1 座，农沟 4080 米，涵管 5156 米，放水口 301 米，桥 13 座，人行天桥 3 座；

3. 田间道路工程：新建田间道 40742 米，新建路 12991 米。

# 项目竣工图

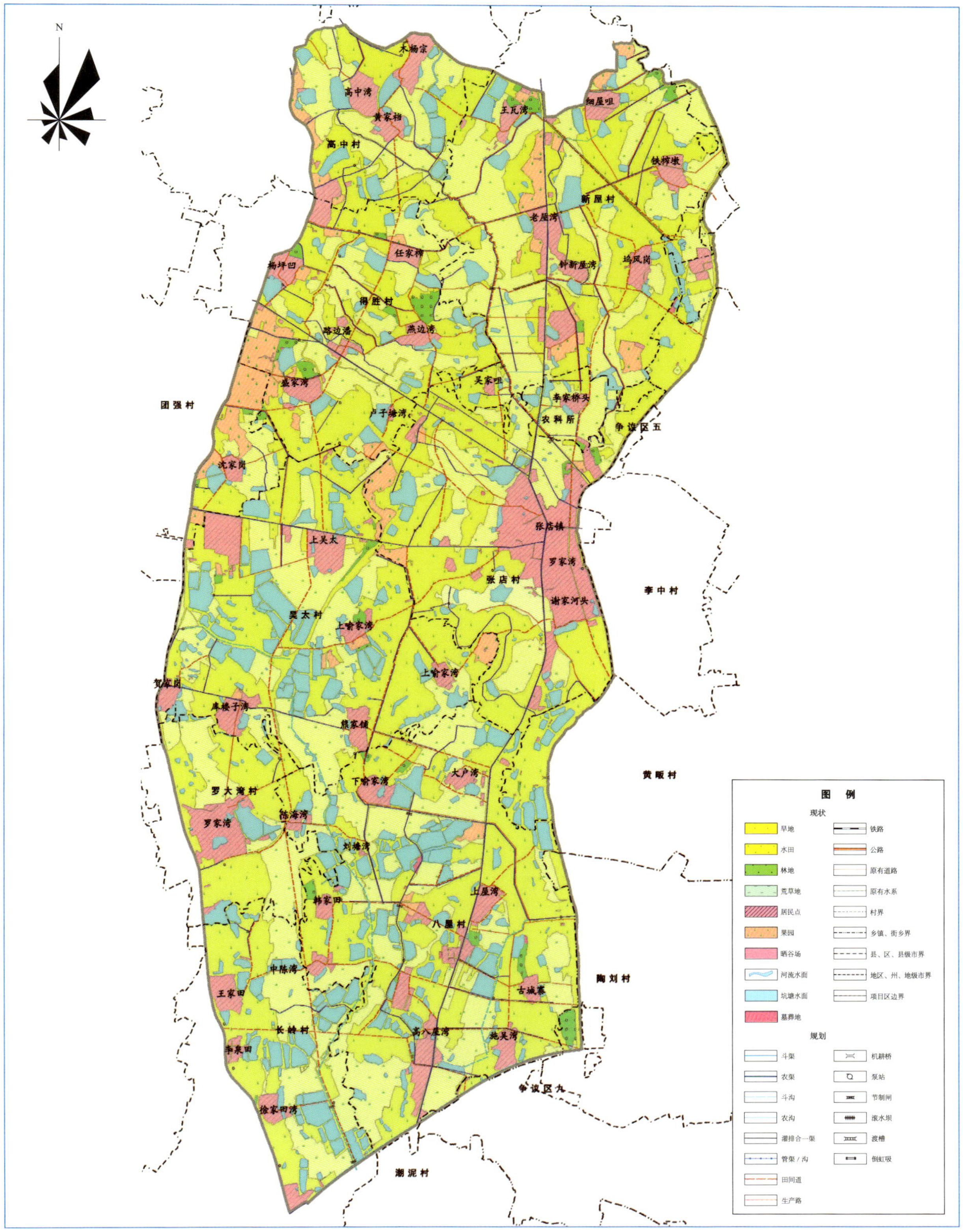
N
团强村
李中村
黄畈村
陶刘村
潮泥村
张店镇
张店村
图 例
现状
旱地
水田
林地
荒草地
居民点
果园
晒谷场
河流水面
坑塘水面
墓葬地
铁路
公路
原有道路
原有水系
村界
乡镇、街乡界
县、区、县级市界
地区、州、地级市界
项目区边界
规划
斗渠
农渠
斗沟
农沟
灌排合一渠
管渠 / 沟
田间道
生产路
机耕桥
泵站
节制闸
滚水坝
渡槽
倒虹吸

# 项目建后实景图

李集张店项目八屋村修复台渠

李集张店项目张店村土地平整

李集张店项目得胜村坑塘清淤

李集张店项目得胜村新建田间道

李集张店项目张店村新建U形渠

# XZ07

## 新洲区邾城街
## 刘集基本农田土地整理项目

### 项目基本情况

**立 项 时 间：**2008 年 6 月

**验 收 时 间：**2015 年 12 月

**项 目 类 型：**基本农田整治

**投 资 金 额：**2991 万元

**资 金 来 源：**省级新增费

**建 设 规 模：**21024 亩

**建 设 地 点：**武汉市新洲区邾城街刘集

**规划设计单位：**武汉同力国土资源技术服务公司、武汉市规划研究院

**工程监理单位：**湖北建盛工程项目管理有限公司

**工程施工单位：**湖北富强建设发展有限公司、湖北正大建设工程有限公司、新六建设集团有限公司、南江建设集团有限公司、武汉鼎新建设集团有限公司、武汉建通市政工程有限公司、卓峰建设集团有限公司

**项目建设成果：**

1. 土地平整工程：平整土方量约 87 万立方米，坑塘填埋约 18 万立方米，新增耕地约 47 公顷；

2. 农田水利工程：新修、改造灌溉渠道 64100 米，新修改造排水沟 80300 米，清淤渠道 20800 米，新修涵管 858 座，新建泵站 30 座；

3. 田间道路工程：新修、改造田间道 36800 米，新修、改造生产路 39900 米，新修机耕桥 24 座、人行桥 4 座；

4. 其他工程：栽植意杨 36796 株。

# 项目竣工图

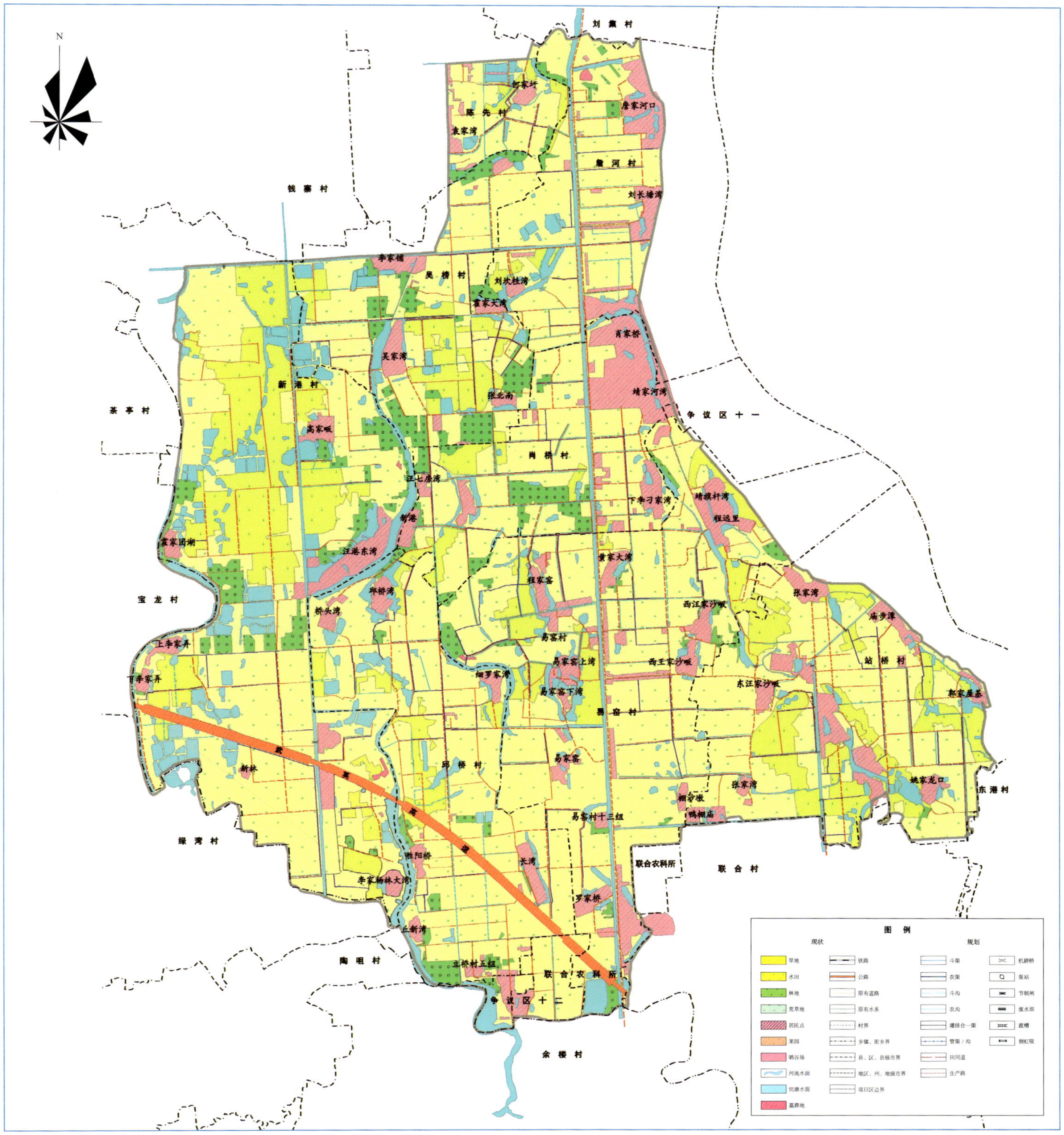
N
刘集村
钱寨村
茶亭村
宝龙村
绿湾村
陶咀村
余楼村
联合村
东港村
争议区十一
争议区十二
联合农科所
新港村
吴榜村
詹河村
陈先村
肖桥村
易窑村
站桥村
邱桥村
图 例
现状
规划
旱地
水田
林地
荒草地
居民点
果园
晒谷场
河流水面
坑塘水面
墓葬地
铁路
公路
原有道路
原有水系
村界
乡镇、街乡界
县、区、县级市界
地区、州、地级市界
项目区边界
斗渠
农渠
斗沟
农沟
灌排合一渠
管渠 / 沟
田间道
生产路
机耕桥
泵站
节制闸
渡水坝
渡槽
倒虹吸

# 项目建后实景图

郏城刘集项目土地平整区

郏城刘集项目易窑村沟港清淤、护砌

郏城刘集项目肖桥村水泥路

郏城刘集项目肖桥村新建机耕桥

郏城刘集项目吴榜村新建人行桥、水泥路

# XZ08
# 新洲区潘塘街低丘岗地改造项目

## 项目基本情况

**立 项 时 间：**2008 年 7 月

**验 收 时 间：**2011 年 2 月

**项 目 类 型：**低丘岗地改造

**投 资 金 额：**791 万元

**资 金 来 源：**省级开垦费

**建 设 规 模：**3957 亩

**建 设 地 点：**武汉市新洲区潘塘街孙寨、李店两个片区

**规划设计单位：**武汉万方圆土地咨询代理有限公司

**工程监理单位：**湖北公力工程咨询服务有限公司

**工程施工单位：**武汉市城安建筑有限公司、武汉市走马岭建筑工程有限公司

**项目建设成果：**

1. 土地平整工程：平整面积约 24 公顷、土方量约 5 万立方米，坑塘清淤约 6 万立方米；
2. 农田水利工程：新修斗渠 6463 米，新修农渠 7435 米，新修斗沟 386 米，新修农沟 752 米；
3. 田间道路工程：新修田间道 8058 米，新修生产路 11227 米；
4. 其他工程：种植柏树 7008 株。

# 项目竣工图

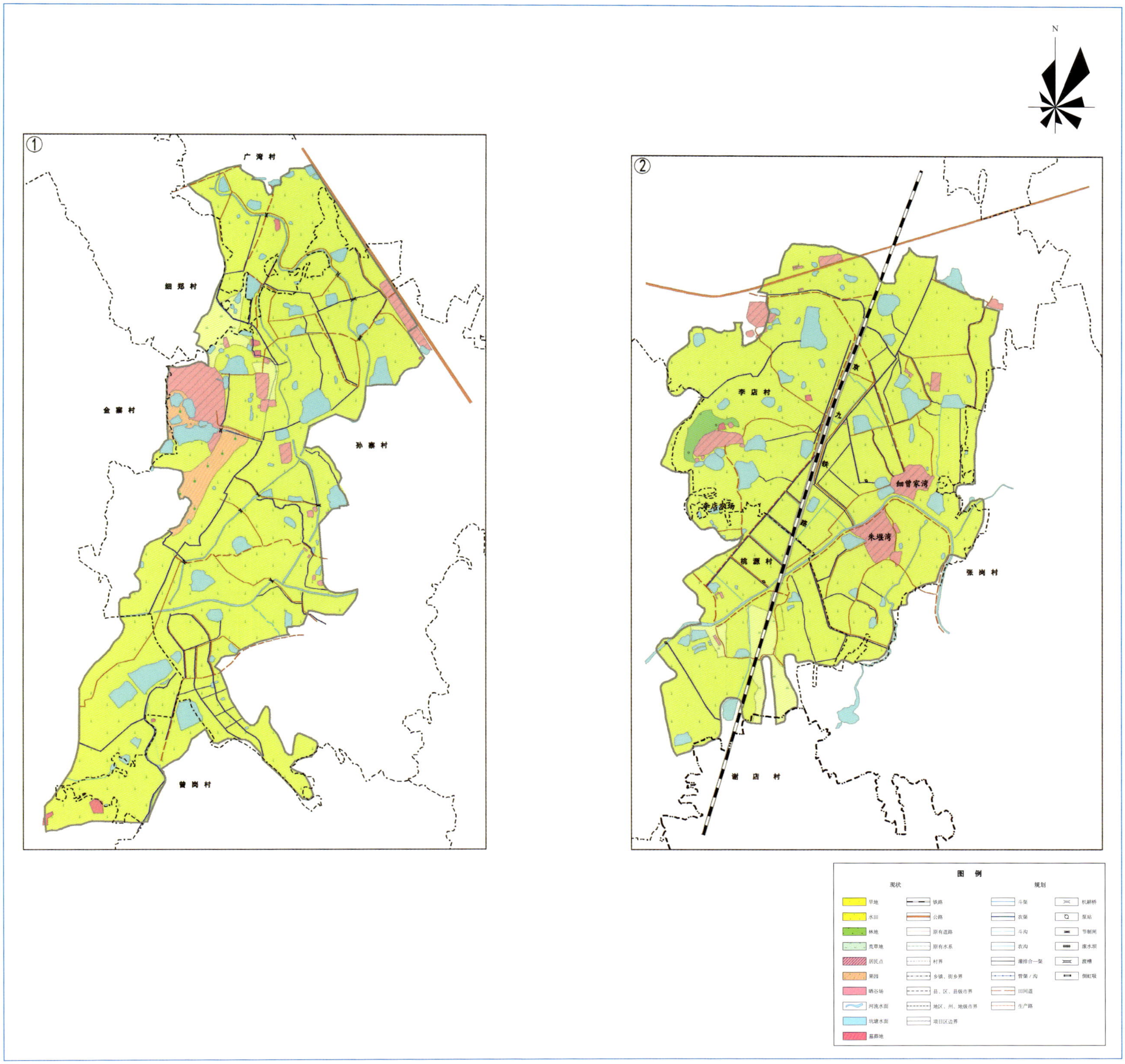
N
①
广湾村
细郑村
金寨村
孙寨村
曾岗村
②
京九铁路
李店村
细曾家湾
李店农场
朱堰湾
桃源村
张岗村
谢店村
图例
现状
规划
旱地
水田
林地
荒草地
居民点
果园
晒谷场
河流水面
坑塘水面
墓葬地
铁路
公路
原有道路
原有水系
村界
乡镇、街乡界
县、区、县级市界
地区、州、地级市界
项目区边界
斗渠
农渠
斗沟
农沟
灌排合一渠
管渠／沟
田间道
生产路
机耕桥
泵站
节制闸
滚水坝
渡槽
倒虹吸

# 项目建后实景图

潘塘低丘岗项目李店村土地平整

潘塘低丘岗项目孙寨村新建台渠

潘塘低丘岗项目新增耕地

潘塘低丘岗项目孙寨村新建泵站

潘塘低丘岗项目泥结石田间道、硬化沟渠、水泥路、行道树

# XZ09

## 新洲区汪集街
## 新农村试点土地整理项目

### 项目基本情况

**立 项 时 间：**2009 年 12 月

**验 收 时 间：**2015 年 12 月

**项 目 类 型：**新农村试点

**投 资 金 额：**1415 万元

**资 金 来 源：**省级新增费

**建 设 规 模：**9992 亩

**建 设 地 点：**武汉市新洲区汪集西北部

**规划设计单位：**华中农业大学

**工程监理单位：**襄阳华罡项目管理有限公司

**工程施工单位：**武汉市新洲区水工建筑工程公司、武汉常博建设集团有限公司、湖北宏盛水利水电工程有限公司

**项目建设成果：**

1. 土地平整工程：平整面积约 15 公顷、土方量约 3 万立方米；

2. 农田水利工程：修复斗渠 6783 米，新建斗渠 2766 米，新建农渠 24670 米，修复农渠 9853 米，新建斗沟 973 米，修复斗沟 677 米，新建农沟 20253 米，修复农沟 4919 米，新建渠涵 115 座；

3. 田间道路工程：新建生产路 7667 米，修复生产路 5115 米，新建田间道 6015 米，修复田间路 14001 米；

4. 其他工程：种植防护林 7259 株，修建晒场 924 平方米。

## 项目竣工图

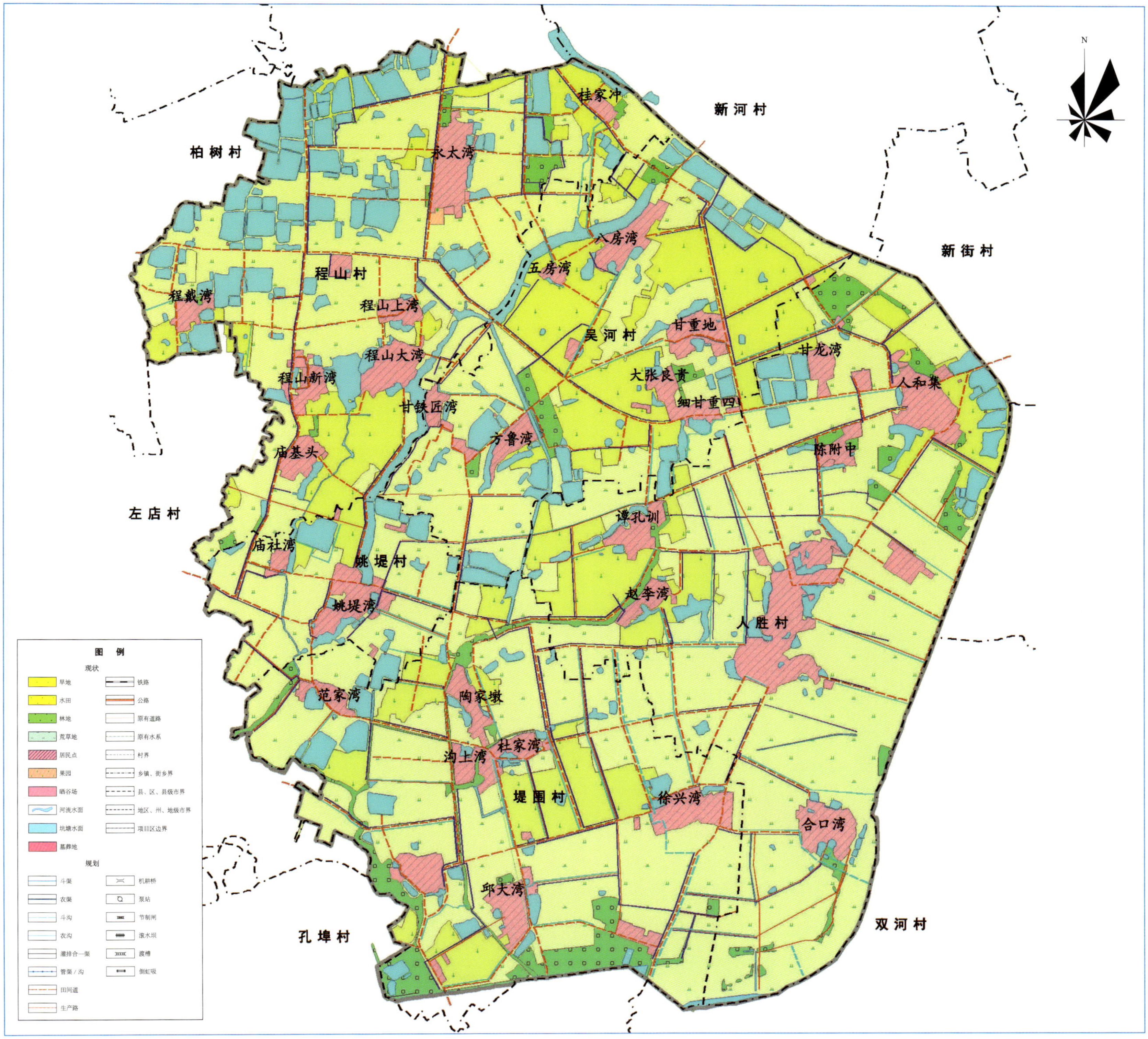
N
柏树村
新河村
新街村
左店村
孔埠村
双河村
桂家冲
永太湾
八房湾
五房湾
程山村
程戴湾
程山上湾
程山大湾
程山新湾
吴河村
甘重地
甘龙湾
大张良贵
细甘重四
人和集
甘铁匠湾
方鲁湾
庙基头
陈附中
谭孔训
庙社湾
姚堤村
姚堤湾
赵李湾
人胜村
范家湾
陶家墩
沟上湾
杜家湾
堤围村
徐兴湾
合口湾
邱大湾
图 例
现状
旱地
水田
林地
荒草地
居民点
果园
晒谷场
河流水面
坑塘水面
墓葬地
铁路
公路
原有道路
原有水系
村界
乡镇、街乡界
县、区、县级市界
地区、州、地级市界
项目区边界
规划
斗渠
农渠
斗沟
农沟
灌排合一渠
管渠 / 沟
田间道
生产路
机耕桥
泵站
节制闸
滚水坝
渡槽
倒虹吸

# 项目建后实景图

汪集新农村项目水泥路、农沟、土地平整

汪集新农村项目人胜村水泥路及泵站

汪集新农村项目田间道及标识牌

汪集新农村项目吴河村护砌沟渠及新建节制闸

汪集新农村项目人胜村新建水泥路及台渠

# XZ10

## 新洲区邾城街顾岗土地整理项目

### 项目基本情况

**立 项 时 间：**2011 年 12 月

**验 收 时 间：**2015 年 12 月

**项 目 类 型：**基本农田整治

**投 资 金 额：**3675 万元

**资 金 来 源：**省级新增费

**建 设 规 模：**15000 亩

**建 设 地 点：**武汉市新洲区邾城街顾岗

**规划设计单位：**武汉跨时空国土规划设计有限公司

**工程监理单位：**襄阳华罡项目管理有限公司

**工程施工单位：**湖北宏缘市政工程建设有限公司、湖北远通路桥工程有限公司、湖北金银湖机械化施工工程有限责任公司、武汉新宇建设集团有限公司、融天建设工程有限公司

**项目建设成果：**

1. 土地平整工程：平整面积约 9 公顷、土方量约 2 万立方米；
2. 农田水利工程：坑塘整治 59 口，斗渠 12320 米，农渠 24158 米，斗灌排 2645 米，农灌排 10782 米，引水渠 162 米，出水渠 281 米，斗沟 4770 米，农沟 1692 米，清淤沟 442 米，涵管 987 座，盖板涵 36 座，泵站 15 座，引水坝 1 座；
3. 田间道路工程：新建田间道 56808 米，生产路 19254 米，机耕桥 16 座；
4. 其他工程：晒场 33011 平方米，种植香樟 1459 棵，意杨 3774 棵。

# 项目竣工图

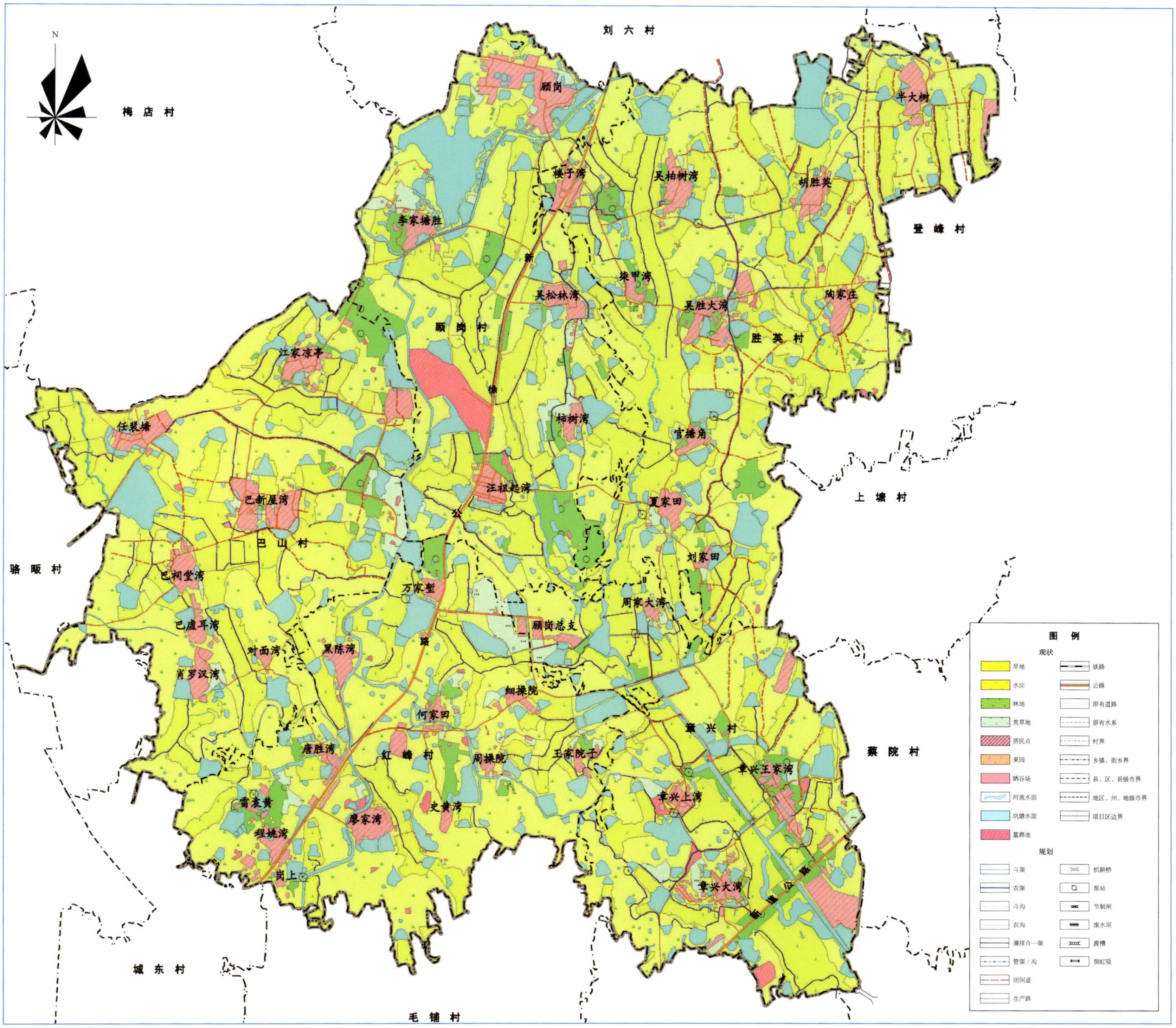
N
刘六村
梅店村
登峰村
上塘村
骆畈村
蔡院村
城东村
毛铺村
顾岗
半大树
楼子湾
吴柏树湾
胡胜英
李家塘胜
柒甲湾
吴松林湾
吴胜大湾
陶家庄
顾岗村
胜英村
江家凉亭
柿树湾
官塘角
任裴塘
汪祖起湾
巴新屋湾
夏家田
巴山村
刘家田
巴祠堂湾
万家堑
周家大湾
巴虚耳湾
顾岗总支
对面湾
黑陈湾
肖罗汉湾
细操院
何家田
章兴村
唐胜湾
红峰村
周操院
王家院子
章兴王家湾
雷裘黄
章兴上湾
程姚湾
廖家湾
史黄湾
岗上
章兴大湾
图例
现状
旱地
水田
林地
荒草地
居民点
果园
晒谷场
河流水面
坑塘水面
墓葬地
铁路
公路
原有道路
原有水系
村界
乡镇、街乡界
县、区、县级市界
地区、州、地级市界
项目区边界
规划
斗渠
农渠
斗沟
农沟
灌排合一渠
管渠 / 沟
田间道
生产路
机耕桥
泵站
节制闸
滚水坝
渡槽
倒虹吸

# 项目建后实景图

邾城顾岗项目章兴村大沟护砌及标识牌

邾城顾岗项目章兴村沟护砌、新修水泥路

邾城顾岗项目胜英村新建田间道

郝城顾岗项目章兴村修复机耕桥

郝城顾岗项目新修支渠

# XZ11

## 新洲区潘塘街
## 青山土地整理项目

### 项目基本情况

**立 项 时 间：**2012 年 12 月

**验 收 时 间：**2016 年 9 月

**项 目 类 型：**基本农田整治

**投 资 金 额：**3548 万元

**资 金 来 源：**切块资金

**建 设 规 模：**15000 亩

**建 设 地 点：**武汉市新洲区潘塘街北部

**规划设计单位：**湖北省国土测绘院

**工程监理单位：**襄阳地质工程勘察院

**工程施工单位：**武汉嘉华长江建筑工程有限公司、湖北天台山市政工程有限公司、武汉市金华正茂建筑有限公司、红安县市政建设工程公司、武汉市江夏区第二建筑工程有限公司、湖北盛鑫建筑安装工程公司

**项目建设成果：**

1. 农田水利工程：修复斗渠 3691 米，新建斗渠 7898 米，修复灌排渠 4756 米，修复斗沟 2874 米，大沟护砌 10074 米，涵管 878 座，清淤塘 11514 平方米，清淤土方量约 0.6 万立方米，滚水坝 6 座，泵站 5 座，涵管暗渠 1168 米；

2. 田间道路工程：新建水泥路 20924 米，田间道 43481 米，新建生产路 170 米，新建机耕桥 21 座；

3. 村庄整治工程：新建水泥路 4409 米，新建排污沟 1672 米，新建晒谷场 56430 平方米，新建栏杆 563 米；

4. 其他工程：种植防护林 3007 株，沉砂池 150 座。

# 项目竣工图

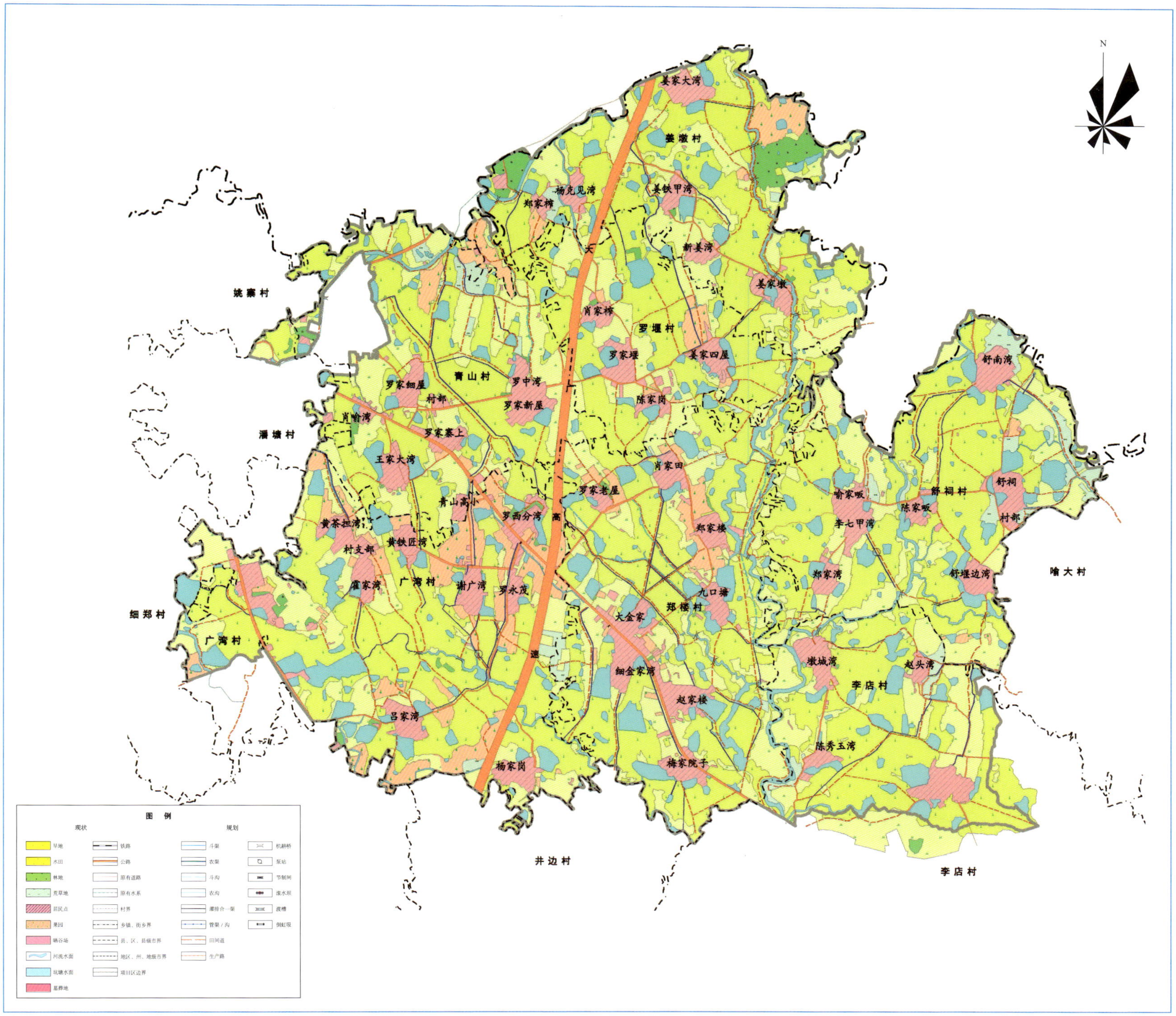
N
姜家大湾
姜墩村
杨克见湾
郑家榜
姜铁甲湾
新姜湾
姚寨村
姜家墩
肖家榜
罗堰村
罗家堰
姜家四屋
舒南湾
青山村
罗家细屋
罗中湾
村部
罗家新屋
陈家岗
潘塘村
肖喻湾
罗家寨上
王家大湾
肖家田
罗家老屋
喻家畈
舒祠村
舒祠
陈家畈
青山高小
罗西分湾
黄茶担湾
村支部
黄铁匠湾
郑家楼
李七甲湾
村部
郑家湾
舒堰边湾
喻大村
霍家湾
广湾村
谢广湾
罗永茂
九口塘
郑楼村
大金家
细郑村
广湾村
墩城湾
赵头湾
细金家湾
李店村
赵家楼
吕家湾
陈秀玉湾
杨家岗
梅家院子
井边村
李店村
图 例

# 项目建后实景图

潘塘青山项目标识牌

潘塘青山项目郑楼村新建斗渠

潘塘青山项目新建晒场

潘塘青山项目郑楼村大沟清淤护砌与新建田间道

潘塘青山项目郑楼村新建机耕桥

# XZ12

## 新洲区仓埠街 方杨土地整理项目

### 项目基本情况

**立 项 时 间：**2012 年 12 月

**验 收 时 间：**2016 年 9 月

**项 目 类 型：**基本农田整治

**投 资 金 额：**3554 万元

**资 金 来 源：**切块资金

**建 设 规 模：**15000 亩

**建 设 地 点：**武汉市新洲区仓埠街西北部

**规划设计单位：**湖北省国土测绘院

**工程监理单位：**湖北艺海工程项目管理有限公司

**工程施工单位：**湖北欣海建设工程有限公司、晟阳建设工程有限公司、随县神农建筑工程有限公司、湖北红源市政建设工程有限公司、武汉顺华建筑工程有限公司

**项目建设成果：**

1. 农田水利工程：坑塘整治 16 口，坑塘填埋 3 口，坑塘护砌 14 口，斗渠 6052 米，农渠 4970 米，灌排渠 1487 米，大沟护砌 5276 米，护砌清淤沟 3334 米，清淤斗沟 2256 米，涵管 903 座，涵洞 2 座，泵站 20 座，滚水坝 17 座，抽水平台 2 处，分水闸 1 座，分水口 55 座；

2. 田间道路工程：完成新建水泥路 27158 米，田间道 42842 米，机耕桥 17 座；

3. 其他工程：种植防护林 33350 株，新建晒谷场 12317 平方米。

## 项目竣工图

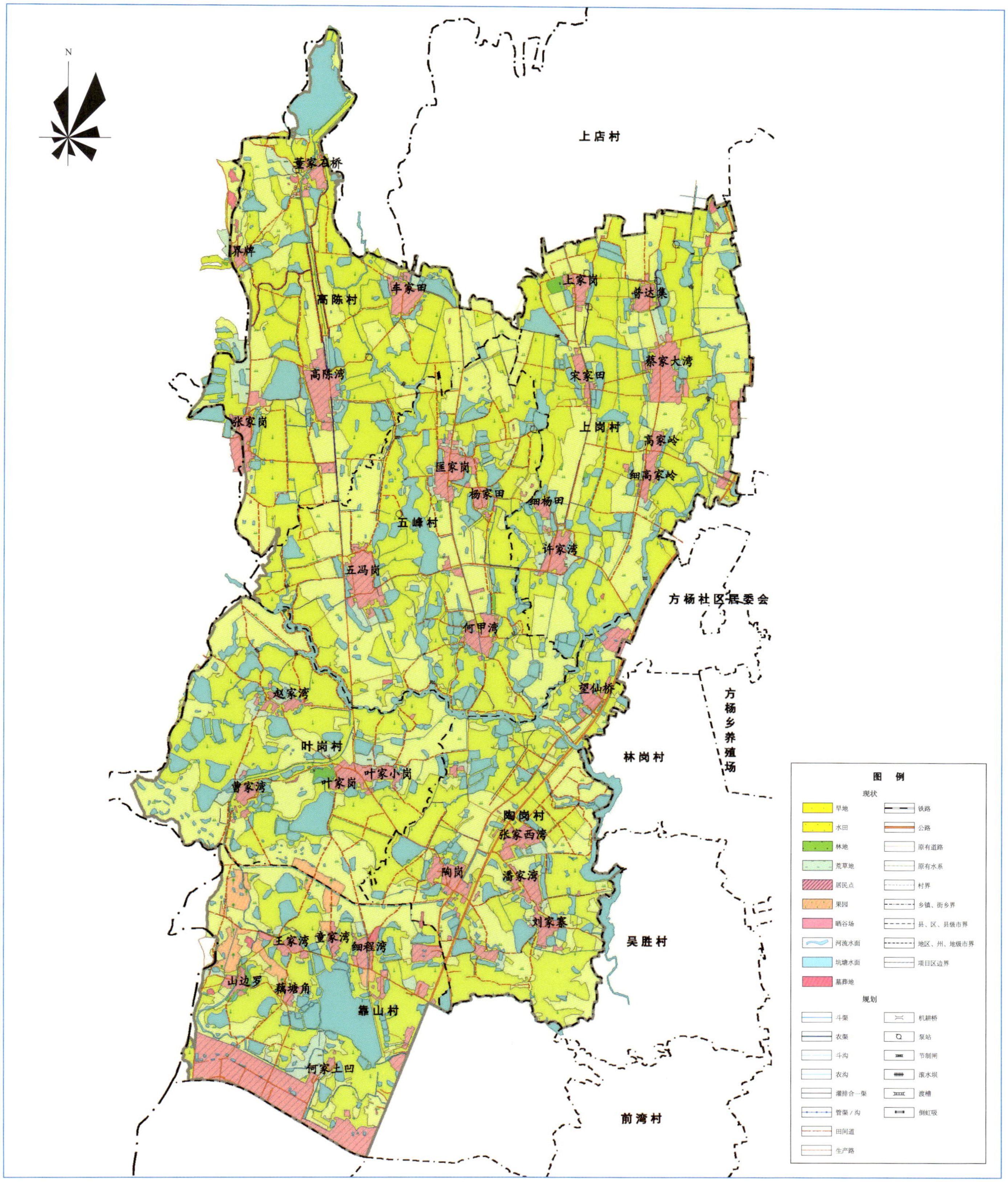
N
上店村
董家石桥
界牌
高陈村
丰家田
高陈湾
张家岗
上家岗
昝达集
蔡家大湾
宋家田
上岗村
高家岭
细高家岭
匡家岗
杨家田
细杨田
五峰村
许家湾
五冯岗
方杨社区居委会
何甲湾
望仙桥
方杨乡养殖场
赵家湾
叶岗村
林岗村
叶家小岗
叶家岗
曹家湾
陶岗村
张家西湾
陶岗
潘家湾
刘家塞
吴胜村
王家湾
曹家湾
细程湾
山边罗
藕塘角
靠山村
何家上凹
前湾村
图例
现状
旱地
水田
林地
荒草地
居民点
果园
晒谷场
河流水面
坑塘水面
墓葬地
铁路
公路
原有道路
原有水系
村界
乡镇、街乡界
县、区、县级市界
地区、州、地级市界
项目区边界
规划
斗渠
农渠
斗沟
农沟
灌排合一渠
管渠／沟
田间道
生产路
机耕桥
泵站
节制闸
滚水坝
渡槽
倒虹吸

# 项目建后实景图

仓埠方杨项目标识牌与水泥田间道

仓埠方杨项目叶岗村大沟清淤护砌、机耕桥

仓埠方杨项目叶岗村土地平整与新修水泥路、机耕桥

仓埠方杨项目陶岗村新建机耕桥

仓埠方杨项目陶岗村坑塘清淤护砌、新修田间道

# XZ13

# 新洲区旧街街 王屋土地整理项目

## 项目基本情况

**立 项 时 间：**2014 年 6 月

**验 收 时 间：**2016 年 11 月

**项 目 类 型：**基本农田整治

**投 资 金 额：**3680 万元

**资 金 来 源：**省级新增费

**建 设 规 模：**15000 亩

**建 设 地 点：**武汉市新洲区旧街街西北部

**规划设计单位：**南京金和黄土地规划设计有限公司

**工程监理单位：**湖北瑞洪工程管理有限公司

**工程施工单位：**武汉市金华正茂建筑有限公司、湖北政泽建设工程有限公司、武汉市傅友建设集团有限公司、武汉中袖建筑工程有限公司、武汉金纺建设集团有限公司、湖北住宅建设工程有限公司

**项目建设成果：**

1. 土地平整工程：平整面积约 7 公顷、土方量约 1 万立方米；

2. 农田水利工程：修建支渠 1151 米，修建斗渠 3078 米，修建农渠 30969 米，修建灌排合渠 19751 米，修建农沟 13025 米，护砌 6207 米，坑塘清淤 35 口，过水涵管 1045 处，下田埠 919 处，放水口 746 处，泵站 29 座，溢流坝 4 座，倒虹吸 8 座；

3. 田间道路工程：硬化水泥路 40804 米，田间道 13588 米，生产路 24428 米，农桥 12 座；

4. 村庄整治工程：修建晒谷场 35507 平方米，花坛 238 座，防护栏 1812 米；

5. 其他工程：种植防护林 13706 株。

# 项目竣工图

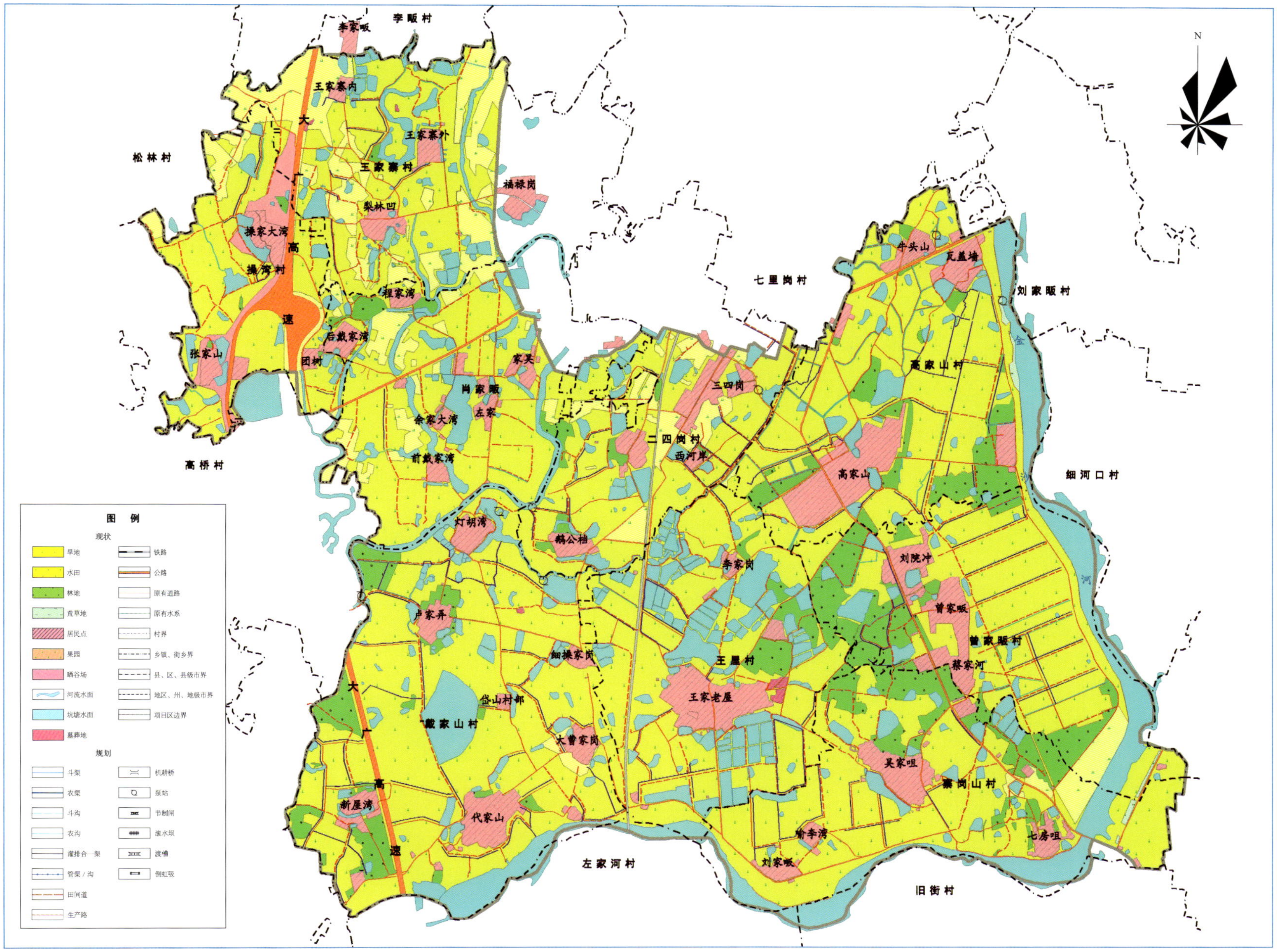
N
李家畈
李畈村
王家寨内
王家寨外
王家寨村
松林村
福禄岗
梨林凹
操家大湾
操家村
程家湾
后戴家湾
张家山
团村
家吴
肖家畈
左家
余家大湾
前戴家湾
高桥村
七里岗村
牛头山
瓦屋墙
刘家畈村
高家山村
三四岗
二四岗村
西河岸
高家山
细河口村
灯胡湾
鹤公村
李家岗
刘院冲
曾家畈
曾家畈村
卢家弄
细操家岗
王垦村
蔡家河
王家老屋
岱山村部
戴家山村
大曾家岗
吴家咀
新屋湾
代家山
高岗山村
喻李湾
七房咀
刘家畈
左家河村
旧街村
大广高速
图例
现状
旱地
水田
林地
荒草地
居民点
果园
晒谷场
河流水面
坑塘水面
墓葬地
铁路
公路
原有道路
原有水系
村界
乡镇、街乡界
县、区、县级市界
地区、州、地级市界
项目区边界
规划
斗渠
农渠
斗沟
农沟
灌排合一渠
管渠 / 沟
田间道
生产路
机耕桥
泵站
节制闸
滚水坝
渡槽
倒虹吸

# 项目建后实景图

旧街街王屋项目标识牌、寨岗山村新建水泥路

旧街街王屋项目寨岗山村新建涵管桥

旧街街王屋项目曾家畈村坑塘整治

旧街街王屋项目寨岗山村新建水泥路及斗渠护砌

旧街街王屋项目新建晒场

# XZ14

## 新洲区凤凰镇
## 胜利土地整理项目

### 项目基本情况

**立 项 时 间：**2014 年 6 月

**验 收 时 间：**2016 年 11 月

**项 目 类 型：**基本农田整治

**投 资 金 额：**3432 万元

**资 金 来 源：**省级新增费

**建 设 规 模：**15000 亩

**建 设 地 点：**武汉市新洲区凤凰镇东部

**规划设计单位：**武汉联众拓普土地利用科技有限公司

**工程监理单位：**襄阳华罡项目管理有限公司

**工程施工单位：**湖北伟业建筑工程有限公司、武汉常阳新力建设工程有限公司、宜昌华宇建设工程有限公司

**项目建设成果：**

1. 土地平整工程：平整面积约 1 公顷、土方量约 0.3 万立方米，坑塘填埋约 0.5 万立方米；

2. 农田水利工程：斗渠 1163 米，斗沟 2129 米，农沟 7735 米，泵站 5 座，盖板涵 4 座，涵管 239 座，护坡 2455 米；

3. 田间道路工程：水泥路 41424 米，田间道 5426 米，机耕桥 21 座，挡土墙 348 米；

4. 村庄整治工程：坑塘整治 17 口，村庄水泥路 4544 米，下水道 1144 米，晒场 37537 平方米，厕所 18 座，立面整治 4217 平方米；

5. 其他工程：种植防护林 9968 株。

# 项目竣工图

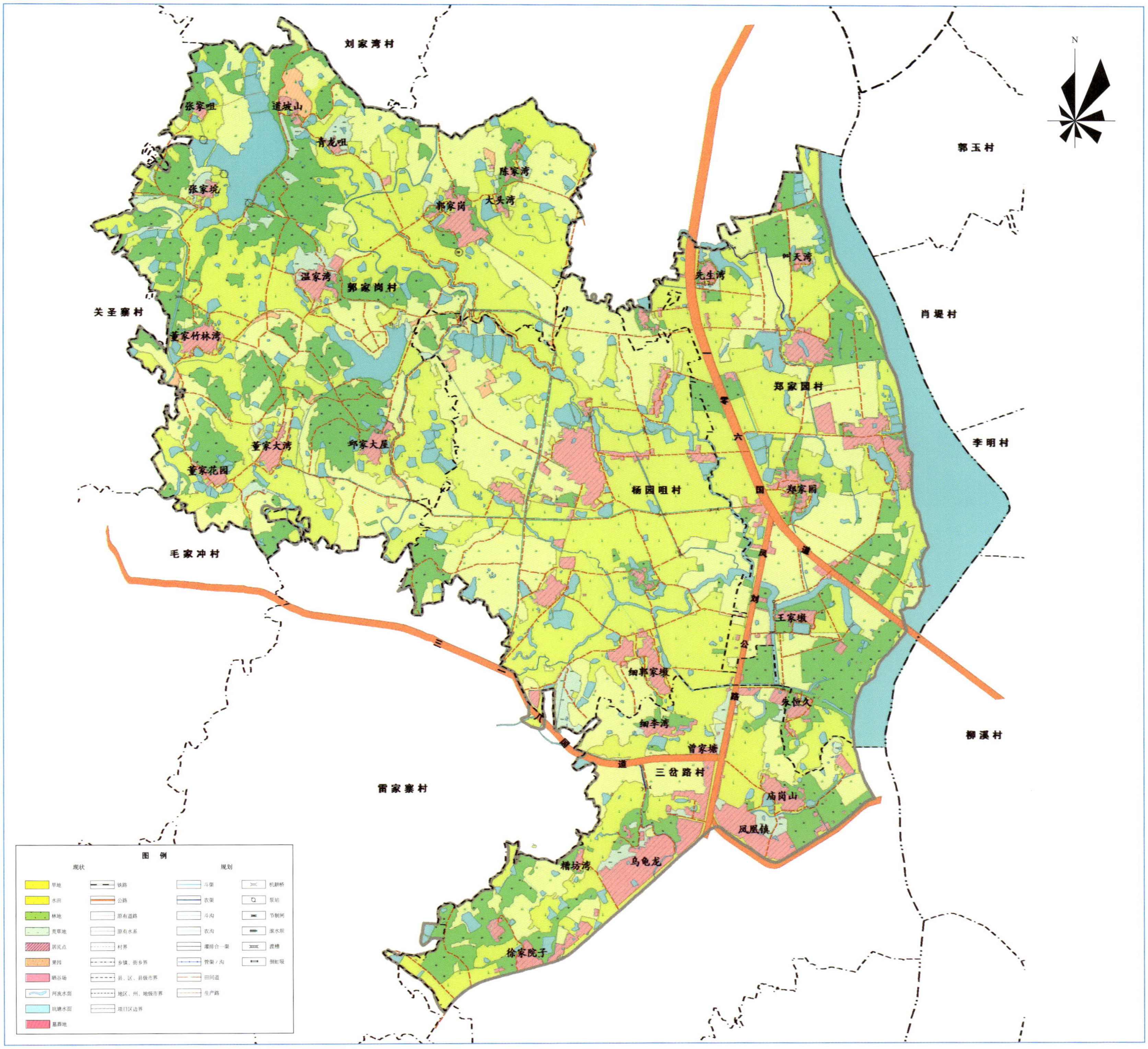

N
刘家湾村
郭玉村
肖堤村
李明村
柳溪村
关圣寨村
毛家冲村
雷家寨村
张家咀
道城山
青龙咀
张家垸
陈家湾
大头湾
郭家岗
温家湾
郭家岗村
先生湾
叶大湾
董家竹林湾
郑家园村
董家大湾
董家花园
杨园咀村
郑家园
王家墩
细郭家墩
朱恒久
细李湾
曾家墩
三岔路村
庙岗山
凤凰镇
乌龟龙
糟坊湾
徐家院子
图 例
现状
规划

# 项目建后实景图

凤凰胜利项目杨园咀村坑塘整治

凤凰胜利项目郑家园村大沟护砌

凤凰胜利项目郑家园村新建机耕桥与田间道

凤凰胜利项目杨园咀村新建泵站

凤凰胜利项目郑家园村新建晒场

# XZ15

## 新洲区仓埠街
## 周铺土地整理项目

### 项目基本情况

**立 项 时 间：** 2014 年 6 月

**验 收 时 间：** 2016 年 11 月

**项 目 类 型：** 基本农田整治

**投 资 金 额：** 3688 万元

**资 金 来 源：** 省级新增费

**建 设 规 模：** 15000 亩

**建 设 地 点：** 武汉市新洲区仓埠街东南部

**规划设计单位：** 武汉祥新行规划设计咨询有限公司

**工程监理单位：** 湖北守信建设工程管理有限公司

**工程施工单位：** 湖北东交市政工程有限公司、中都建设集团有限公司、湖北江城建筑安装工程有限公司、武汉金银湖机械化施工工程有限责任公司、武汉亚忻市政工程有限公司

**项目建设成果：**

1. 土地平整工程：平整面积约 11 公顷、土方量约 2 万立方米；

2. 农田水利工程: 农沟 5507 米，砖砌渠 40 米，现浇渠 9007 米，单边护砌沟 6552 米，栏杆 3221 米，清淤沟 4561 米，涵管 271 座；

3. 田间道路工程：水泥路 46001 米，田间道 4389 米，机耕桥 14 座，节制闸 4 座；

4. 村庄整治工程：坑塘整治 30 口，82799 平方米，坑塘护坡 9192 米，栏杆 2168 米，晒场 12817 米；

5. 其他工程：种植防护林 1500 株，三叶草 6618 平方米。

# 项目竣工图

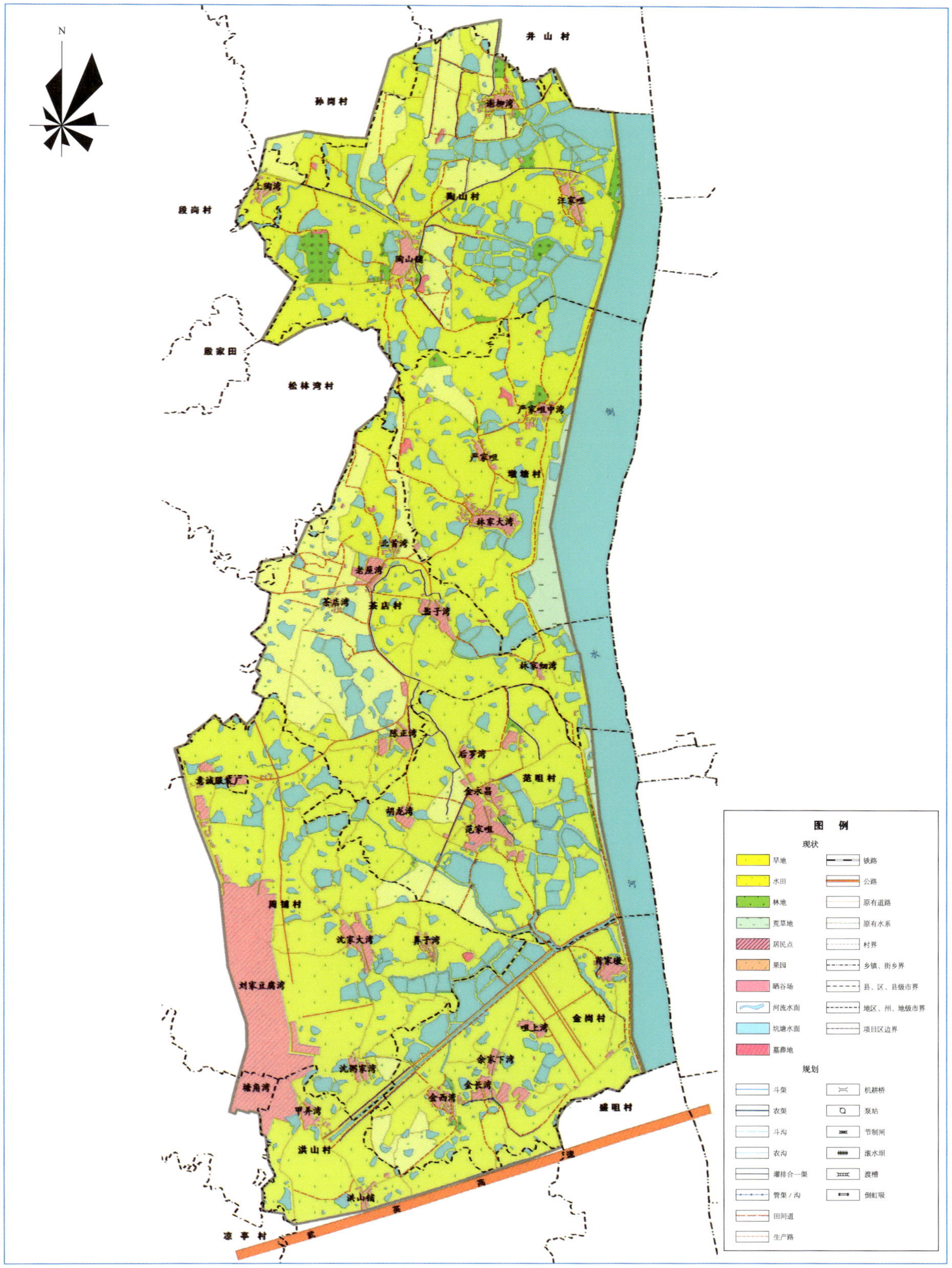
N
图 例
现状
旱地
水田
林地
荒草地
居民点
果园
晒谷场
河流水面
坑塘水面
墓葬地
铁路
公路
原有道路
原有水系
村界
乡镇、街乡界
县、区、县级市界
地区、州、地级市界
项目区边界
规划
斗渠
农渠
斗沟
农沟
灌排合一渠
管渠 / 沟
田间道
生产路
机耕桥
泵站
节制闸
滚水坝
渡槽
倒虹吸

# 项目建后实景图

仓埠周铺项目铺村村湾整治、当家塘清淤护砌

仓埠周铺项目大理石桥栏标识

仓埠周铺项目标识牌、金岗村新建水泥路

仓埠周铺项目金岗村大沟护砌、机耕桥、水泥路

仓埠周铺项目金岗村新建机耕桥

仓埠周铺项目范咀村节制闸

# XZ16

## 新洲区潘塘街
## 赤城基本农田土地整治项目

### 项目基本情况

**立项时间：** 2014年7月

**验收时间：** 2016年10月

**项目类型：** 蔬菜基地

**投资金额：** 2415万元

**资金来源：** 切块资金

**建设规模：** 10000亩

**建设地点：** 武汉市新洲区潘塘街西北部

**规划设计单位：** 武汉市蔡甸区水利建筑工程设计院

**工程监理单位：** 达华工程管理（集团）有限公司湖北分公司

**工程施工单位：** 武汉雅阁市政建设工程有限公司、湖北科联建设工程有限公司、武汉市培源建筑有限公司（2015年已变更为中诺建设集团有限公司）

**项目建设成果：**

1. 土地平整工程：平整面积约6公顷、土方量约1万立方米，土地翻耕约5公顷；

2. 农田水利工程：排灌渠53170米，排灌港清淤护砌2578米，坑塘清淤40口、土方量约14万立方米，坑塘护砌22口、长度4304米，新建涵管286座，新建涵闸1座，新建改造泵站8座，新建拦水坝2座，分水口127处，新建盖板涵4座；

3. 田间道路工程：新建主干道11925米、新建田间道11892米、新建生产路14055米，修建简易下田涵943座，机耕桥11座；

4. 其他工程：完成植树18098株；新建晒谷场13处，3455平方米。

## 项目竣工图

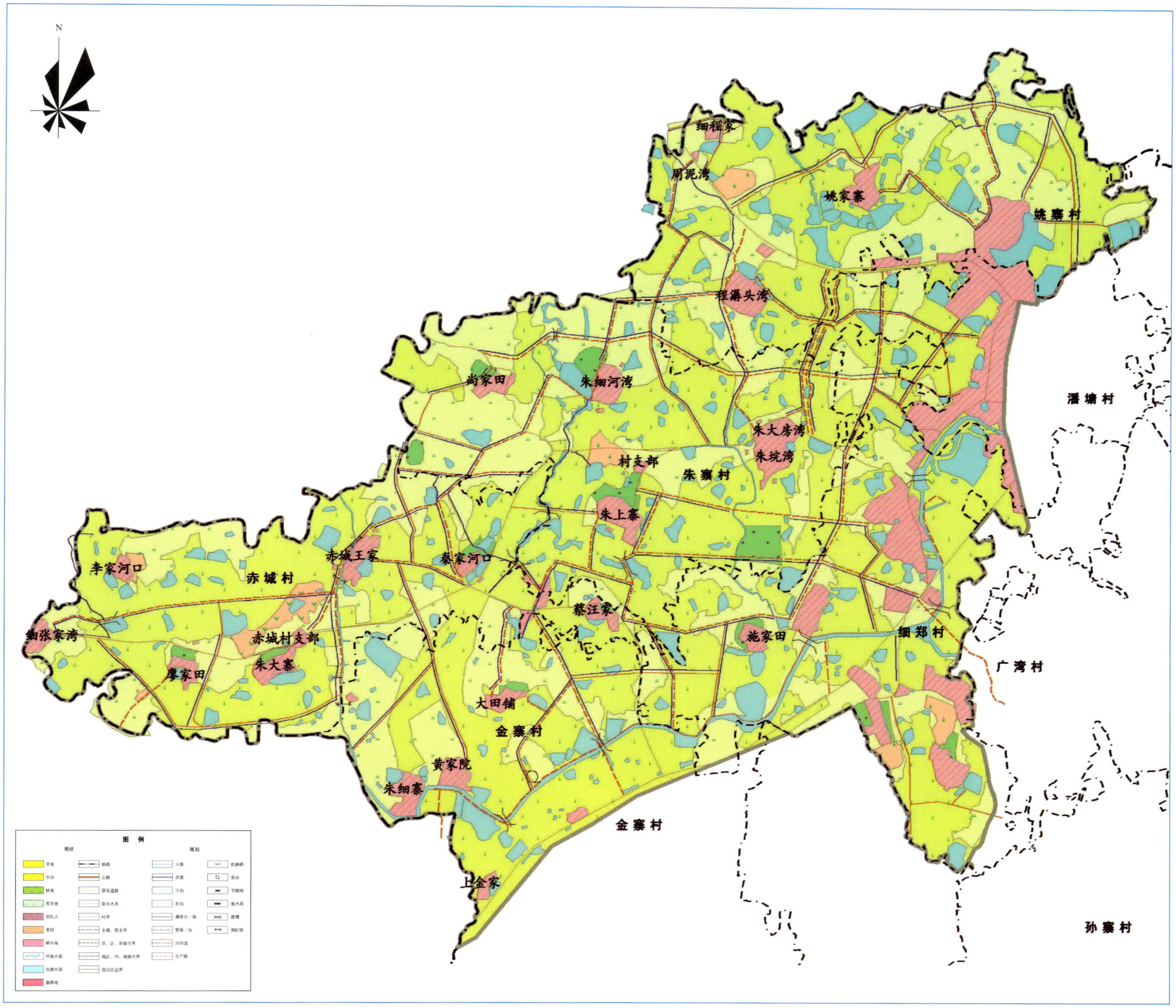
N
细程家
周泥湾
姚家寨
姚寨村
程瀚头湾
尚家田
朱细河湾
潘塘村
朱大房湾
朱垸湾
村支部
朱寨村
朱上寨
李家河口
赤城王家
秦家河口
赤城村
蔡汪家
细张家湾
赤城村支部
施家田
细郑村
朱大寨
廖家田
广湾村
大田铺
金寨村
黄家院
朱细寨
金寨村
上金家
孙寨村
图例
现状
规划
旱地
水田
林地
荒草地
居民点
果园
晒谷场
河流水面
坑塘水面
墓葬地
铁路
公路
原有道路
原有水系
村界
乡镇、街乡界
县、区、县级市界
地区、州、地级市界
项目区边界
斗渠
农渠
斗沟
农沟
灌排合一渠
管渠/沟
田间道
生产路
机耕桥
泵站
节制闸
滚水坝
渡槽
倒虹吸

# 项目建后实景图

潘塘赤城项目标识牌、灌排工程与道路工程

潘塘赤城项目姚寨村硬化农沟、泥结石田间道

潘塘赤城项目潘塘村新建机耕桥

潘塘赤城项目水泥路、机耕桥、河港护砌

潘塘赤城项目姚寨村新建节制闸

# XZ17

## 新洲区汪集街
## 设施蔬菜基地建设项目

### 项目基本情况

**立 项 时 间：**2014 年 7 月

**验 收 时 间：**2015 年 12 月

**项 目 类 型：**蔬菜基地

**投 资 金 额：**214 万元

**资 金 来 源：**省级新增费

**建 设 规 模：**1428 亩

**建 设 地 点：**新洲区汪集街

**规划设计单位：**武汉市蔡甸区水利建筑工程设计院

**工程监理单位：**武汉众江源工程监理有限公司

**工程施工单位：**湖北世纪佳居建设有限公司

**项目建设成果：**

1. 土地平整工程：平整面积约 6 公顷、土方量约 1 万立方米；

2. 农田水利工程：新建农渠 6476 米，新建斗渠 1081 米，新建泵站 3 座，新建过路涵管 35，新建下田涵 15 座；

3. 田间道路工程：新建生产路 7557 米。

## 项目竣工图

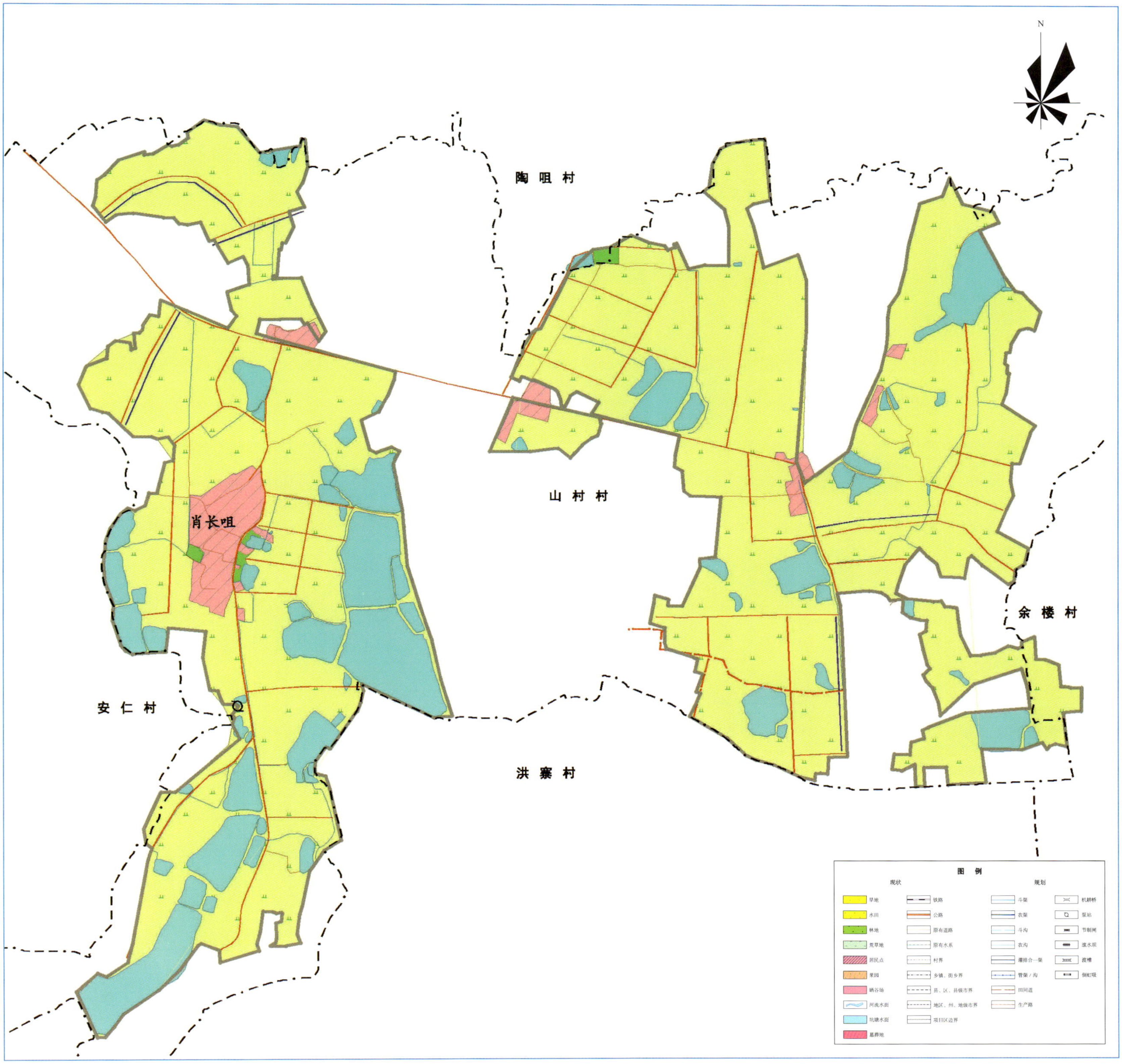
N
陶 咀 村
山 村 村
肖长咀
余 楼 村
安 仁 村
洪 寨 村
图 例
现状
规划
旱地
水田
林地
荒草地
居民点
果园
晒谷场
河流水面
坑塘水面
墓葬地
铁路
公路
原有道路
原有水系
村界
乡镇、街乡界
县、区、县级市界
地区、州、地级市界
项目区边界
斗渠
农渠
斗沟
农沟
灌排合一渠
管渠／沟
田间道
生产路
机耕桥
泵站
节制闸
滚水坝
渡槽
倒虹吸

# 项目建后实景图

汪集蔬菜基地项目山村村土地平整

汪集蔬菜基地项目平整区土地上建立的葡萄园与大棚

汪集蔬菜基地项目山村村水泥田间道

汪集蔬菜基地项目山村村泥结石田间道

汪集蔬菜基地项目山村村新修农渠

# XZ18

## 新洲区永立村
## 泽强设施蔬菜基地建设项目

### 项目基本情况

**立 项 时 间：**2014 年 7 月

**验 收 时 间：**2015 年 12 月

**项 目 类 型：**蔬菜基地

**投 资 金 额：**321 万元

**资 金 来 源：**省级新增费

**建 设 规 模：**2143 亩

**建 设 地 点：**武汉市新洲区邾城街

**规划设计单位：**武汉市蔡甸区水利建筑工程设计院

**工程监理单位：**武汉众江源工程监理有限公司

**工程施工单位：**武汉绿洲源建筑工程有限公司

**项目建设成果：**

1. 土地平整工程：平整面积约 2 公顷、土方量约 0.3 万立方米；

2. 农田水利工程：新建农渠 11873 米，排灌港清淤 3249 米，坑塘清淤 3 口，新建涵管 20 座，新建泵站 5 座，新建下田涵 63 座；

3. 田间道路工程：新建生产路 11576 米。

# 项目竣工图

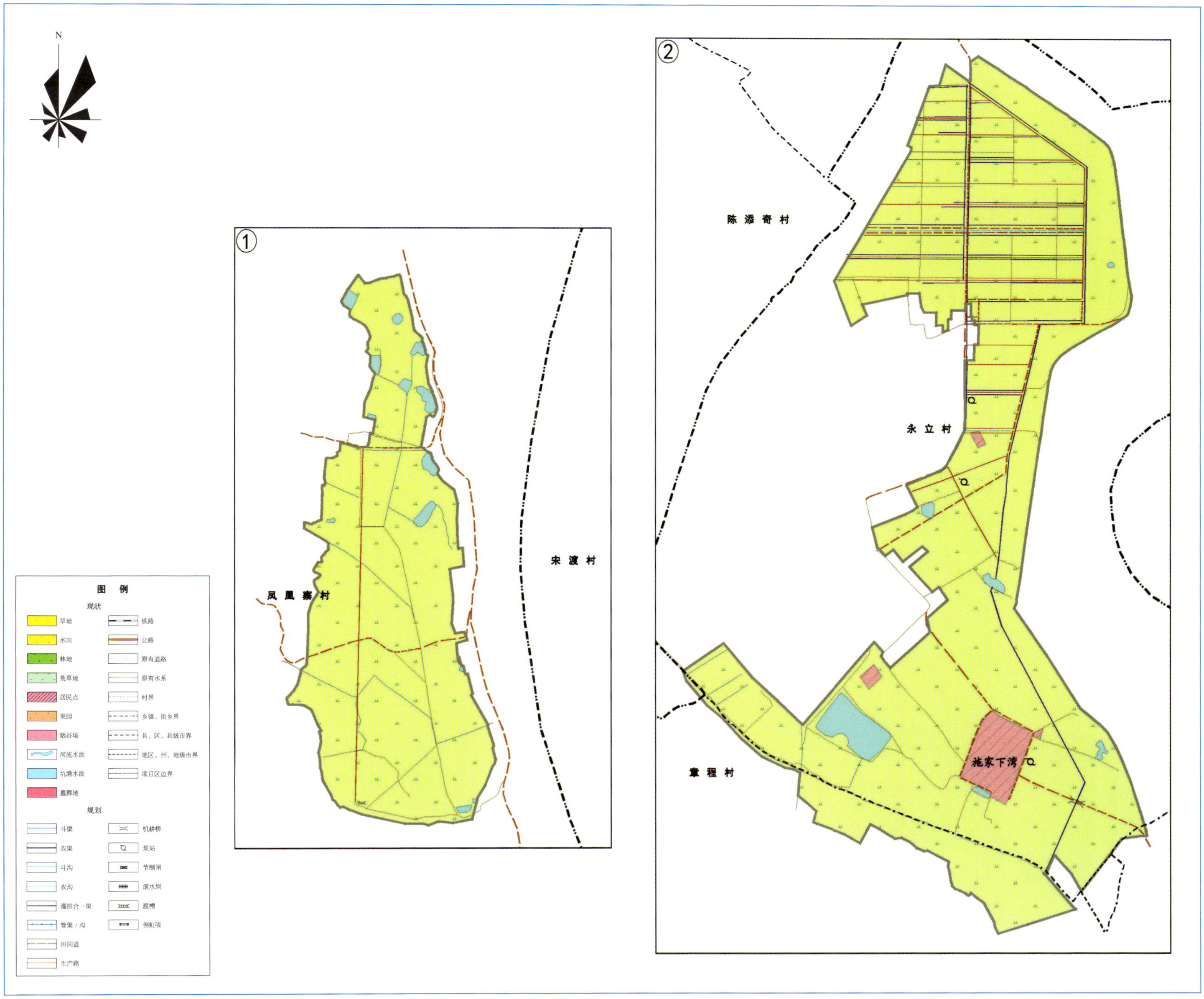
N
①
②
陈 添 奇 村
永 立 村
宋 渡 村
凤 凰 寨 村
章 程 村
施家下湾
图 例
现状
旱地
水田
林地
荒草地
居民点
果园
晒谷场
河流水面
坑塘水面
墓葬地
铁路
公路
原有道路
原有水系
村界
乡镇、街乡界
县、区、县级市界
地区、州、地级市界
项目区边界
规划
斗渠
农渠
斗沟
农沟
灌排合一渠
管渠 / 沟
田间道
生产路
机耕桥
泵站
节制闸
滚水坝
渡槽
倒虹吸

# 项目建后实景图

永立泽强蔬菜基地项目土地平整

永立泽强蔬菜基地项目平整区大棚及作物

永立泽强蔬菜基地项目新建生产路

永立泽强蔬菜基地项目新建排水沟

# XZ19

## 新洲区武汉天立藏慧园 设施蔬菜基地建设项目

### 项目基本情况

**立项时间：**2014年7月

**验收时间：**2015年12月

**项目类型：**蔬菜基地

**投资金额：**214万元

**资金来源：**省级新增费

**建设规模：**1428亩

**建设地点：**武汉市新洲区汪集街

**规划设计单位：**武汉市蔡甸区水利建筑工程设计院

**工程监理单位：**武汉众江源工程监理有限公司

**工程施工单位：**湖北世纪佳居建设有限公司

**项目建设成果：**

1. 土地平整工程：平整面积约3公顷、土方量约0.7万立方米；

2. 农田水利工程：新建农渠9612米，新建排灌港1186米，清淤排灌港2617米，新建涵管36座，新建下田涵55座；

3. 田间道路工程：新建田间道1688米，生产路5057米。

# 项目竣工图

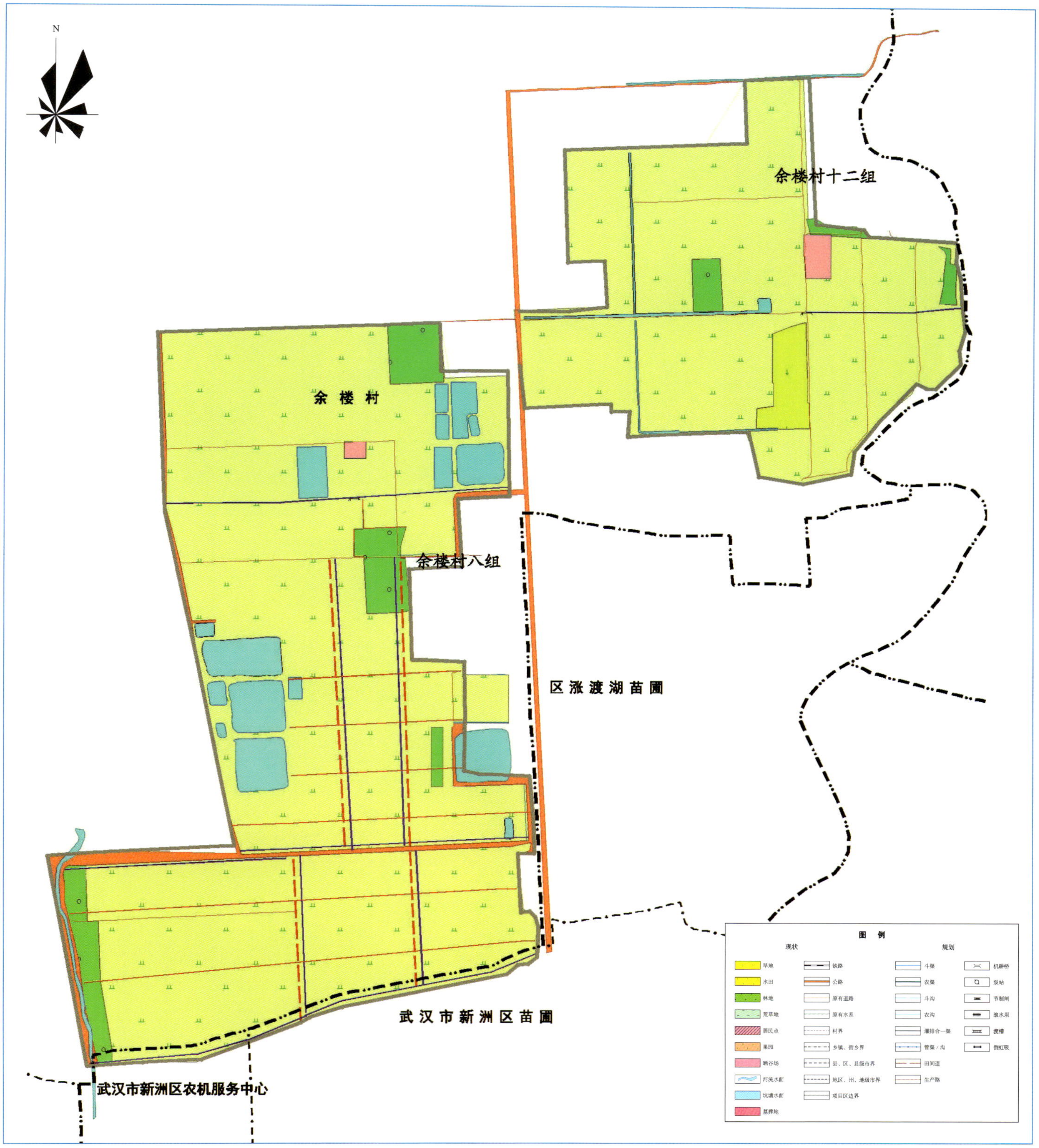
N
余楼村十二组
余 楼 村
余楼村八组
区 涨 渡 湖 苗 圃
武 汉 市 新 洲 区 苗 圃
武汉市新洲区农机服务中心
图 例
现状
规划
旱地
水田
林地
荒草地
居民点
果园
晒谷场
河流水面
坑塘水面
墓葬地
铁路
公路
原有道路
原有水系
村界
乡镇、街乡界
县、区、县级市界
地区、州、地级市界
项目区边界
斗渠
农渠
斗沟
农沟
灌排合一渠
管渠 / 沟
田间道
生产路
机耕桥
泵站
节制闸
滚水坝
渡槽
倒虹吸

# 项目建后实景图

藏慧园蔬菜基地项目余楼村土地平整

藏慧园蔬菜基地项目余楼村水泥田间道

藏慧园蔬菜基地项目整治后建设的现代化蔬菜加工厂

藏慧园蔬菜基地项目余楼村新建U形渠

# XZ20

## 新洲区凤凰镇郑元村
## 东方神龙设施蔬菜基地建设项目

### 项目基本情况

**立 项 时 间：** 2014 年 7 月

**验 收 时 间：** 2015 年 12 月

**项 目 类 型：** 蔬菜基地

**投 资 金 额：** 214 万元

**资 金 来 源：** 省级新增费

**建 设 规 模：** 1428 亩

**建 设 地 点：** 武汉市新洲区凤凰镇

**规划设计单位：** 武汉市蔡甸区水利建筑工程设计院

**工程监理单位：** 武汉众江源工程监理有限公司

**工程施工单位：** 湖北世纪佳居建设有限公司

**项目建设成果：**

1. 土地平整工程：平整面积约 3 公顷、土方量约 0.6 万立方米；

2. 农田水利工程：新建泵站 3 座，坑塘清淤 3 口，护砌 317 米；

3. 田间道路工程：新建水泥路 1544 米，生产路 8679 米，下田涵 14 座。

## 项目竣工图

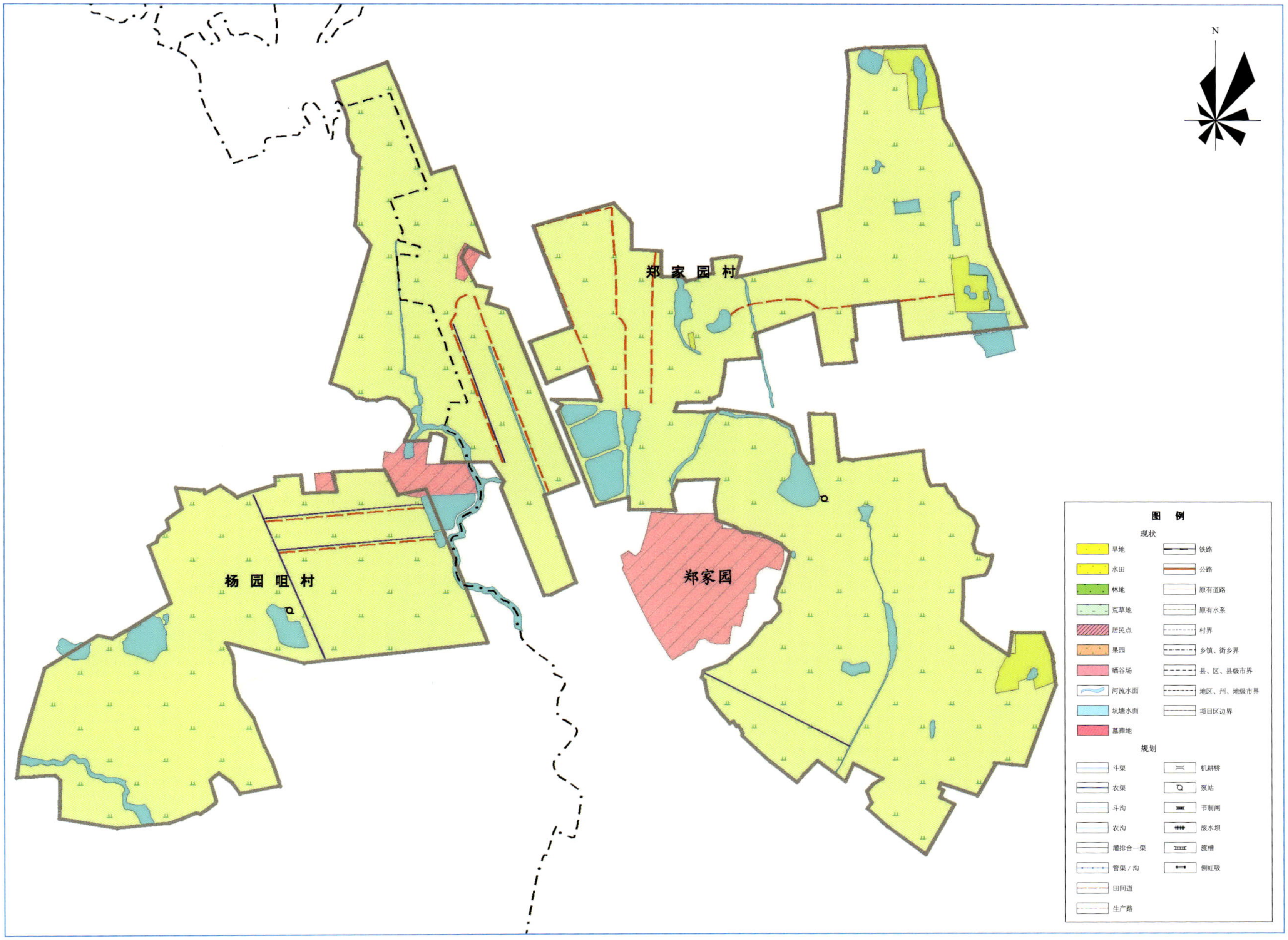
N
郑家园村
杨园咀村
郑家园
图 例
现状
旱地
水田
林地
荒草地
居民点
果园
晒谷场
河流水面
坑塘水面
墓葬地
铁路
公路
原有道路
原有水系
村界
乡镇、街乡界
县、区、县级市界
地区、州、地级市界
项目区边界
规划
斗渠
农渠
斗沟
农沟
灌排合一渠
管渠 / 沟
田间道
生产路
机耕桥
泵站
节制闸
滚水坝
渡槽
倒虹吸

# 项目建后实景图

郑元蔬菜基地项目土地平整

郑元蔬菜基地项目坑塘护砌

郑元蔬菜基地项目新建灌排渠

郑元蔬菜基地项目新建水泥路

郑元蔬菜基地项目整治后建立的现代化蔬菜加工基地

# **Land Consolidation** in Wuhan During the Past Fifteen Years

**Land Consolidation**
in Wuhan During the Past Fifteen Years
武汉市土地整治十五年

# 5 武汉市
# 土地整治工作创新

The Innovation of Land Consolidation in Wuhan

2002年以来，武汉市国土部门扎实推进土地整治工作，不但圆满完成了规划目标任务，而且大胆尝试、积极创新，尤其是在管理制度创新、整治模式创新和管理手段创新等方面进行了有益的探索实践，取得了可喜的成效。

## 5.1 武汉市土地整治管理制度建设

1. 建立土地整治管理例会制度。为进一步提高土地整治管理水平，保障投入资金安全，建立并逐步完善了土地整治专题业务例会制度，会议由分管局长主持，征地处召集，耕保处、地籍处、信息中心、规划院、有关区局参加，定期研究高产农田及占补平衡项目立项、变更、验收等有关事宜，切实解决问题，指导和督促土地整治项目高效实施。

2. 健全土地整治项目管理制度。近几年来，为更好地承担省国土资源厅土地整治项目审批权下放，武汉市国土资源和规划局征地处（耕保处）会同武汉市国土资源和规划信息中心（武汉市土地整理储备中心），先后研究出台了《市国土资源和规划局　市财政局关于印发〈武汉市土地整治项目实施管理暂行办法〉的通知》（武土资规发〔2013〕134号）、《市财政局　市国土资源和

土地整治专题业务例会

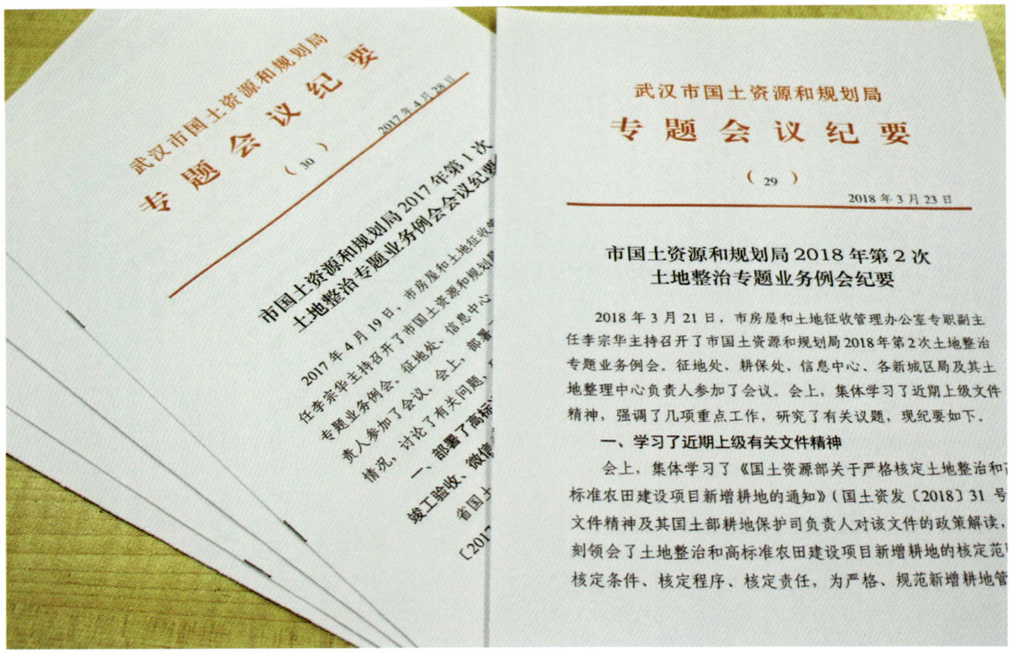


土地整治专题业务例会纪要

规划局关于印发〈武汉市土地整治资金使用管理暂行办法〉的通知》（武财农发〔2013〕345号）、《武汉市土地整治项目中介机构遴选实施细则》（武土资规规〔2014〕4号）、《关于建立武汉市土地整治项目备选库的通知》（武土资规发〔2014〕121号）、《武汉市土地整治项目立项申报审批实施细则》（土资规发〔2014〕128号）、《创新管理机促进土地整治项目农业龙头企业和农民专业合作社自建试点工作的指导意见》（武土资规发〔2014〕225号）、《武汉市土地整治项目规划变更实施细则（试行）》（武土资规发〔2015〕183号）、《关于进一步规范土地整治档案管理的通知》（武土资规发〔2016〕73号）、《市财政局、市国土规划局关于转发湖北省土地整治项目资金管理办法的通知》（武财综〔2016〕193号）、《武汉市旱改水项目管理实施细则（试行）》（武土资规发〔2018〕5号）等一系列管理制度，将项目审批、管理关进制度的笼子。

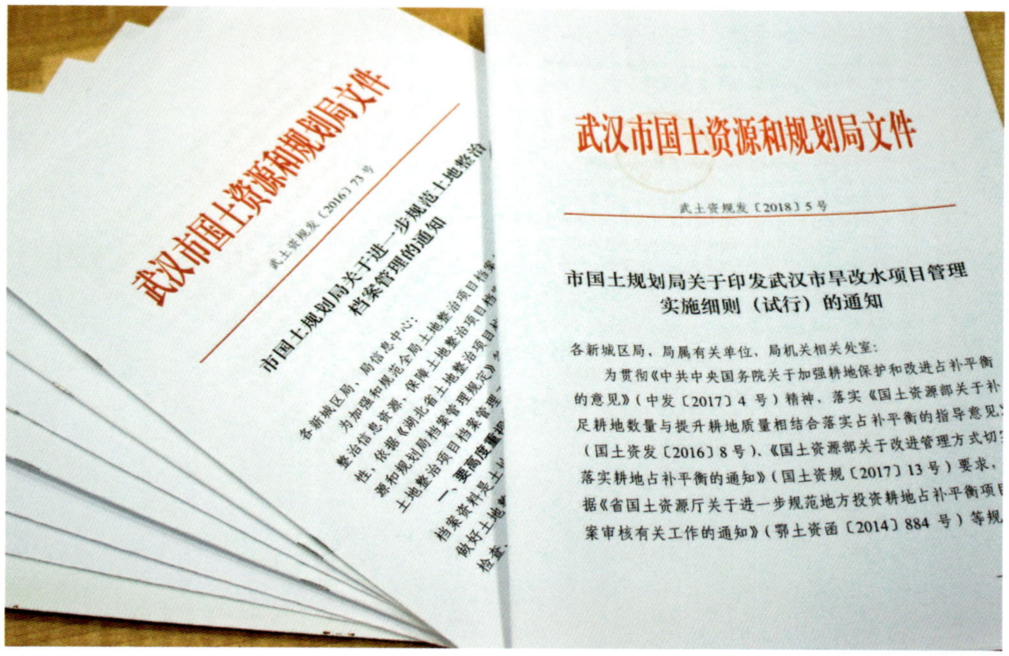


武汉市土地整治项目管理系列制度

## 5.2 武汉市“土地整治+”探索与实践

“土地整治+”是土地整治发展的高级形态，是通过不断创新发展理念和实施模式，发挥土地整治在吸引产业落地、整合统筹资金、促进生态环境治理修复等方面的平台和引领作用，发掘土地自然资源、农田生态景观和乡村文化价值等，彰显土地整治“1+N”的综合效益。党的十八大以来，国家强化了“生态文明建设”总体要求，提出了“乡村振兴”战略，武汉市委、市政府顺应时代发展做出了实施“三乡工程”的决定，武汉市国土资源和规划局针对当前社会经济发展在资源保障方面存在的建设用地不足、生态环境压力加大、郊区发展短板等问题，积极践行“土地整治+”理念，推动土地整治与多元要素跨界融合，使土地整治成为新常态下促进经济发展方式转变、推进农业供给侧结构性改革、增强农业农村发展新动能的重要平台和重要抓手。为此，积极开展了黄陂区王家河“土地整治+美丽乡村”创新与实践、江夏五里界“土地整治+郊野公园”创新与实践等两项课题研究，以落实耕地保护、优化用地结构、锚固生态空间、促进“三化”大武汉建设。

1.“土地整治 + 美丽乡村”创新与实践。黄陂区王家河街胜天基本农田土地整理项目，建设规模 5000 亩，投资金额 1200 余万元。项目建设过程中，秉持“土地整治 + 美丽乡村”的发展理念和“群众为本、产业为要、生态为基、文化为魂”的基本原则，进行了“土地整治 +”实践探索：一是打造宜居村庄，张家榨村成功入选农业部“2015 中国最美休闲乡村”、罗家岗村罗家岗湾入列 2016 年住建部第四批中国传统村落公示名录；二是助推产业发展，形成了“五大板块、四大功能区”功能结构；三是带动乡村旅游，形成了一镇、一乡、二寺、三庄、四园乡村旅游新格局；四是完善乡村治理，畅通公众参与渠道，搭建公众参与平台；五是助力精准扶贫，完善乡村基础设施、落实帮扶措施、发展相关产业。通过创新实践，开创了王家河街“土地整治 + 美丽乡村”的实践模式，打造新时代的美丽乡村。

“土地整治 + 美丽乡村”之黄陂王家河胜天土整项目

2.“土地整治 + 郊野公园”创新与实践。江夏区五里界“四化同步”示范镇基本农田土地整理项目，建设规模约 2 万亩，投资金额约 5000 万元。项目建设过程中，以生态为载体、以土地整治为平台，统筹农、林、绿、湿等生态要素，整合涉农资金 8000 余万元，吸引社会资本投资 7 亿余元，立足“土地整治 + 郊野公园的”的平台思维，强化土地整治与体育、教育、文化、旅游、现代农业等元素的跨界融合，打造自行车联赛、特色村湾、花卉产业、农业生态园、文化艺术基地、宗祠文化等一批新业态，充分发挥了“土地整治 +”的平台效应和引领作用。通过创新与实践，成功地试点了五里界“土地整治 + 郊野公园”实施模式，有力促进农业现代化、新型城镇化和乡村旅游。

江夏五里界“四化同步”土整项目建后无人机影像

## 5.3 武汉市土地整治管理信息平台建设与应用

随着"放管服"改革进一步深化和省国土资源厅土地整治项目三项审批权下放，深入贯彻落实"省级备案、市级审批、县级实施"的项目管理新机制，武汉市国土资源和规划局运用互联网思维，开展了"互联网＋土地整治"管理平台创新实践，强化了信息技术应用，进一步提高了土地整治实施效率、工作质量和管理水平。

### 5.3.1 平台建设目标、任务

基于"互联网＋"，开展土地整治信息管理平台创新实践，实现全市土地整治管理信息交互无缝化，全面落实"省级监管、市级审批、县级实施"项目管理机制，创新土地整治管理工作方式，提高土地整治管理效能，强化"智慧国土"应用。

1. 平台建设目标。一是搭建全市土地整治管理工作平台，实现"一库三端多层次应用"，为项目申报网络化、项目管理标准化、项目审批流程化、项目监管智能化建立管道。二是统一土地整治管理业务规则和流程，实现土地整治全面全程预警督办信息化，强化监测监管运行效率，为省、市、区三级项目监管提供抓手。三是创新土地整治管理工作方式，实现"互联网＋土地整治"管理工作智慧化，为设计、实施和管理搭建信息互通桥梁。

2. 平台建设任务。一是梳理流程与制定规则。根据土地整治工程实施节点，全面梳理项目计划管理、立项审批、规划设计审查、变更设计审批、实施管理以及竣工验收审批等不同节点管理任务和业务流程，设计制定审查、审批表单，明确核心要素和关键信息。二是建设与集成土地整治相关数据库。集成全市与土地整治相关土地利用现状、规划、耕地质量以及基础地理信息等数据库，建立历年土地整治项目核心数据库、项目规划设计方案和竣工验收工程数据库、实施中介机构库以及项目管护移交信息库。三是设计与开发平台。依托武汉市国土规划云平台，应用信息化主流技术，设计搭建土地整治管理信息平台框架，开发"内网桌面端""外网桌面端"和"移动端"应用平台，满足项目管理人员、工程实施单位、中介机构人员等多层次应用需求。四是建立应用机制。制定土地整治项目网上申报审查制度，建立"区级申报、市级审查（批）"业务模式，确保项目管理全程电子化；制定项目中介机构网上遴选制度，确保中介机构遴选的全程公开和透明；制定项目实施进度通报制度，促进项目实施各环节监测与监管的落实。

### 5.3.2 平台建设总体框架

以“互联网 + 土地整治”创新思维，应用现代主流信息技术搭建“一库、两体系、三应用端、四层次”（即土地整治一张图数据库、系统运行机制与安全保障体系、政策标准与规范体系、内网桌面端、外网桌面端与移动端、基础层、数据层、服务层、应用层）的平台总体框架，以满足多层次应用需求。

1. 平台总体框架设计。以武汉市国土规划云平台为依托，采用云计算、HTML5+CSS3、JavaScript、JSON、时空数据分析、数据关联融合与挖掘等技术，基于 SOA 模式进行总体架构设计。主要由基础层、数据层、服务层、应用层四个层次组成，空间数据库和属性数据库与国土规划资源中心共用一套数据库，分别存储于 Oracle 11g 和 SQL Server 2008 中，并应用 ArcGIS Server 10.2 统一进行数据服务发布，平台总体架构如下图所示。

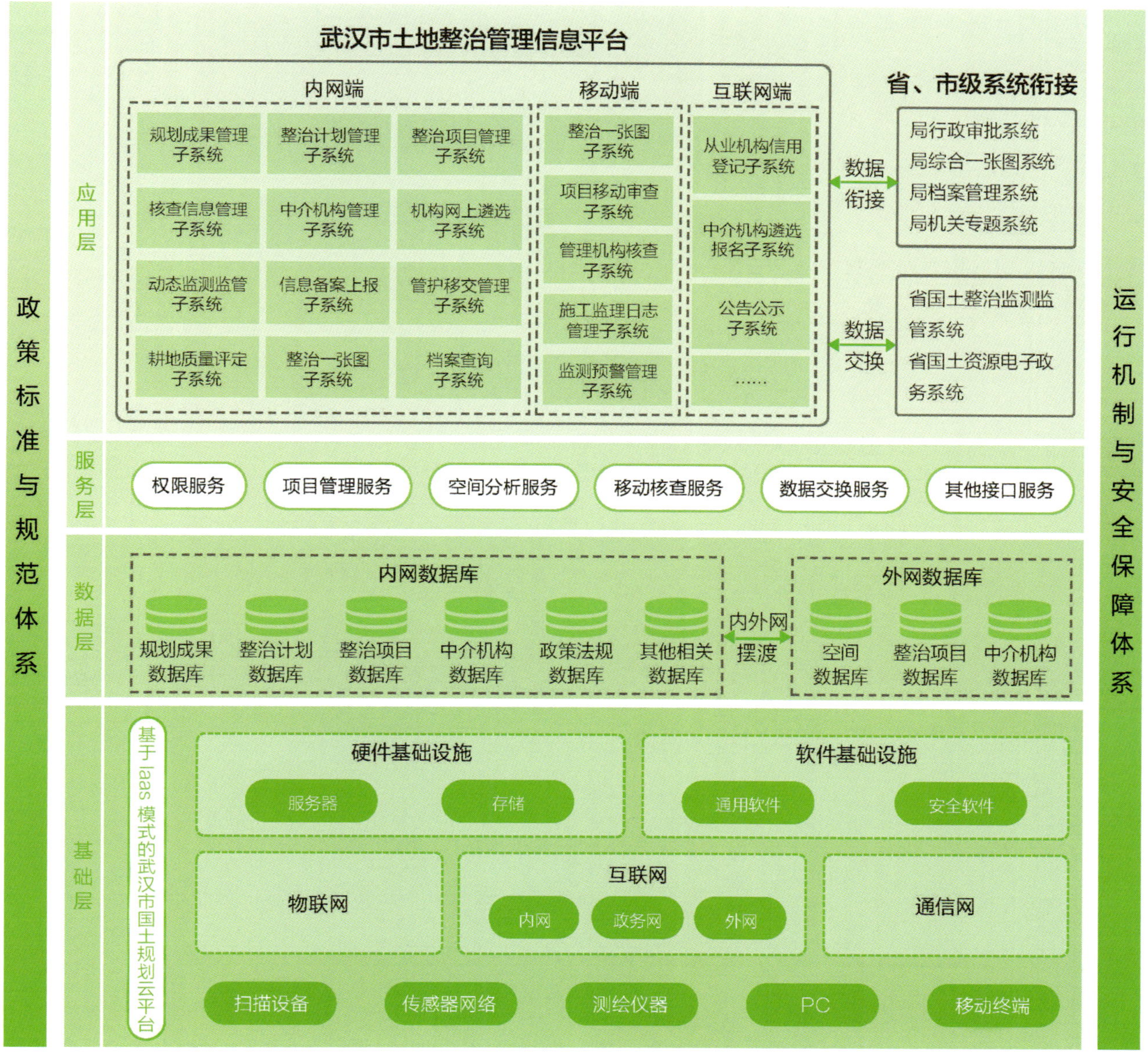


平台总体构架

2. 数据库逻辑结构设计。平台中土地整治管理数据库主要包括：计划管理数据库、项目管理数据库、审批管理数据库、移动核查数据库、中介机构数据库、竣工移交数据库和耕地质量数据库等。计划管理数据库与项目管理数据库之间，通过项目编号关联；项目管理数据库与审批管理数据库之间，通过项目编号、审批表编号关联；中介管理数据库与项目管理数据库之间，通过单位名称、项目编号关联；竣工移交管理与项目管理之间，通过项目编号关联。各数据库之间逻辑关系如下图所示。

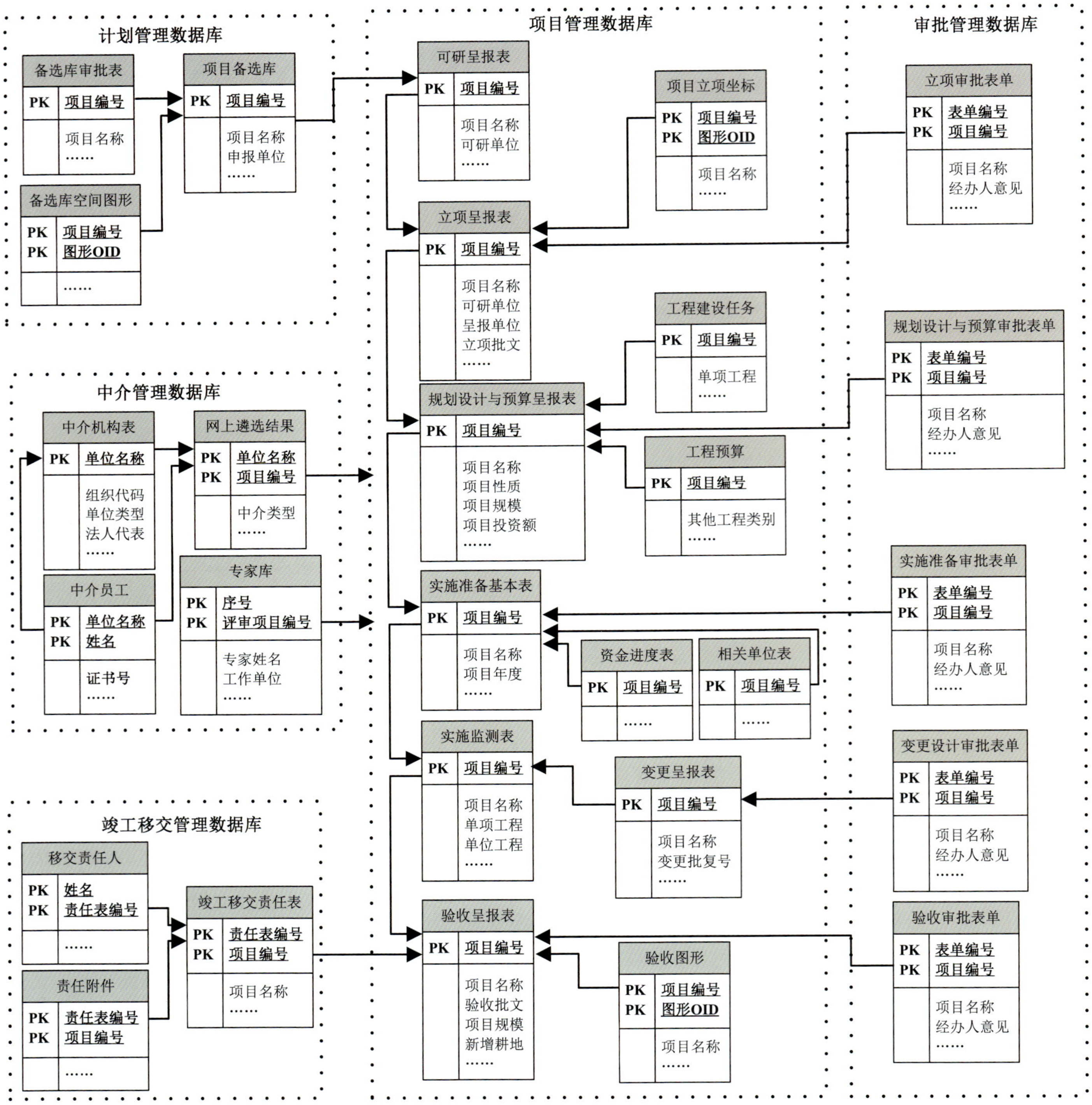

平台数据库逻辑关系图

3. 数据交换网络部署设计。数据交换直接通过武汉国土规划局市、区一体化的局域网传送，区级网络无须部署前置服务器；市级网络与省级网络通过架设前置服务器进行联接，并在两端各设置防火墙和网闸进行隔离，在两端前置服务器上分别部署数据交换平台，用于土地整治各环节报备与审批数据、中介机构数据的双向传输与交换；市级网络与公网通过设置两台前置服务器进行联接，靠近公网的一台用于发布相关服务，靠近市级网络的一台用于部署交换数据库，进行项目数据、移动核查数据和中介机构数据等的双向传输与交换，并在两端各设置防火墙和网闸进行隔离，以保证数据的安全、可靠。数据交换网络部署设计如下图所示。

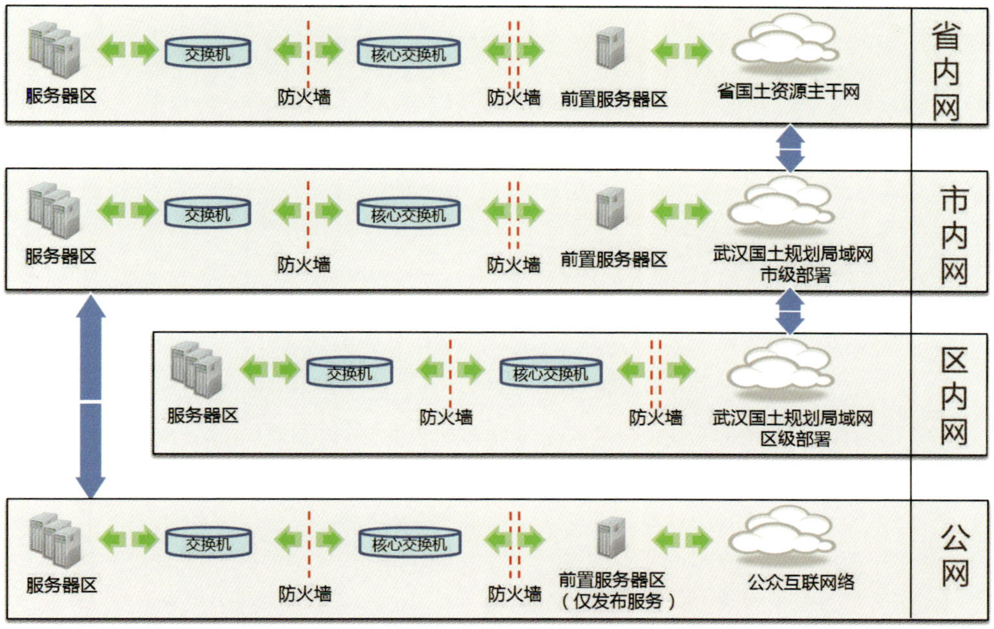


数据交换网络部署设计图

### 5.3.3 平台功能实现

依据用户和使用层次的不同，平台功能按照内网桌面端、外网桌面端和移动端三个应用端进行设计。

1. 内网桌面端。一是规划成果管理子系统：实现市、区两级土地整治规划的空间、文本以及指标等成果的管理与调阅等。二是整治计划管理子系统：实现土地整治备选项目库的信息填报、校核分析与各级审查等，年度土地整治计划分解、计划与实施的动态关联和剩余计划监测预警等。三是整治项目管理子系统：实现整治项目从立项、规划设计、实施准备、实施监测、设计变更到竣工验收等各环节信息报备、校核分析与各级审查，以及项目资料预立卷和档案资料查询等。四是核查信息管理子系统：实现管理机构与中介机构外业核查照片、工程核查信息的调阅与空间定位，以及核查记录文档辅助编制等。五是中介机构管理子系统：实现中介机构的内网审核、定期考评以及中介机构信息调阅，实现专家信息管理与查询等。六是机构网上遴选子系统：实现土地整治项目遴选公告编制与审查审批，中介机构网上报名的资格审核，以及网上自动遴选和遴选结果审核等。七是动态监测监管子系统：实现土地整治项目实施进度的智能监控，项目资金从预算、拨付到实施进度的跟踪监测，分区域、分年度、分类型、分阶段的整治项目汇总统计与图表化展示，从业机构单位与人员配置监测与预警，以及对设计、变更与验收环节的土地整治工程库的比对分析与监测预警等。八是信息备案上报子系统：实现土地整治项目各阶段审核结束后的环节信息的自动校核分析以及自动推送至省级前置交换机等。九是管护移交管理子系统：实现土地整治项目竣工验收后移交责任人及管护方案的管理等。十是耕地质量评定子系统：实现耕地质量等别评定指标、参数和模型的管理，土地整治后项目耕地质量等别的在线自动评定与数据更新等。十一是整治一张图管理子系统：实现土地整治项目相关空间数据的图层叠加、展示、查询、分屏对比与二、三维联动等。

2. 外网桌面端。一是从业机构信用登记子系统：通过互联网，土地整治从业机构填报单位及人员信息，上传企业资质、人员资格等相关证明资料，实现中介机构单位信息、人员、资质、业绩、装备等相关要素的远程登记。二是中介机构遴选报名子系统：通过互联网，中介机构填写遴选申请，上传遴选承诺函、法人代表身份证、营业执照、企业资质、人员资格、无犯罪记录证明等相关附件，实现中介机构对拟参遴选项目的远程报名与信息采集。三是公告公示子系统：通过互联网，实时发布中介机构遴选公告、公示遴选结果、公开项目审核审批结果等内容。

3. 移动端。一是整治一张图管理子系统：实现土地整治项目相关空间数据的图层叠加、展示、查询与定位等。二是项目移动审查子系统：实现管理机构对土地整治项目从立项到验收环节的各级移动审查。三是管理机构核查子系统：实现管理机构对土地整治项目立项、设计、实施、变更与验收环节的外业在线核查信息填报、带地理标识的现场拍照取证管理等。四是施工监理日志管理子系统：实现施工、监理机构对土地整治项目的施工、监理日常巡查信息的填报、带地理标识的现场拍照取证管理等。五是监测预警管理子系统：实现项目实施与资金使用进度的监测与预警等。

### 5.3.4 平台建设特点

平台建设紧紧围绕土地整治项目、中介机构和资金使用等管理和工作要求，基于“平台”思维，开展“一库三端多层次应用”专业平台研发，强化“互联网 + 土地整治”业务应用。

1. 优化土地整治项目管理流程与业务规则，创新多项土地整治管理制度，夯实了平台应用基础。梳理固化了各类土地整治项目实施管理流程、业务规则和数据标准，促进了土地整治管理的科学化；制定的土地整治项目备选库、季报通报、日常巡查等制度以及中介机构遴选、立项审批、规划设计变更、项目竣工验收和档案管理等实施细则，促进了土地整治管理的规范化。

2. 综合应用HTML5+CSS3、JavaScript、WebService、JSON、时空数据分析等技术，开发桌面端系统平台，实现了土地整治项目从选址、立项、方案审查、实施、验收、管护移交以及档案管理的全程网络化，以及项目资金预算、下达、使用等全程管理的实时化和透明化，有效提升了土地整治管理水平。

3. 充分应用混合模式移动开发技术，开发移动端应用平台，实现了多类型移动端的土地整治管理部门日常巡查、监理机构和施工企业日志管理、土地整治中介机构诚信登记与遴选以及土地整治项目实施信息公开的实时更新和发布，强化了管理机构责任落实、从业人员履职尽责、中介机构诚实守信。

4.深度利用数据关联与融合技术，研究了土地整治项目、人员、资金使用之间的动态关联与分析规则，建立了土地整治中介和管理机构、财政支出绩效评价指标体系和评价模型，实现了项目管理绩效评估、从业机构考评、财政投资绩效评价的动态评估以及项目从业机构和人员配置、项目进度和资金使用的及时预警，提升了土地整治项目监测监管效率。

5. 开展土地整治区域三维场景自动生成技术研究，以土地整治项目规划设计方案为基础，研究了整治区地形生成算法和工程三维符号化表达方法，建立了数据驱动的规划方案三维场景自动生成技术流程，实现了整治项目二、三维一体化管理与联动展示，提高了规划设计方案评估和优化效率，为规划设计方案评审提供了新的途径。

### 5.3.5 平台应用创新

按照“边建设、边应用、边完善”的工作思路，平台于 2016 年 1 月 1 日启动运行。在平台运行中，根据土地整治管理业务特点，按照管理者、中介机构、中介单位从业人员三个层级推进平台应用，取得了良好效果。

1. 为管理人员提供了有力抓手。土地整治项目管理既涉及项目实施审查、审批，又涉及实施过程监测监管，还涉及资金使用和从业机构及人员管理等诸多环节，常规管理手段无法满足监管需要。应用该平台，实现了项目立项、规划设计、变更和竣工验收等业务审批踏勘信息（前置条件）的实时获取，工程进度、资金使用进度、项目中介单位履职情况的实时监测，以及项目审批、档案管理、辅助决策等管理工作一体化，大大提高了审批效率和管理质量。

2. 为中介机构提供了精明服务。土地整治项目实施涉及八大类中介机构，在武汉市注册登记单位逾千家，常规服务方式很难做到家家满意。应用该平台，实现了 2015 年、2016 年连续两年从业机构年度诚信审核远程化、项目实施各环节中介单位遴选网络化和智能化，保证了服务的精确、透明和公正。

3. 为从业人员提供了技术手段。土地整治作为建设类工程，涉及专业和机构众多，其中三类机构和人员是直接为管理部门服务的。由于常规管理理念和手段落后，这三类人员往往忽略了本职所在，弱化了专业把关职能。应用该平台，规划设计单位开展了规划设计方案自适应分析和土地整治后耕地质量等别评定，工程监理和施工单位开展了工程监理和施工日志实时上报，工程复核单位利用工程验收数据库完成复核工程的定位和定量，为从业人员履职提供了科学方法，保证了项目工程建设质量。

### 5.3.6 平台推广应用

该平台的研发与应用得到了部、省肯定：2017 年初，该平台被推荐为国土资源部高产农田建设典型案例；2017 年 7 月，省国土资源厅张猛厅长在全省土地整治工作推进会讲话中强调“要进一步总结、推广武汉市‘互联网+’管理等经验，在全国创出土地整治湖北品牌”；2017 年 10 月，《国土资源报》以“武汉：大数据时代，互联网和土地整治怎么+？”为题，报道了武汉土地整治信息化建设的做法与经验。2017 年 10 月，湖北省国土整治局下发《关于开展土地整治工程在线监管信息平台建设试点的通知》，在全省推广武汉市土地整治管理信息化经验和做法，并在襄阳、孝感、荆门三市完成了“土地整治工程在线监管信息平台建设应用”试点。

党的十八大以来，土地整治作为统筹城乡土地利用结构，改善“三生”（生产、生活、生态）空间布局平台的地位逐步得到社会认可，不仅是改善生态环境质量、提高农民生活水平的有效措施，而且将是政府加强治理实践、助力推进精准扶贫的重要手段。因此，随着该平台的广泛应用，其获取和管理的海量土地资源利用数据，将为政府管理部门挖掘资源结构潜力、优化空间布局、提升资源利用效率、统筹协调城乡利益分配等方面发挥积极作用。

**Land Consolidation** in Wuhan During the Past Fifteen Years

**Land Consolidation**
n Wuhan During the Past Fifteen Years
武汉市土地整治十五年

# 6 武汉市土地整治工作展望
The Prospect on Land Consolidation in Wuhan

党的十九大胜利召开表明我国已进入新时代，不论是“五位一体”总体布局，还是创新、协调、绿色、开放、共享的新发展理念，不论是深化农村土地制度改革、建设美丽中国，还是保护生态环境、脱贫攻坚，不论是统筹山水林田湖草系统治理、构建人与自然的生命共同体，还是耕地数量质量生态“三位一体”保护、高标准农田建设，都离不开土地整治工作，同时对土地整治工作提出了更高要求。

## 6.1 服务生态文明建设

十八届三中全会提出，“山水林田湖是一个生命共同体”；2015 年 4 月，中共中央国务院出台《关于加快推进生态文明建设意见》；2015 年 9 月，中共中央国务院印发了《生态文明体制改革总体方案》；十八届五中全会提出“实施山水林田湖生态保护修复工程”；十九大报告强调，“要加快生态文明体制改革，建设美丽中国”；2017 年中央一号文件提出“支持有条件的乡村建设以农民合作社为主要载体、让农民充分参与和受益，集循环农业、创意农业、农事体验于一体的田园综合体”。武汉市第十三次党代会报告提出城市建设目标：使武汉成为人与自然、人与人、人与城市和谐共生，让绿色福利惠及子孙后代的“美丽中国”的典范城市、国际知名的宜居城市。由此可见，生态文明建设已上升为国家战略，纳入五位一体总体布局，土地整治不仅要开展高标准农田建设和山水林田湖综合整治，而且要促进田园综合体建设与乡村振兴，服务生态文明建设。

武汉龟山电视塔

## 6.2 服务乡村振兴

习近平总书记强调，实施乡村振兴战略是党的十九大作出的重大决策部署，是决胜全面建成小康社会、全面建设社会主义现代化国家的重大历史任务，是新时代做好“三农”工作的总抓手。农业强不强、农村美不美、农民富不富，决定着全面小康社会的成色和社会主义现代化的质量。万丈高楼平地起，实施乡村振兴战略，离不开土地资源保障，离不开土地综合整治，土地综合整治不仅能够增加耕地数量、提升耕地质量，而且能够严守耕地红线、确保国家粮食安全，更重要的是能够为乡村振兴提供更优质的国土资源保障。

武汉市江夏区乡村一角

## 6.3 服务耕地保护

2017年初，中共中央国务院出台了《关于加强耕地保护和改进占补平衡的意见》（中发〔2017〕4号），强调“耕地是我国最为宝贵的资源，关系十几亿人吃饭大事，必须保护好，绝不能有闪失”，指出“着力加强耕地数量、质量、生态‘三位一体’保护，着力加强耕地管控、建设、激励多措并举保护”。因此，在新时代下，土地整治将成为耕地“三位一体”保护和“多措并举”保护的重要工具、有力举措和得力抓手，土地整治将肩负更多的落实“藏粮于地、藏粮于技”战略、保障国家粮食安全、促进生态文明建设的使命和责任。

武汉市蔡甸区消泗油菜花海

2018 年 4 月 26 日，自然资源部党组书记、部长陆昊一行到武汉市调研工作

2016 年 6 月 20 日，中央纪委驻国土资源部纪检组长、国土资源部党组成员赵凤桐一行到武汉市江夏区土地整治项目现场调研工作

2018 年 4 月 19 日，中央纪委驻自然资源部纪检组组长、部党组成员冯志礼一行到武汉市调研工作

2016 年 10 月 25 日，国土资源部副部长曹卫星一行到武汉市东西湖区柏泉土地整理项目现场调研工作

2016年2月24日，武汉市市长万勇、副市长刘立勇一行到武汉市江夏区蔬菜基地项目现场调研工作

2017年6月20日，湖北省国土资源厅党组书记、厅长张猛一行到武汉市江夏区土地整治项目现场调研工作

2017年12月27日，武汉市副市长龙良文一行到武汉市江夏区湖泗街召开2017年度高标农田和农田水利建设现场会

2016年5月6日，国土资源部地质环境司司长关凤峻一行到武汉市调研地质环境管理和土地整治工作

2017年7月27日，湖北省国土资源厅党组成员、省国土整治局局长陈新华，以及全省各地市州土地整治负责人到武汉市江夏区土地整治项目现场调研工作

2015年12月1日，武汉市国土资源和规划局局长盛洪涛、纪检组长叶小汛一行到武汉市汉南区调研土地整治工作

2015 年 4 月 9 日，湖北省国土整治局副局长帅文强、总工程师吴鹏一行到武汉市江夏区土地整治项目现场调研工作

2017 年 11 月 7 日，武汉市国土资源和规划局（市征收办）专职副主任李宗华一行到武汉市黄陂区现场研究“旱改水”土地整治项目

**图书在版编目（CIP）数据**

武汉市土地整治十五年／武汉市国土资源和规划局编著．—北京：中国建筑工业出版社，2017.10

ISBN 978-7-112-21231-6

Ⅰ．①武…　Ⅱ．①武…　Ⅲ．①土地整理—研究—武汉　Ⅳ．① F321.1

中国版本图书馆 CIP 数据核字（2017）第 227837 号

责任编辑：刘　丹　刘　川
责任校对：王　瑞
装帧设计：武汉藏远传媒文化有限公司

**武汉市土地整治十五年**

武汉市国土资源和规划局　编著

*

中国建筑工业出版社出版、发行（北京海淀三里河路 9 号）

各地新华书店、建筑书店经销

北京富诚彩色印刷有限公司印刷

*

开本：850×1168 毫米　横 1/12　印张：31⅓　插页：1　字数：666 千字

2018 年 7 月第一版　　2018 年 7 月第一次印刷

定价：300.00 元

ISBN 978-7-112-21231-6
（30878）